THE UNIVERSITY OF CHICAGO

ORIENTAL INSTITUTE NUBIAN EXPEDITION

VOLUME II

GESCHLIFFENER GLASBECHER AUS DEM FÜRSTENGRAB B 8. 4. JAHRHUNDERT N. CHR. HÖHE OHNE FUSS 27,5 CM. CAIRO J. D'E. 89632
(Abwicklung und Masstab siehe Abbildung 64)

CAMPAGNE INTERNATIONALE POUR LA SAUVEGARDE
DES MONUMENTS DE LA NUBIE

THE UNIVERSITY OF CHICAGO
ORIENTAL INSTITUTE NUBIAN EXPEDITION
VOLUME II

Joint Expedition 1960/61 with the
Schweizerisches Institut für Ägyptische Bauforschung
und Altertumskunde in Kairo

KEITH C. SEELE, *Director*

AUSGRABUNGEN VON KHOR-DEHMIT BIS BET EL-WALI

von

HERBERT RICKE

mit Beiträgen von

CARL FINGERHUTH, LABIB HABACHI und LOUIS V. ŽABKAR

THE UNIVERSITY OF CHICAGO PRESS · CHICAGO · ILLINOIS

Library of Congress Catalog Card Number: 68-15933

THE UNIVERSITY OF CHICAGO PRESS, CHICAGO & LONDON
The University of Toronto Press, Toronto 5, Canada

Published 1967. Printed in the United States of America

Im Andenken an

UVO HOELSCHER

1878–1963

PREFACE

IT HAS already been stated elsewhere[1] how the Oriental Institute Nubian Expedition came into existence as a part of the "Campagne Internationale pour la Sauvegarde des Monuments de la Nubie." Owing largely to the suddenness of the appeal to work in Nubia, the Oriental Institute was obliged by financial circumstances to begin operations on a modest scale. Nevertheless, we strove from the outset to offer more than a token contribution to the cause. Accordingly, the newly-founded expedition sought to enlist the most competent available personnel to undertake the program which we had in mind. Thus we drew upon the Institute's Epigraphic Survey in Luxor in order to achieve the highest standards for copying the reliefs and inscriptions at Beit el-Wali. But how were we to match such standards at the other end of our contemplated "two-pronged" effort? The Oriental Institute had not excavated in Egypt since the days of Uvo Hoelscher, and there was no longer in Chicago an archeologist with practical experience of digging in Egypt. Our thoughts naturally turned to Hoelscher, and we ardently wished that he might once more have been in a position to join the Institute in an excavation. Then, quite logically to be sure, we thought of Hoelscher's most brilliant and successful pupil, Dr. Herbert Ricke, whom we had known a generation ago as the assistant of Professor Ludwig Borchardt and who had succeeded him as Director of the Institut für ägyptische Bauforschung und Altertumskunde in Kairo which the Borchardts had founded and endowed. As a Borchardt foundation this famous organization has continued in the Borchardt spirit and tradition, still located in the buildings created for it by the great and inseparable husband-and-wife team.

Corresponding with Professor Hoelscher in the summer of 1960 encouraged us to believe that Dr. Ricke might be interested in participating in our Nubian project. In response to our invitation to join us it turned out that he was already contemplating some type of effort in the "Campagne Internationale" and was therefore more than willing to share in the program of the Oriental Institute. Indeed, he suggested that we excavate as a joint venture of the two institutes the region between Khor Dehmit and Kalabsha (on both sides of the river) which the writer had already obtained as a concession. Thus was born the "Joint Expedition 1960–61 of the Oriental Institute with the Schweizerisches Institut für ägyptische Bauforschung und Altertumskunde in Kairo." Dr. Ricke agreed to supervise the excavations, to supply all his requirements for the archeological and architectural program, to provide the services of one of his Swiss assistants, to take to Nubia his household servants for the benefit of the expedition, to enlist the long experience of Frau Ricke as mistress of a dig, and to defray a generous share of the season's field expenses.

It was therefore with the happy feeling that most of the expedition's problems had been solved that the writer flew to Cairo on October 26–27, 1960, to be met at the airport by the Rickes and to sojourn as their guest at the Swiss Institute while preparations were made for the season's activity in Nubia. There were nevertheless a few barriers to cross. Not only did we have to purchase our motor launch, the "Barbara," recommended to us by the American Ambassador as the finest motor boat in Egypt and paid for by a generous gift from Mr. William R. Boyd, and lease, from the son of a former Prime Minister of Egypt, the houseboat "Memnon" with cabin and work space for the staff. We also had to obtain licenses to navigate the boats on the Nile, and to achieve the license for the "Memnon" Dr. Ricke drove the Swiss Institute's Volkswagen bus incalculable kilometers from one end of Cairo to the other. The "Memnon" was to steam to Nubia under her own power, but her engine had not been in operation for twelve years. The owner relined the boiler, overhauled the machinery, renewed the water-filter "candles" at fantastic cost, gave the steamer a trial run on the Nile to assure us that she could safely carry us all to Nubia, and co-operated with us in obtaining the insurance which we both agreed was essential to safeguard our mutual interests. During these exciting adventures Frau Ricke was quietly amassing great quantities of canned fruit and other supplies, stoves, and equipment, until the Swiss Institute was ready to burst around their bulk before they were ultimately loaded on the "Memnon" for the up-river voyage.

The "Memnon" was equipped with an aged oil-burning boiler. We borrowed a crew of twelve from the U. A. R. shipyard in Cairo, but the bad news we had to face was that the *mazut* (crude oil) which we needed was so obsolete as to be more than scarce in Egypt. Still, we loaded up a supply in Cairo and arranged for truck-loads to be sent up the river to meet the steamer at prearranged places. Thus, with a mistaken sense of security, our Swiss Institute colleagues on December 9th steamed off toward Upper Egypt and Nubia. The "Memnon" swallowed such immense quantities of *mazut* that her tanks needed replenishment sooner and oftener than planned. Special loads were ordered from Cairo; then it was discovered that the thick, cold stuff could scarcely be persuaded to flow through the oil hose into the good ship's tanks. Yet the "Memnon" eventually reached Luxor, after a two week's voyage, the writer having overtaken and passed her at Assiut, traveling alone on the diesel-propelled "Barbara." The joint expedition celebrated Christmas at Chicago House in Luxor, then proceeded in three groups to Assuan, some on the "Memnon," the writer on the "Barbara," and the epigraphic section, whose personnel was borrowed

[1] In the writer's Preface to Volume I of this series, *The Temple of Ramesses II at Beit el-Wali*, p. ix.

from the Oriental Institute Epigraphic Survey at Luxor, by rail. When, finally, after squeezing through the locks of the Assuan Dam (the "Memnon" was only six inches narrower than the locks!) the "fleet" of the expedition emerged into the great reservoir, a heavy gale forced us to seek quiet waters close under Heisa Island, burial place of the priests and priestesses of Isis at Philae, to spend our first night in Nubia.

From Heisa it was but thirty miles to our destination at Kalabsha and Beit el-Wali. On passing the half-way point at Khor Dehmit we entered the area of our concession; even from the boats we observed it to be singularly barren and rocky, with little evidence of human occupation in the present or in the past. Others had marked this fact before us; in consequence this short stretch of the Nubian littoral was archeologically perhaps the most neglected segment between Assuan and the Sudan border. Several of our predecessors who had investigated the region before the first heightening of the Assuan Dam had suggested that some portion of it was the country of the Blemmyes, who had been a thorn in the flesh of the Romans until defeated and dispersed under Diocletian (early sixth century A.D.) by Silko, king of the Nobatae. It will be seen in the present volume that our joint expedition may have confirmed these observations through our excavation of certain tombs, perhaps of "kings" or chiefs, and the discovery of a hitherto rarely seen type of pottery which may have been produced by that mysterious race. At this writing we can only hope that we may have contributed some modest new evidence to bridge this crucial gap in the history of Nubia.

Once moored in the ancient submerged quarry beside the likewise submerged temple of Kalabsha (on a wall of which Silko had cut the record of his defeat of the Blemmyes—and which has since been removed and re-erected by the West German Government near the new High Dam—), our archeologists began the season's labor by a good deal of tramping up and down the river banks to select sites for excavation. This was almost heart-breakingly discouraging toil. The desert in this stretch of Nubia is rough and rocky, with neither sand nor alluvium. There were plenty of graves in vast cemeteries, but they had been thoroughly and repeatedly plundered in antiquity and in modern times. It was rare even to find so much as a bone in the graves. These were often mere clefts in the rock, the position of the burial having been conditioned by the shape and size of the natural rock cavity. Other graves had been covered by large cairns of stone, which had been ruthlessly torn apart by plunderers in search of "valuables" once deposited with the dead. Many had been disturbed recently by native seekers for fertilizer (*sebakh*) for their hungry garden plots.

While we explored our concession for future work it was convenient to begin excavation near our mooring place. With little effort it was possible to move from one grave to another, and many hundreds were examined in a relatively short time. This vast cemetery extended south of Kalabsha, outside our concession, and we did not cross the line. To the north of Beit el-Wali temple there was a wide and deep *khor* (inlet) which we had to cross by boat. Beyond it, to the north and west, we found the most elaborate tombs in the area, and it is some of these which we have hopefully but most cautiously assigned to the Blemmyes while admitting that such a conclusion still rests without positive evidence. Whether, however, the individual graves belonged to Blemmyes, X-group people, or a third as yet unidentified race is at present an unsolved problem. Solution must ultimately depend on the certain identification of the pottery, and confusion prevailed everywhere owing to the plundered condition of the cemeteries and to the probable contemporaneous habitation of the area by these two overlapping peoples.

A few miles north of Kalabsha and Beit el-Wali is an "extinct cataract"—a granite barrier through which the Nile was more successful than at Wadi Halfa or Assuan in cutting its course. This Bab Kalabsha with its lofty cliffs overlooking the river was a strategic point in antiquity. On the heights was a mysterious group of mudbrick buildings set on stone foundations with a commanding view of the Nile. We now moved our boats northward to the village of Tafa in order to excavate this "Bergkapelle." It engaged the interest and skill of Dr. Ricke as scarcely any other site in our area. His results in the present volume tell us as much as we shall ever know about that enigmatic "mountain" stronghold.

During the excavation of the "Bergkapelle" our explorations continued unabated. Behind the village of Tafa, in a dry wadi, we observed a double set of rock-cut traces facing each other across the narrow space, deplorably ruined by ancient vandals, nevertheless of some importance, to judge from the architectural fragments scattered on the rocky floor and even more from the rather extensive stairway cut into the bedrock and descending to the ruins. The architectural instincts of Dr. Ricke were sharpened at the first sight of these neglected ruins, and his study of what he has termed the "Talkapelle," in contrast to the "Bergkapelle" above the Bab Kalabsha, is a fine example of his imaginative genius in the interpretation of a few meager architectural survivals from the ancient world. His brilliant reconstruction of the chapel is reproduced on Tafel 2 of this volume.

The season's excavation by the Joint Expedition closed with the examination of a charming little island known as Dar Mus, located south of Tafa in the Bab Kalabsha. In low water of recent times as in the period before the building of the original Assuan Dam, Dar Mus was on the east bank of the Nile and had its history as the site of a monastery (hence its name, "Monastery of Moses") and a church. Perhaps the latter stood on low ground later submerged. We found a strange mixture of natural granite boulders and mudbrick construction so carelessly arranged and so hopelessly ruined as to defy the recovery of even a plan of the buildings. Our archeological conscience forbade us, however, to give it up without an attempt. Dr. Ricke and his Swiss architect swallowed their misgivings, along with plenty of dust from the clearance, which hung over the tiny island like a storm cloud. The results of their efforts as published in a few of these pages testify to their patience, persistence, and acumen. Incidentally, the latest date of occupation of any area in the expedition's concessions would seem to be indicated in the Arabic property deed of year 666 of the Muslim era, which was found in the excavation of Dar Mus (see Taf. 30, *D*).

Thus the modest beginning of the Oriental Institute's first Nubian endeavors terminated at the end of February 1961. The season had lasted but two months—not very long, yet long enough to assemble a gratifying body of archeological, architectural, and epigraphic material. This is being presented in two volumes, of which the present one is the second. Both were prepared by the staff with a promptness most exemplary and not to be judged too harshly from the long interval between field work and publication. Without the devoted toil of certain members of the Oriental Institute Epigraphic Survey in Luxor, Volume I could never have materialized. And to Dr. Ricke, it is impossible adequately to express our debt of gratitude for his rich contribution to our Joint Expedition with the Schweizerisches Institut für ägyptische Bauforschung und Altertumskunde in Kairo, which, with the co-operation of Labib Habachi and (later) of Professor Louis V. Žabkar through his study of the Greek inscriptions, has resulted in our Volume II.

Keith C. Seele
Director

INHALT

LISTE DER ABBILDUNGEN

TEXTABBILDUNGEN

FALTPLÄNE

TAFELN

Die mit "CF 61" gezeichneten Abbildungen und Pläne stammen von Architekt Carl Fingerhuth, die übrigen von mir. Auf meine Bitte hat Herr Dr. Georg Gerster eine Anzahl von photographischen Aufnahmen gemacht zur Ergänzung meiner eigenen und als Ersatz für mißlungene Aufnahmen; in der Liste der Abbildungen sind sie kenntlich gemacht worden. Dr. G. Gerster sei hier für seine bereitwillige Hilfe gedankt und für die Erlaubnis, seine Aufnahmen in diesem Bande veröffentlichen zu dürfen. Die Unterlagen für die Tafeln 23–29 hat C. Fingerhuth mit dem Photographen Costa Alefrangis hergestellt. Tafel 30 wurde in Chicago hergestellt, *A–C* mit Aufnahmen aus Cairo, *D–F* mit Photographien von Frau Ursula Schneider im Oriental Institute aufgenommen.

HERBERT RICKE

Cairo, Juni 1962

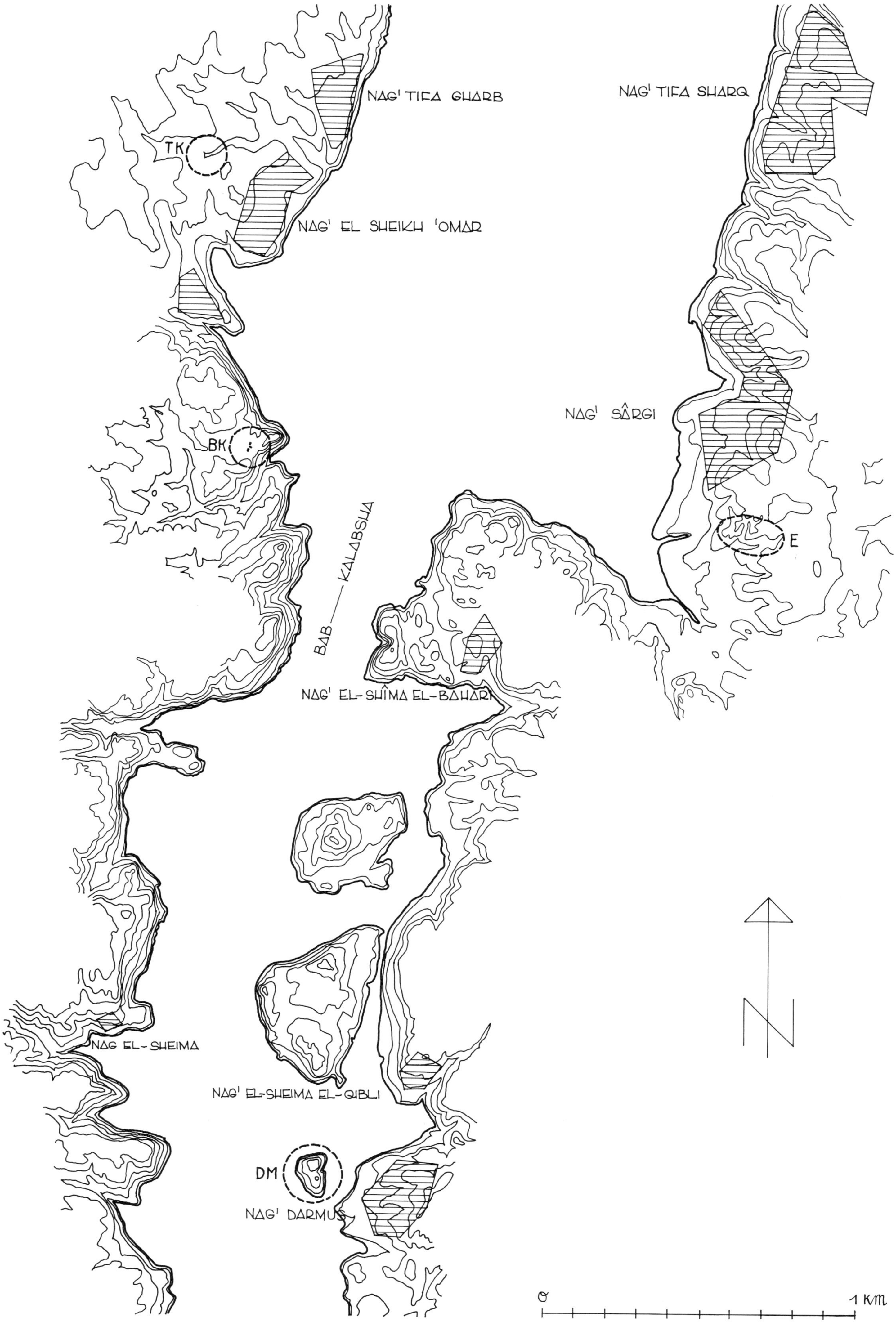

Abb. 1. Von Taifa bis Darmus. Karte 1:150,000. BK = Bergheiligtum. TK = Talkapelle. E = Gräberfeld E. DM = Insel vor Darmus

I

DIE BAUTEN

DAS BERGHEILIGTUM ÜBER DEM BAB KALABSCHE

BESCHREIBUNG

DER mächtige Granitriegel südlich von Taifa, durch den sich der unternubische Nil das enge "Bab Kalabsche" gebahnt hat, ist an seiner Oberfläche überall stark zerklüftet. Am Nordende der Flußenge, hoch über dem westlichen Steilufer des heutigen Stausees, hat sich inmitten wilder Felsformationen durch Zerbröckelung und Auswehung des Gesteins eine langgestreckte Mulde gebildet, die an ihrem Nord-Nordost-Ende steil abfällt (Karte Abb. 1 bei BK). Auf dem erhöhten Ostrande dieser Mulde sind zwischen großen Felsblöcken drei zu einer losen Gruppe verbundene Bauten errichtet worden (Taf. 3 und 4). Sie sind schon am Anfang des 19. Jahrhunderts von Jean Jacques Rifaud und Robert Hay besucht worden, die beide dort gezeichnet haben, dann viel später von Villiers Stuart erwähnt und am Anfang unseres Jahrhunderts durch Arthur Weigall und durch Günther Roeder beschrieben worden.[1] Weigall hat seiner Beschreibung eine photographische Gesamtansicht und eine kleine schematische Grundriß-Skizze beigefügt und hat den Zuweg gesehen, der von Norden her steil auf die Höhe führte. Nachdem er von den römischen Häusern und dem Tempel von Taifa gesprochen hat, fährt er fort: "Between the standing temple and the next ruins to the south there is a wide space over which the ancient town probably spread. Just under the towering granite rocks at the south of the bay there are three more enclosures, one of which measures 15 by 13 metres. The internal walls are ruined and pulled to pieces. From behind these ruins a rough, and now almost entirely demolished, stairway led to the summit of the rocks."[2] Roeder hat außer einer Gesamtansicht der Bauten einige Funde abgebildet sowie Architekturteile aufgemessen und gezeichnet; und schließlich hat Ugo Monneret de Villard außer der gleichen Gesamtansicht als erster einen Plan veröffentlicht, der auf Aufmessungen beruht.[3] Das Vorhandensein der Bauten ist also seit langem bekannt, doch waren sie bisher nicht freigelegt worden, auch hatte man noch keine überzeugende Deutung für sie gefunden. Daher hat unsere Expedition hier Ausgrabungsarbeiten und Untersuchungen vorgenommen.

1. Jean Jacques Rifaud, Voyages en Egypte, en Nubie . . . depuis 1805 jusqu'en 1827, Paris 1830; Robert Hay, Manuscript British Museum ADD. 29836,50; Henry Villiers Stuart, Nile Gleanings, London 1879, p. 126; Arthur Weigall, A Report on the Antiquities of Lower Nubia, Oxford 1907; Günther Roeder, Debod bis Bab Kalabsche, Cairo 1911.

2. Weigall, Report p. 65 sq., Pl. XXIII, XXVII.

3. Roeder, Debod S. 206 ff., Taf. 92 u. 125; Ugo Monneret de Villard, La Nubia romana, Roma 1941, Fig. 24–25.

Die Gebäudegruppe besteht aus einem Mittelbau mit bescheidenen Abmessungen, der ungefähr von Nordwesten nach Südosten ausgerichtet ist, aus zwei monumentalen Gebäuden, die dem Mittelbau ihre Schmalfronten zuwenden, und aus Terrassen, die nach Westen zu in die Mulde vorgeschoben sind (Taf. 3 und 4, Faltplan 1). Obwohl die Bauwerke offensichtlich aufeinander bezogen sind, sind sie doch nicht nach einem vorgefaßten Plan gleichzeitig errichtet worden, sondern sind nacheinander entstanden. Dabei sind die Bauplätze von den örtlichen Gegebenheiten bestimmt worden, das heißt die Gebäude mußten zwischen Felspartien eingezwängt werden, was ihre Ausrichtung und ihre Bauweise beeinflußt hat. Die zeitliche Folge der Bauten läßt sich weder aus Inschriften noch aus Einzelfunden bestimmen, sondern nur aus Beobachtungen ableiten, weshalb die Bauwerke zunächst ausführlich beschrieben werden müssen. Dabei ist die wahrscheinliche zeitliche Reihenfolge ihrer Entstehung vorerst nicht beachtet worden zugunsten einer klaren und einfachen Darstellung.

DER NORDBAU

Aussenbau und Bauweise

Das am sorgfältigsten errichtete und am besten erhaltene Gebäude der Gruppe ist das auf der Nordseite. Es hat einen sockelartigen Unterbau aus sauber behauenen Sandsteinquadern, der wegen des unebenen Baugeländes sehr verschieden tief ist. Von der Mulde her ist er mit 9 Schichten bis zu 2,70 m hinab sichtbar, von anderen Seiten mit nur einer Schicht von 30 cm Höhe. Der Unterbau hat geböschte Außenseiten, und die Lagerfugen der Werksteinschichten hängen in ihrer Mitte durch, wie das zum Beispiel von Abschnitten des Fundaments der östlichen Umfassungsmauer am Isistempel auf Philä bekannt ist,[4] ebenso von den Außenmauern der römischen Profanbauten im benachbarten Taifa.[5] Die Lagerfugen des Nordbaus hängen an den Längsseiten rund 15 cm durch. Die in verschieden hohen Schichten sehr genau versetzten Blöcke haben ringsum einen geglätteten Randschlag, und die Bossen sind fast ganz abgemeißelt worden und sollten anscheinend ganz verschwinden. Auf der Westseite ist an

4. Henry G. Lyons, A report on the Island and Temples of Philae, Cairo 1908, Pl. 26, Plan VIII.

5. Hay, Manuscripts Brit. Mus. ADD. 29845, 119–120, Zeichnungen von Charles Laver, abgebildet in Les Temples immergés de la Nubie, Documents T. 1, Cairo 1920, Pl. XXXII–XXXIII; Weigall, Report p. 64 sq., Pl. XXIII, XXVII; Roeder, Debod S. 191 f., wo auch Beschreibungen älterer Reisender erwähnt werden (§§ 473–475).

einer Stelle eine kleine Bêsfigur, an einer anderen Stelle ein von vorn gesehenes Gesicht mit wenigen Meißelhieben angedeutet worden, wieder an anderen Stellen sind regelmäßig begrenzte Bossenteile stehen geblieben, als hätte hier etwas plastisch ausgehauen werden sollen, was unterblieben ist (Taf. 5, A). An vielen Stellen waren die Blöcke durch Schwalbenschwänze aus Metall miteinander verklammert, die von Dieben durch Aufmeißeln des Mauerwerks von außen her herausgeholt worden sind.[6] Weigall hat angenommen, daß der Sandstein in einem Steinbruch auf der Westseite der Bucht südlich von Taifa gewonnen worden ist.[7] Die Festigkeit des Steinmaterials ist bemerkenswert, am Mauerwerk des Unterbaus sind nirgends Werwitterungsschäden zu sehen. Der Raum zwischen den Werksteinmauern ist bis oben mit Steinschutt angefüllt worden.

Auf dem Unterbau, der zwischen seinen oberen Ecken 10,55 m auf 6,90 m mißt, erheben sich mit etwas Rücksprung Mauern aus ungebrannten Ziegeln;[8] sie sind unten halten, fast bis zur ursprünglichen Höhe; nur wenige Schichten sind durch Verwitterung abgetragen worden.

Der von den Mauern eingeschlossene Raum war einheitlich überwölbt mit einer Ziegeltonne, von der an beiden Stirnseiten noch Wölbziegel erhalten sind, und an den Längsseiten das Auflager und die Hintermauerung des Gewölbefußes (Taf. 6). Das Gewölbe ist oberhalb seines Auflagers in geneigten Ringschichten gemauert. Die Wände sind unterhalb dieser Linie jedoch nicht senkrecht, sondern es steigt die parabolische Form der Tonne bereits vom Fußboden aus an, die Längswände sind dieser Linie angepaßt (Abb. 2 und Taf. 6, A).

Die Herstellung des Gewölbes sei hier beschrieben, weil sie sich durch besondere Umstände am Bauwerk selbst genau ablesen läßt, unter anderem an Verwitterungserscheinungen auf den Außenflächen der Ziegelmauern. Man hat für diese Mauern Nilschlammziegel verwendet, die nicht über die ganze Bauzeit hinweg in gleicher Qualität geliefert worden sind. Sie sind daher im Laufe der Jahr-

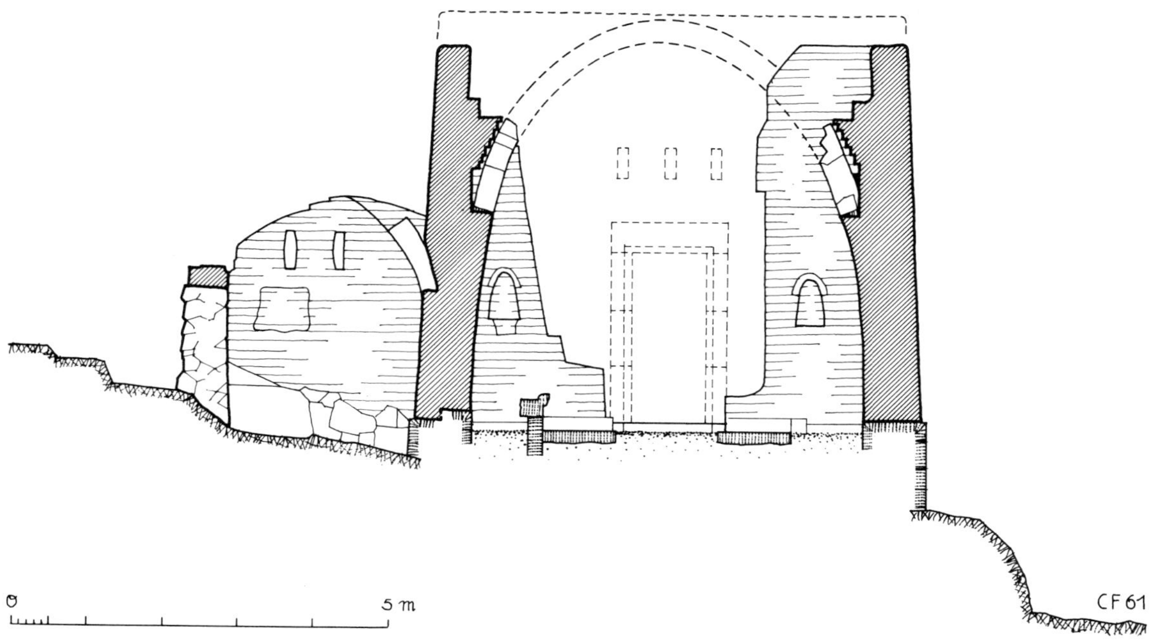

Abb. 2. Bergheiligtum. Querschnitt durch den Nordbau. Masstab 1:100

75 cm dick. Der Rücksprung weist darauf hin, daß die Ziegelmauern verputzt werden sollten, doch machen es bestimmte Verwitterungserscheinungen wahrscheinlich, daß kein Verputz ausgeführt worden ist; darauf ist gleich zurückzukommen. Die Mauern sind geböscht wie der Unterbau, und die Ziegelschichten folgen der Krümmung der Werksteinschichten.[9] Es wechseln Läuferschichten mit Binderschichten regelmäßig ab, doch der Mauerverband ist schlecht, es sitzen oft viele Stoßfugen übereinander (Taf. 5, A). Mit Ausnahme der Südfront, die weitgehend ausgebrochen ist, sind die Mauern über 5 m hoch erhunderte durch Sandschliff verschieden stark angegriffen worden, und deshalb kann man auf den Außenwänden des Nordbaus entsprechende, etwas vertiefte Streifen erkennen: einen Streifen unmittelbar über dem Sandsteinsockel und einen etwa auf halber Höhe der Wand (Taf. 3, B); man hat beim Mauern also zeitweilig weichere Ziegel verwendet. Ganz oben an der westlichen Außenwand ist nun ein ziemlich breiter Streifen stärker ausgeblasen worden, der nicht über die ganze Breite der Wand reicht, sondern auf der rechten Seite—am Südende—schräg abschließt, während das restliche Wandstück bis zur Ecke des Gebäudes weniger verwittert ist. Genau die gleiche Erscheinung ist auf der östlichen Außenwand des Nordbaus zu erkennen (Taf. 4, B), das besser erhaltene Wandstück befindet sich wieder am Südende. Umgekehrt ist auf der Außenseite der Nordmauer die Wandfläche in der Mitte besser erhalten, und nur die beiden Ecken sind stärker verwittert (Taf. 3, B und 4, B). Aus diesen Verwitterungsspuren und den Bauresten lassen sich folgende Vorgänge ablesen:

1. Das aufgehende Mauerwerk wurde zunächst bis zur Höhe des Gewölbefußes hochgeführt und dann die

6. Die Diebe haben immer erst eine Sonde in die Stoßfugen getrieben, um das Vorhandensein eines Schwalbenschwanzes aus Metall festzustellen; nicht alle Blöcke waren damit verklammert. Die Metalldiebe waren in Nubien sehr fleißig, z.B. im Tempel von Kalabsche.

7. Weigall, Report p. 66; Roeder, Debod S. 209 § 520.

8. Format der Ziegel: 9,5 × 15 × 29,5 cm
5 Binder + 5 Fugen = 77,5 cm
5 Läufer + 5 Fugen = 150 cm
10 Schichten + 10 Fugen = 104 cm

9. Wohnhäuser aus römischer Zeit mit durchhängenden Ziegelschichten sind in Karanis ausgegraben worden: Arthur E. R. Boak and Enoch E. Peterson, Karanis 1924–28, Ann Arbor 1931, Fig. 33, 36, 44, 61–2, 67, 72.

Nordmauer so weit aufgebaut, daß mit der Einwölbung angefangen werden konnte (Abb. 3).

2. Das Gewölbe wurde, auf der Nordseite beginnend, in geneigten Ringschichten aus besonderen Wölbziegeln hergestellt. Es lehnte sich dabei gegen den hochgeführten Teil der Nordmauer. Fortlaufend mit der Herstellung des Gewölbes wurde die Hintermauerung seines Fußes ausgeführt (Abb. 4). Die Scheitellinie des Gewölbes ließ man genau so durchhängen wie die Schichten der Längsmauern.
3. Um das Gewölbe auf der Südseite schließen zu können, wurde nun die Südmauer in ganzer Breite hochgemauert und zur Stützung etwas um die vorderen Ecken des Gebäudes herumgeführt (Abb. 5). Dabei wurden die unteren Enden der letzten vollen Ringschichten mit eingemauert (Taf. 6, A oben rechts).

Bis hierher wurde alles aus Nilschlammziegeln bester Güte hergestellt (mit Ausnahme jener bereits erwähnten

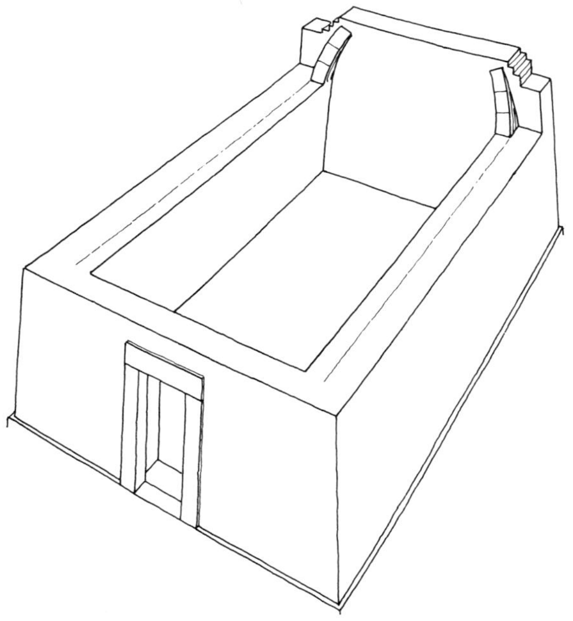

Abb. 3. Herstellung des Nordbaus, 1. Phase

Schichten in unteren Teilen des Mauerwerks, die hier außer Betracht bleiben können).

4. Zum Schluß wurden die Ecken der Nordmauer zusammen mit den Teilen der West- und Ostmauer hochgeführt, die über die Hintermauerung des Gewölbefußes hinwegragen (Abb. 5 links), und dafür sind Ziegel minderer Güte verwendet worden, sodaß gerade das Mauerwerk der letzten Bauphase stärker verwittert ist.

Zum Bauvorgang 2: Die Wölbziegel sind flache Formziegel, in die bei der Herstellung halbkreisförmige Rinnen mit gespreizten Fingern gezogen sind (Taf. 6, A oben rechts), damit der Mörtel besser haftet. Die Hintermauerung des Gewölbefußes ist eine baustatische Maßnahme gegen das Ausknicken der Gewölbeschale in dieser Linie; sie beruht auf Erfahrung, genau wie der statisch günstige parabolische Querschnitt des Gewölbes.

Für die Herstellung der Ziegeltonne scheint es am Bau noch Hinweise zu geben. Gewölbe mit geneigten Ringschichten können bei nicht zu großer Spannweite ohne Lehrgerüst ausgeführt werden, wie das beispielsweise im ersten Palast Ramses' III. in Medinet Habu der Fall war. Doch hat man fallweise selbst bei Spannweiten von nur 2,60 m pfettenartige Längsbalken zur Unterstützung des Gewölbes während der Ausführung verwendet, wie im zweiten Palast Ramses' III. in Medinet Habu.[10] Im Nordbau scheinen trotz der Spannweite von 4,60 m keine solche Längshölzer benutzt worden zu sein, jedenfalls sind in der wohlerhaltenen Nordmauer und im erhaltenen Stück der Südmauer keine entsprechenden Rüstlöcher vorhanden, wie das zum Beispiel in Medinet Habu und in der Vorhalle von Bêt el-Wali der Fall ist.

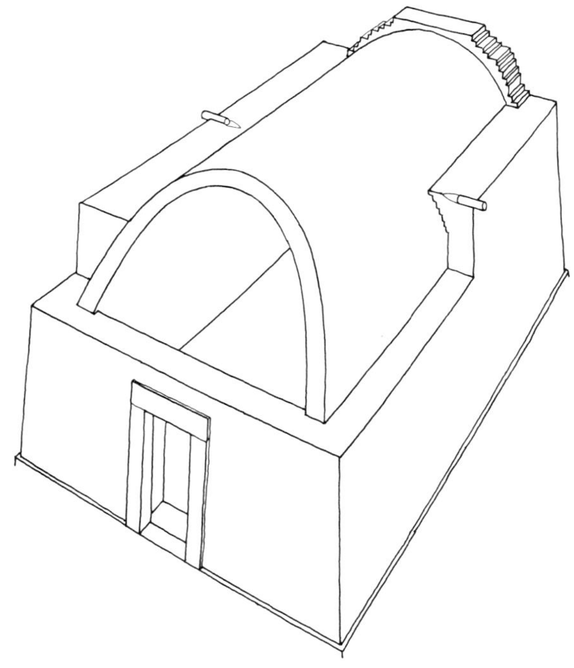

Abb. 4. Herstellung des Nordbaus, 2. Phase

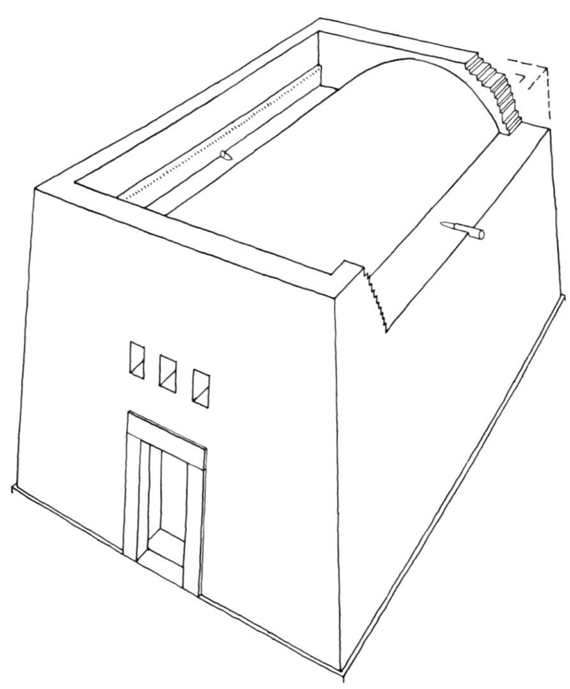

Abb. 5. Herstellung des Nordbaus, 3. und 4. Phase

Auf beiden Längsseiten des Nordbaus sind in der oberen Kante des Gewölbe-Auflagers in regelmäßigen Abständen Löcher vorhanden (Faltplan 2 und Taf. 6, B), die sich paarweise gegenüberliegen und vielleicht von der Abstützung eines versetzbaren Lehrgerüstes herrühren oder auch von einer versetzbaren Arbeitsbühne. Sie können nicht als Auflager für ein Lehrgerüst gedient haben, dafür sind sie zu klein. Aus dem gleichen Grunde können die Löcher nicht von den Balken einer horizontalen Decke herrühren, schon weil das Gewölbe von Anfang an geplant war, was allein durch die Anpassung der unteren Wandteile an den

10. Uvo Hölscher, The Mortuary Temple of Ramses III Part I (OIP Vol. 54) Pl. 26.

parabelförmigen Querschnitt des Raumes bewiesen wird. Es ist zu beachten, daß die Löcher alle offen sind bis auf das südlichste Loch auf der Ostseite, über dem noch ein Rest der Gewölbeschale erhalten ist (Taf. 6, A oben links). Die einfachste Erklärung dafür ist, daß die Löcher beim Vorrücken des Lehrgerüstes oder der Arbeitsbühne durch die Herstellung des Gewölbes zugesetzt worden sind, und daß diese Füllungen beim Einsturz des Gewölbes herausgerissen worden sind. Eine andere Deutungsmöglichkeit soll später erwähnt werden (s. S. 24).

Wasserspeier in Form einer Röhre aus gebranntem Ton eingesetzt worden, und in der gleichen Mauer muß noch eine weitere, anscheinend ältere Vorrichtung vorhanden gewesen sein, die ausgebrochen und durch Zerfall zu einer größeren dreieckigen Mauerlücke erweitert worden ist. Daß hier im Laufe der Zeit allerlei Regenwasser abgelaufen ist, zeigt eine entsprechend ausgewaschene Spur im Mauerwerk (Taf. 3). Auch in der Ostmauer war eine solche Vorrichtung, wie Mauerlücke und ausgewaschene Rinne auch dort anzeigen (Taf. 4, B). Sie saß in der Mitte der

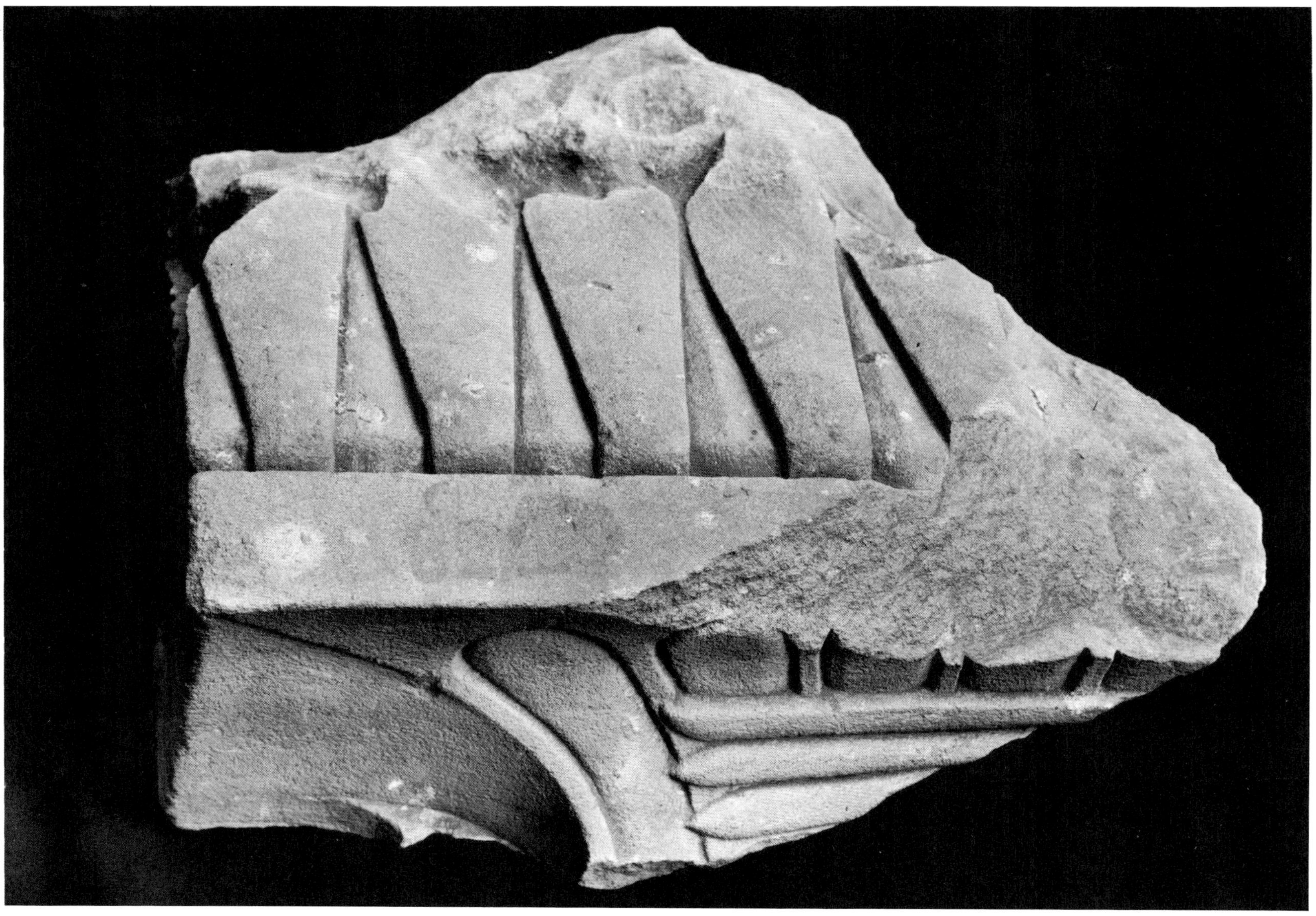

Abb. 6. Bruchstück von der obersten Hohlkehle der Tür des Nordbaus. Photographie

Zu den Bauvorgängen 3 und 4: Die Längsmauern stehen auf diese Weise mit den Mauern der Stirnseiten in festem Verband, und das läßt erkennen, daß von Anfang an geplant war, das Tonnengewölbe seitlich zu verdecken. Das widerspricht dem Bautypus, wie er in vielen Sarkophagen des "Haustyps" wiedergegeben ist und noch heute für nubische Bauernhäuser verwendet wird.[11] Diese Abweichung kann ästhetische und praktische Ursachen haben: die Form ist geschlossener, und die Längsmauern können durch die erhöhte Auflast den Schub des Gewölbes besser aufnehmen.

Der bautechnische Nachteil, daß zwischen der Gewölbeschale und den hochgeführten Längsmauern "Wassersäcke" entstanden, die das Gewölbe gefährdeten, war nicht sehr groß, weil es in Unternubien nur sehr selten regnet. Außerdem waren Vorrichtungen angebracht, um Regenwasser abzuleiten. So ist in die Westmauer ein

11. Herbert Ricke, Der Grundriß des Amarna-Wohnhauses (WVDOG Bd. 56) S. 11.

Langseite, weil die Tonne und ihre Hintermauerung und damit auch die Wassersäcke nach der Mitte zu Gefälle hatten wie alle Werkstein- und alle Ziegelschichten des Nordbaus.

Der Eingang zum Innern des Nordbaus lag in der Mitte der Südmauer. Die Türschwelle aus Sandstein ist noch an ihrem Platz (Taf. 6), sie enthält die Drehpfanne für den unteren Zapfen der einflügeligen Tür und die Standspuren der Werksteinpfosten. Danach betrug die freie Durchgangsbreite nur 97 cm.[12] Das Gewände ist herausgerissen worden, weshalb die Südmauer so weitgehend eingestürzt ist. Roeder hat große Teile des Türsturzes gefunden und zusammengefügt abgebildet.[13] Er hat das Gewände genau beschrieben und hat dabei Stücke der oberen Hohlkehle erwähnt, von denen die ägyptische Altertümerverwaltung im Sommer 1960 einige nach Elephantine gebracht hat

12. Roeder, Debod S. 207 § 514 gibt sie mit 117 cm an, aber das ist die Breite zwischen den hinteren Leibungen.

13. Roeder, Debod S. 207–8 §§ 515–16, Taf. 91.

(Nr. T 38 A–D, danach hier Abb. 6); wir haben weitere kleine Stücke davon gefunden (Abb. 7). Roeder hat auch Bruchstücke der Türpfosten aufgelesen und letztere in Querschnitt und Ansicht rekonstruiert. Er hat irrtümlich gemeint, daß die mit Hohlkehlen, Schlangenfriesen, Flügelsonnen und Säulchen durchgebildete Seite des Gewändes dem Innenraum zugekehrt war,[14] obwohl die Pfosten mit ihrer von Roeder selbst ermittelten Breite von 32 cm auf der Innenseite der Schwelle mit der darauf meßbaren Gewändebreite von 19 cm keinen Platz gehabt hätten. Auch hat Roeder darauf aufmerksam gemacht, daß Rifaud das Türgewände noch an seinem Platz in der Mauer

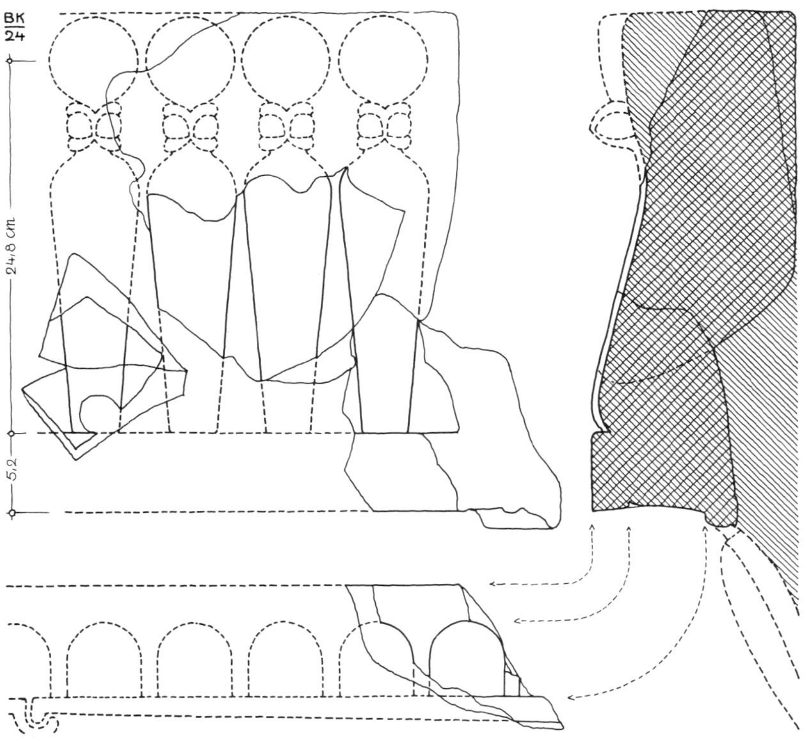

Abb. 7. Bruchstück von der obersten Hohlkehle der Tür des Nordbaus. Zeichnung

gesehen haben muß, und dieser hat das Gewände von außen gezeichnet (Abb. 8), wie die unter der Tür in Ansicht dargestellten Werksteinschichten des Unterbaus zeigen.[15] Daß diese Darstellung voller Fehler ist liegt wohl daran, daß Rifaud die Tafeln nach flüchtigen Skizzen hat stechen lassen. Wenn die ganz schematisch gezeichneten Werksteinschichten das Fundament unter der Tür darstellen sollen, so ist die Türschwelle vergessen, die in der obersten Schicht des Unterbaus sitzt und über die ganze Gewändebreite reicht. Oder Rifaud wollte die Stützmauer der älteren Terrasse (s. S. 5–6) wiedergeben. In beiden Fällen ist das Gewände von außen her gesehen. Die Tür schlug nach innen rechts auf, wie allein an der Schwelle abzulesen ist.

Rifaud hat über der Tür drei ovale Fensteröffnungen gezeichnet, deren Form unmöglich richtig sein kann. Wahrscheinlich hat er oder sein Stecher sie aus Mauerlücken stilisiert, die durch Verfall schmaler Fensterschlitze entstanden sind, vielleicht durch das Herausfallen hölzerner Rahmen. Man darf Rifauds Zeichnung wohl entnehmen, daß in der Mauer über der Tür wirklich Fenster gesessen haben, an keiner anderen Stelle könnten sie angenommen werden. Ob die Lücke in der Nordmauer des Nordbaus durch Verfall entstanden ist, oder ob hier eine weitere Tür gesessen hat, ob diese ursprünglich vorgesehen war oder nachträglich eingesetzt worden ist, bleibt ungewiß. Reste eines Gewändes, das zu einer solchen Tür gehört haben könnte, sind nicht gefunden worden.

An die Ostmauer des Nordbaus ist von außen her ein kleiner Raum angebaut worden, offenbar nachträglich. Seine Mauern sind zum Teil aus aufgelesenen Steinbrocken, sonst aus Nilschlammziegeln errichtet worden. Er war mit einer Ziegeltonne überwölbt, deren Fuß auf der Westseite in die Mauer des Nordbaus einschnitt. Im Bogenfeld der fast ganz erhaltenen Südmauer des Anbaus sitzen zwei Fensterschlitze (Abb. 2 und Taf. 4, A). Der Nebenraum steht über großen Felsen und hat dadurch einen sehr unebenen Fußboden, der anscheinend nicht ausgeglichen war, etwa durch entsprechende Auffüllung. Mit

Abb. 8. Tür des Nordbaus nach Rifaud

dem Hauptraum war der Nebenraum durch eine eingebrochene Tür verbunden, deren Öffnung entweder nur 1,50 m hoch war oder in das Gewölbe des Nebenraums mit einer Stichkappe einschnitt. War letzteres der Fall, könnte ein hier gefundenes Bogenstück aus Sandstein zu dieser Tür gehören.

Terrasse und Stele

Da das Gelände vor der Front des Nordbaus einen Einschnitt bildet, ist hier dem Eingang eine schmale Terrasse

14. Roeder, Debod S. 207 § 514; das liegt an Roeders Annahme, daß es sich auch um "eine Nische wie eine Scheintür" gehandelt haben könnte, aber das ist wegen der Drehpfanne in der Schwelle unmöglich.

15. Rifaud, Voyages . . . Pl. 135 (2). Das Türgewände muß herausgerissen worden sein zwischen dem Besuch des Bergheiligtums durch Rifaud—frühstens 1816—und dem Besuch durch Robert Hay—frühstens 1825—, denn es fehlt bereits auf Hay's Skizze (Taf. 3).

vorgelegt worden. Sie führt um die Südwest-Ecke des Nordbaus herum (Faltplan 1 und 2, A; Taf. 5, B), ohne daß zu erkennen wäre, wie weit sie sich nach Norden zu erstreckt hat. Wahrscheinlich lief sie an fast der ganzen Längswand entlang bis an den hoch anstehenden Fels an der Nordwestecke des Nordbaus. Das scheint jedoch nicht der ursprünglichen Planung zu entsprechen, denn das Fundament auf der Westseite des Nordbaus reicht in tieferen

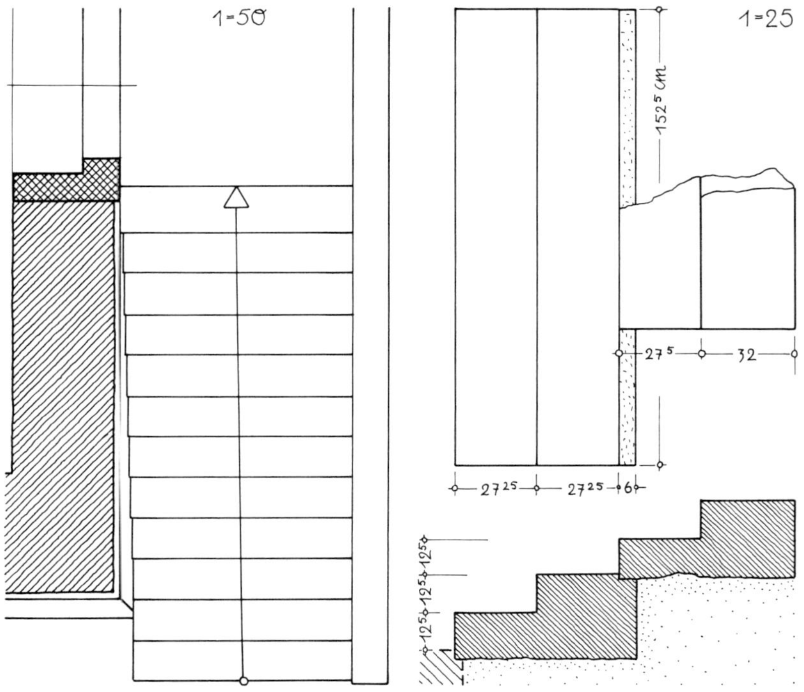

Abb. 9. Treppe an der Südwest-Ecke des Nordbaus. Ergänzung Masstab 1:50. Erhaltene Stufen Masstab 1:25

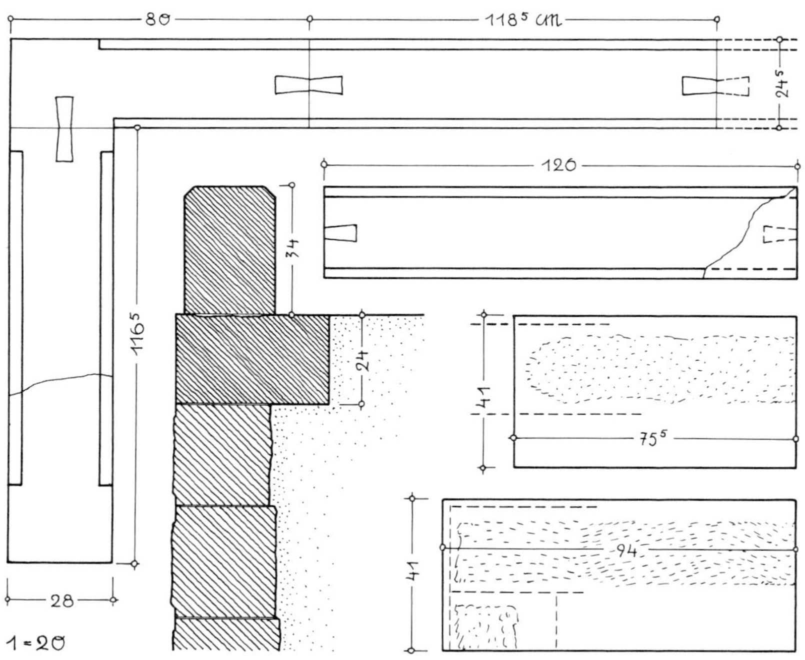

Abb. 10. Blöcke von der Terrassenbrüstung des Nordbaus. Masstab 1:20

Schichten über die Südwest-Ecke nach Süden hinaus (Taf. 5, B), und es könnte sein, daß hier Treppenstufen eingebaut waren, die sich hier verworfen im Schutt gefunden haben (Abb. 9). Wäre die Terrasse gleich anfänglich der Westseite vorgelegt worden, hätte man auf dieser Seite kaum die Bossen am Unterbau abgearbeitet. Auf der Südseite des Unterbaus sind die Bossen der tieferen Schichten in ansteigender Linie unbearbeitet geblieben, woraus sich die ursprüngliche Anordnung einer Treppe erschließen läßt. Die Terrasse führte auch um die Südostecke des Nordbaus herum und lief hier flach in das höher liegende Gelände aus.

Die Terrasse ist aus Felsbrocken und Schutt zwischen dem Unterbau und einer umlaufenden Stützmauer aufgeschüttet worden (Taf. 5, B). Die Stützmauer besteht aus regelmäßigen Sandsteinquadern mit sauberem Randschlag und wenig bearbeiteten Bossen. Sie steht fast überall auf dem gewachsenen Fels. Auf ihr stand eine niedere Brüstung aus langen Sandsteinblöcken, die auf besondere Blöcke mit aufgerauhten Mörtelbetten aufgesetzt waren. Die Abschnitte der Brüstung waren durch Schwalbenschwänze miteinander verklammert, ihre oberen Kanten sind abgefast (Abb. 10). Daß die Brüstung der Terrasse auch um die Südost-Ecke des Nordbaus führte, läßt sich aus einem Eckstück und einem Endstück der Brüstung und einem Eckstück der Schicht darunter (Taf. 7, A) erschließen, die alle auf der Ostseite des Nordbaus gefunden

Abb. 11. Obeliskenförmige Stele. Masstab 1:4

worden sind. Die Terrasse vor dem Eingang des Nordbaus war also ursprünglich von der Mulde im Westen her über eine Treppe zugänglich, und dann über das bewegte Gelände auf der Ostseite.

Ebenfalls im Schutt auf der Ostseite wurde eine Stele besonderer Art aus Sandstein aufgefunden, die höchstwahrscheinlich in nächster Nähe des Nordbaus aufgestellt gewesen ist. Die Stele hat quadratischen Querschnitt und verjüngt sich nach oben, hat also die Form eines kleinen Obelisken (Abb. 11 und Taf. 7, B). Sie ist an allen Seiten fertig bearbeitet, leider aber oben und unten abgebrochen, sodaß ihre ursprüngliche Höhe nicht mehr festgestellt werden kann. Ihre eine Seite ist in tief reliefierte Felder aufgeteilt, es folgen von unten nach oben: ein Feld mit zwei Uräen; ein leeres vertieftes Feld, in das etwas eingesetzt gewesen sein könnte; ein Feld mit einer fünfzehn-blättrigen Rosette; und ein unvollständiges Feld mit einem menschlichen, von vorn gesehenen Kopf, bekrönt mit einer senkrecht gerillten Kopfbedeckung. Die drei übrigen Seiten der Stele sind glatt.

Wo diese Stele aufgestellt war, bleibt ungewiß. Man kann sie sich auf einer der Ecken der Terrassen-Brüstung aufgestellt denken oder auf deren zu ergänzendem freien Ende. Das bleibt jedoch nur ein durch nichts zu begründender Vorschlag. Völlig unverständlich ist auch die Aussage der Reliefs auf der Stele.

Innenausstattung

Als das Tonnengewölbe des Nordbaus einstürzte, hat es die bis dahin noch erhaltenen Teile der Innenausstattung unter sich begraben. Ob die fehlenden Teile vor dem Einsturz des Gewölbes weggeholt oder später aus dem Ziegelschutt herausgeholt worden sind, ließ sich nicht erkennen.[16]

Wände und Gewölbe waren mit einer dünnen Stuckschicht überzogen, von der wir im Schutt nur daumennagel-große Stücke gefunden haben. Die Stuckschicht war rot bemalt und darüber geweißt, auf einem kleinen Rest war eine Grenze zwischen hellroter und dunkelroter Farbe zu sehen—das ist alles, was sich über die Ausmalung des Innenraumes aussagen läßt.

An Westwand, Südwand und Ostwand des Innenraumes lief ein Bankett um, das auf der Südseite durch den Eingang unterbrochen ist und an Ost- und Westwand vielleicht nicht bis an die Nordwand reichte. An seiner Vorderseite war das Bankett aus zwei Schichten langer Sandsteinblöcke aufgebaut, von denen sich eine Anzahl der unteren Schicht noch an ursprünglicher Stelle befindet (Taf. 6). Mehrere Blöcke der oberen Schicht sind verworfen erhalten, nur ein solcher Block war bei der Freilegung noch an seinem alten Platz (Taf. 8, A). Diese Blöcke der oberen Schicht seien hier zunächst genau beschrieben:

a. Mehrere Blöcke sind in ihrer ganzen Länge erhalten, entweder in einem Stück oder in Teile zerbrochen (Abb. 12). An ihrer Vorderkante haben sie ein großes Profil, das ganz glatt bearbeitet ist, während die senkrechte Fläche darunter einen glatten Rand mit einem rauhen Spiegel dazwischen hat; das ist auch an den Blöcken der unteren Schicht der Fall. Da, wo auf der Oberseite die Abrundung des Profils an die waagerechte Fläche stößt, läuft ein 1 cm breiter aufgerauhter Streifen am Profil entlang, an dem geringe Reste von Gipsmörtel haften.

Senkrecht zum Profil der Vorderkante setzt an einem Ende der Blöcke meist ein asymmetrisches Profil an, dessen abgerundete Fläche geglättet ist, dessen senkrechte Fläche nur am oberen Rande bearbeitet, sonst rauh geblieben ist. Die Blöcke waren durch Schwalbenschwänze miteinander verklammert. Auch die Querteilungen haben an ihrem freien Ende die Ausarbeitung für einen halben Schwalbenschwanz, hier saß also zweifellos ein weiterer profilierter Block an, der bis zur Wand reichte; auch davon sind Stücke gefunden worden (Abb. 12 mitten links).

b. An einem der oberen Blöcke, der an die Westseite des Eingangs gehört,[17] ist damit begonnen worden, das einfache Profil in ein viel reicheres abzuändern (Abb. 13 und Taf. 8, B). Da die Vorderseite des Banketts überall noch

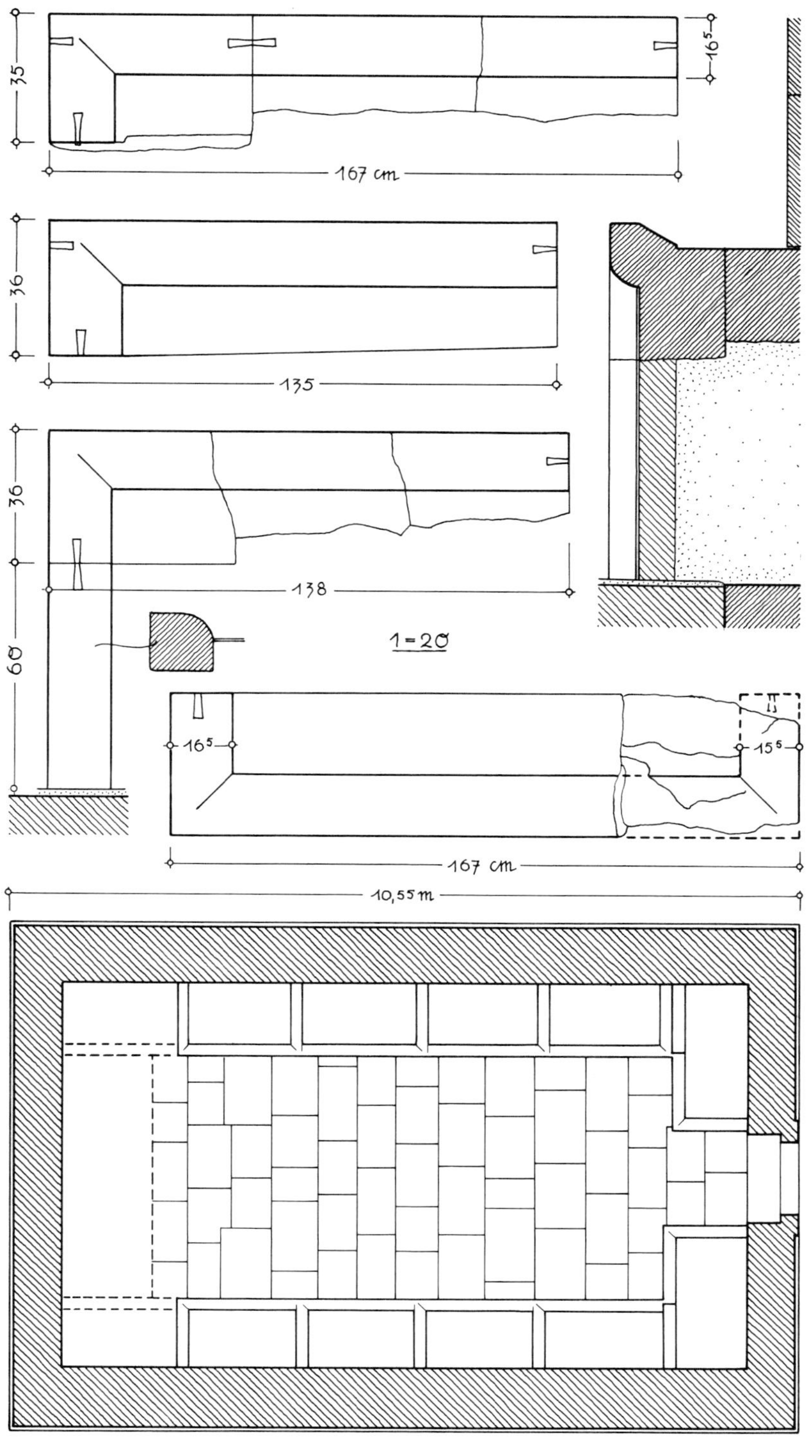

Abb. 12. Blöcke aus der oberen Schicht des Banketts im Nordbau. Masstab 1:20. Ergänztes Bankett-Schema Masstab 1:100

nicht fertig geglättet war, kann man sich fragen, ob das reiche Profil nicht schon ursprünglich für die ganze Länge des Banketts geplant war, oder ob es sich um eine spätere Abänderung handelt, die auf den Teil des Banketts am Eingang beschränkt bleiben sollte. Wahrscheinlicher ist das letztere, weil die Abänderung an den schon versetzten Blöcken eine sehr mühsame Arbeit gewesen wäre.

Setzt man den abgeänderten Block an seine ursprüngliche Stelle (Abb. 14), so bleibt zwischen ihm und dem zu ergänzenden Gewände der Tür noch eine Lücke, die durch einen schmalen Block besonderer Form ausgefüllt gewesen

16. Der Ziegelschutt ist vor Beginn unserer Grabung bereits an mehreren Stellen aufgegraben worden, wahrscheinlich durch die ägyptische Altertümerverwaltung im Sommer 1960, zeitlich also nach der Erteilung der Grabungskonzession an das Oriental Institute Chicago.

17. Auf Taf. 8, B ist der Block an falscher Stelle aufgesetzt worden.

sein muß. Solche "Verlängerung" kommt auch an anderen Blöcken vor (Abb. 12, oberster Block).

c. Auf der Ostseite des Innenraumes war bei der Freilegung ein großes Stück von einem Block der oberen Schicht des Banketts noch an ursprünglicher Stelle, und das fehlende Ende konnte Bruchfläche an Bruchfläche angeschoben werden (Taf. 8, A). Auf dem vorderen Profil dieses Blockes fehlt am Nordende die Ausarbeitung für einen

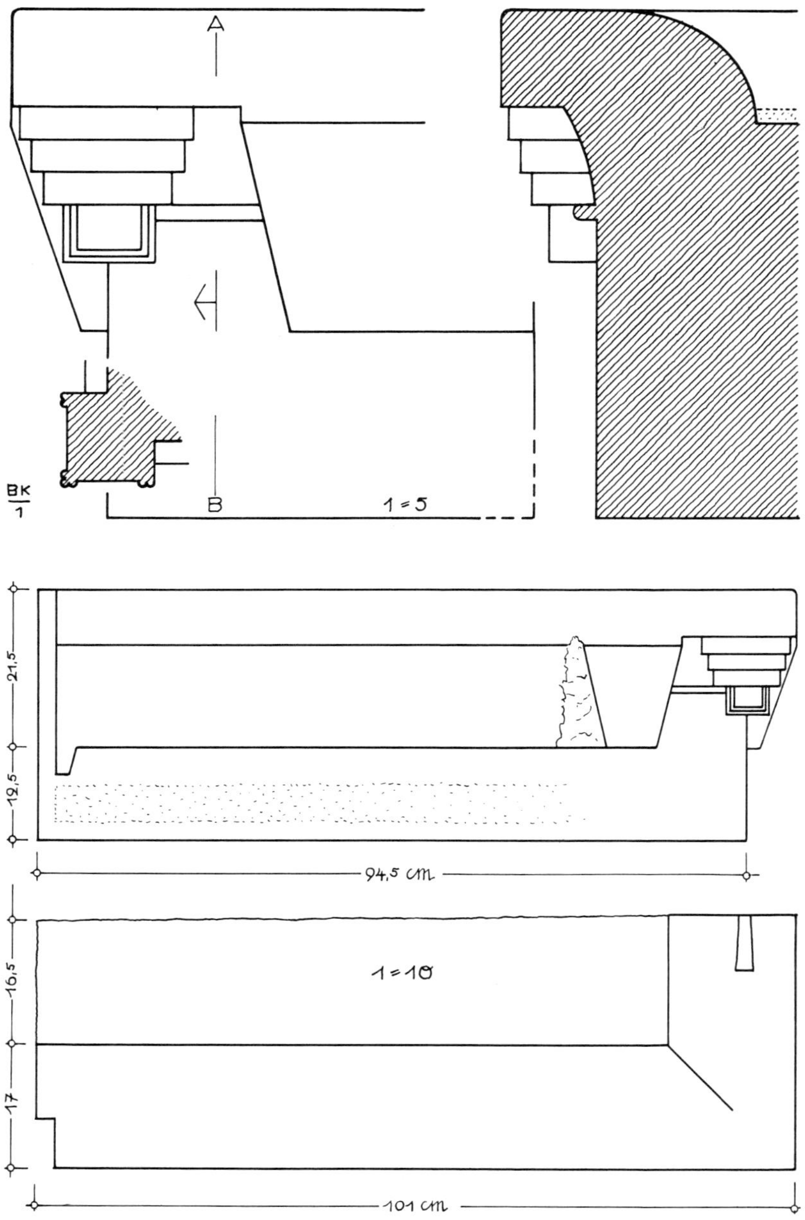

Abb. 13. Block vom Bankett im Nordbau mit abgeändertem Profil. Masstab 1:10. Einzelheit des Profils Masstab 1:5

halben Schwalbenschwanz—am Südende ist das Profil oben so zerstört, daß hier nichts festzustellen ist—, außerdem hat der Block die Ansätze zu zwei Querteilungen, die im Gegensinne profiliert worden sind. Das scheint auszusagen, daß das Bankett hier zuende war. Das ist jedoch nicht eindeutig, denn das Profil ist nicht um die Ecke des Blockes herumgeführt, wie das am Eingang der Fall ist (Abb. 13–16), sondern senkrecht abgeschnitten, und die nach Norden gewandte Fläche ist auch nicht glatt bearbeitet. Das Profil muß also gegen etwas angelaufen sein, am wahrscheinlichsten gegen einen weiteren Abschnitt des Banketts (in Abb. 12 unten nur gestrichelt eingezeichnet).

d. Auf die noch stehenden Blöcke der unteren Reihe in der Südwestecke des Raumes läßt sich mit voller Sicherheit ein kurzer Block aus der oberen Reihe aufsetzen (Abb. 14).[18] Er weist nämlich das Profil auf, in das der rechtwinklig nach Osten anschließende Block eingeschoben war und so die einspringende Ecke des Banketts gebildet hat; außerdem haben oberer und unterer Block die gleiche Grenze der Bearbeitung.

Ein kleines, an den oberen Block angearbeitetes Formstück läßt erkennen, daß hier das vordere Profil von beiden Seiten her gegen etwas anlief. Das kann eine wenig erhöhte quadratische Plattform gewesen sein, die die Raumecke ausfüllte (Abb. 15), oder es war nur ein schmaler Steg vorhanden (Abb. 12 und 16). Das letztere ist wahrscheinlicher, darauf ist weiter unten zurückzukommen (s. S. 24–25). An das aufgesetzte Eckstück kann ein verworfen gefundener Block der oberen Schicht angefügt werden, und zwar mit Hilfe einer entsprechenden Fugenmarke auf der unteren Schicht des Banketts.

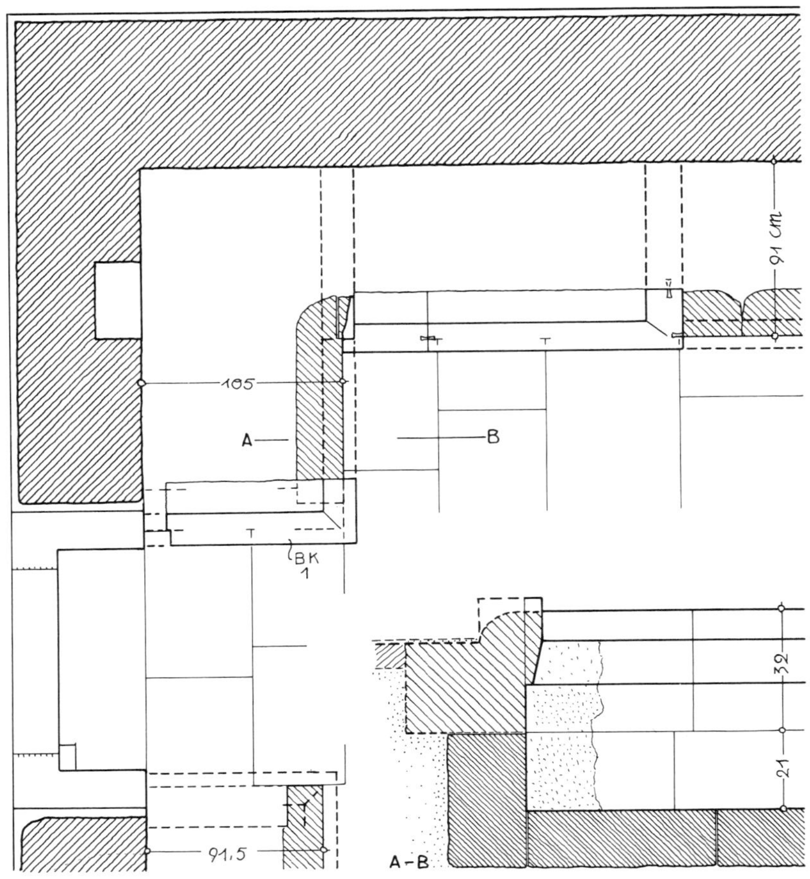

Abb. 14. Südwest-Ecke im Nordbau. Grundriss Masstab 1:40. Schnitt Masstab 1:20

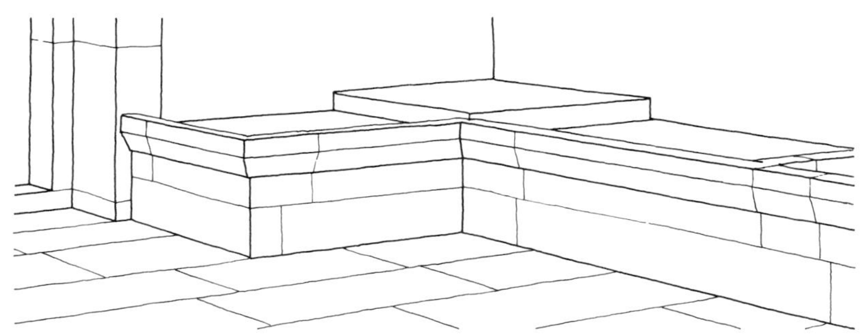

Abb. 15. Südwest-Ecke im Nordbau. Ergänzung mit quadratischem Ecksockel

Das Bankett war zwischen seiner Werksteinfront und der Ziegelmauer dahinter—beziehungsweise der obersten Schicht des Unterbaus (Taf. 6)—mit Schutt aufgefüllt und oben über einer Ziegelschicht mit Stuck abgedeckt, der 1 cm dick nach vorn gegen das Profil und seitlich gegen die Querteilungen anlief (Abb. 12). Die Länge der durch die Querteilungen getrennten Abschnitte des Banketts läßt sich in zwei Fällen mit 167 cm angeben. Das ist ein Maß, mit dem das Bankett ungefähr gleichmäßig aufgeteilt wer-

18. Auf Taf. 6 ist der Block zu weit nach Süden geschoben worden.

den kann (Abb. 12 unten). Ob vor der Mitte der Nordwand noch zwei Abschnitte einzufügen sind, was nach dem Breitenmaß möglich wäre, bleibt zweifelhaft. Hier muß jedenfalls ein Bauteil vorhanden gewesen sein, der die Felsen überdeckt hat, die hier aus dem Boden ragen (Taf. 8, A). Die Südflucht dieses Bauteils wird durch die hier vorhandenen Pflasterplatten festgelegt, und die ergeben eine Tiefe von 197 cm, also über einen Meter mehr, als die Bankette vor den Längswänden tief waren. Wahrscheinlich war vor der Nordwand ein Podium eingebaut, darauf ist in der Beschreibung des Südbaus zurückzukommen (s. S. 12).

Der zwischen den Banketten freibleibende Fußboden war mit rechteckigen, sauber bearbeiteten Sandsteinplatten gepflastert, die sehr regelmäßig auf einer Unterlage aus Schutt verlegt worden sind mit geringem Gefälle nach dem Eingang zu. Die Platten sind an die untere Schicht des Banketts angeschoben (Taf. 6, A). Mehr als die Hälfte von ihnen liegt noch an alter Stelle (Faltplan 1), und einige Platten liegen verworfen im Raum.

Abb. 16. Südwest-Ecke im Nordbau. Ergänzung mit schmalem Steg

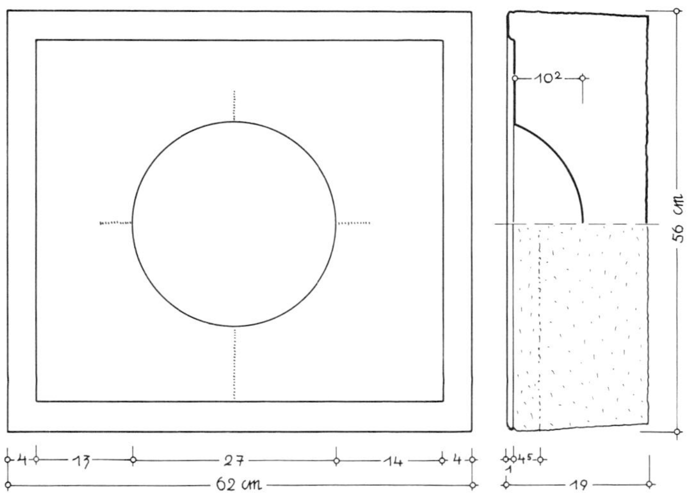

Abb. 17. Block 1, im Nordbau gefunden. Masstab 1:10

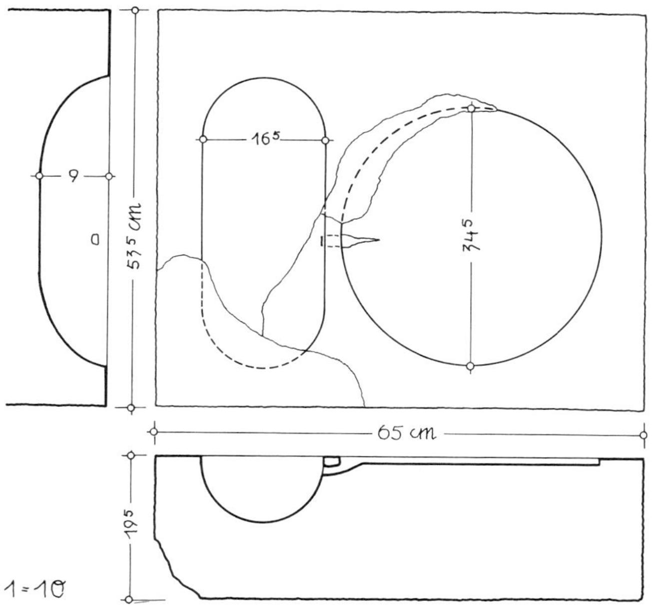

Abb. 18. Block 2, im Nordbau gefunden. Masstab 1:10

Bei der Ausräumung des Schuttes sind im Innenraum mehrere Blöcke besonderer Form aus Sandstein gefunden worden, die zur Innenausstattung gehören, deren einstiger Standort jedoch nicht mehr festgestellt werden kann.

Block 1 (Abb. 17 und Taf. 8, B vorn links). Eine fast quadratische Platte mit umlaufendem, wenig erhöhtem Rand und einer kalottenförmigen Vertiefung in der Mitte. Der Block war zweifellos in den Boden eingelassen bis zu der außen auf allen Seiten eingeritzten Linie, sodaß nur der erhöhte Rand hervorstand. Die Kantenlängen des Blockes, 56 cm und 52 cm, verleiten zu dem Versuch, ihn in eine Lücke im Pflaster einzusetzen, doch ist das Ergebnis nicht eindeutig. Die Frage, ob die Vertiefung im Block ein Gefäß aufnehmen sollte, oder ob die Vertiefung selbst als Gefäß gedient hat, bleibt offen.

Block 2 (Abb. 18). Auch diese Platte war in eine horizontale Fläche eingelassen, entweder in das Pflaster, oder —da sie im Nordteil des Raumes gefunden worden ist— in die Abdeckung des Podiums, das möglicherweise vor der Nordwand eingebaut war. In die Oberfläche des Blockes

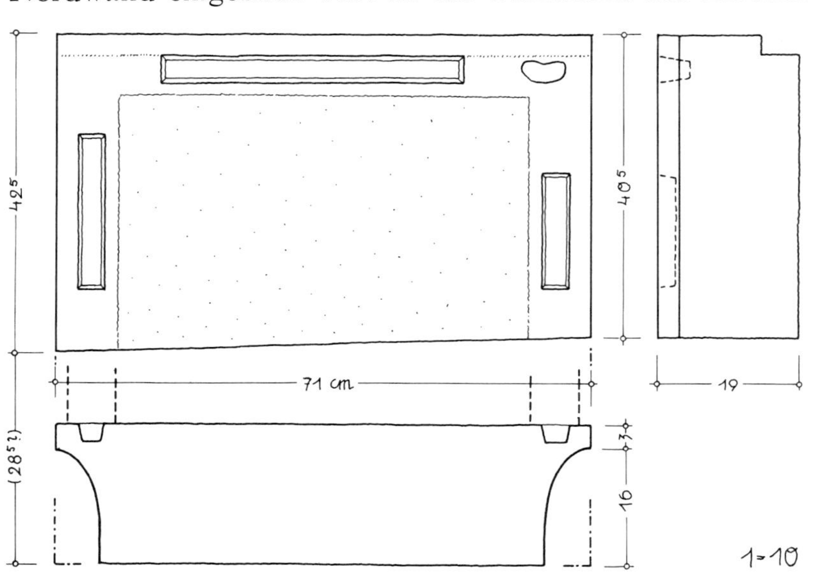

Abb. 19. Block 3, im Nordbau gefunden. Masstab 1:10

sind zwei Becken eingetieft worden, ein kreisrundes nur 7 mm tief und ein längliches, auf beiden Seiten abgerundetes Ausschöpfbecken von 9 cm Tiefe; beide Becken sind durch eine kleine Rinne miteinander verbunden. Über oder in dem flachen Becken hat etwas gestanden, von dem Wasser abtropfte, das durch die Rinne in das tiefere Becken abfloß, wo es ausgeschöpft werden konnte. Die Deutung dieses Blockes soll im Zusammenhang mit der Deutung des Nordbaus versucht werden (s. S. 24).

Block 3 (Abb. 19). Dieser seltsam geformte Block ist Teil einer Art Tisch. Die rauhe Hinterseite war anscheinend gegen einen vorspringenden Sockel angeschoben, und gegen die rauhe Vorderseite muß ein weiterer Block angefügt gewesen sein, um den sich die glatt bearbeitete Hohlkehle des erhaltenen Blocks fortgesetzt haben wird. In die Oberfläche sind hinten und seitlich Nuten eingetieft, in welche hochkant stehende Platten mit entsprechenden Zapfen ("Federn") eingesetzt waren. Die Dicke dieser Platten läßt sich erkennen, weil die zwischen ihnen freigebliebene Oberfläche des Steins geweißt ist. Diese "Tischplatte" wird auf einem dicken Fuß aus Sandstein gestanden haben, von dem kein Rest gefunden worden ist.

Block 4. Vor der Nordwand des Innenraumes lag eine 25 cm dicke, ziemlich rohe Platte, an der nur die Oberfläche von 36 cm auf 50 cm geglättet war. Diese Oberfläche ist mit einer 3 mm dicken Schicht einer schwarzen, zäh elastischen Masse überzogen. Die chemische Analyse hat ergeben, daß sie hauptsächlich aus tierischem oder pflanzlichem Öl besteht.[19] Auch dieser Block ist später noch einmal zu erwähnen (s. S. 25).

DER SÜDBAU

Aussenbau und Bauweise

Der Südbau ist dem Nordbau eng verwandt. Auch er hat einen sockelartigen Unterbau aus regelmäßigen Sandsteinquadern mit geböschten Außenseiten und durchhängenden Lagerfugen auf allen Seiten. Die Werksteine haben auch hier einen glatten Randschlag als Voraussetzung für ein genaues Versetzen der Blöcke. Die Bossen sind nur auf der Westseite des Unterbaus abgearbeitet worden, an den übrigen Seiten sind sie unberührt stehen geblieben (Taf. 3, B und 4, A). An der Nordost- und Nordwest-Ecke sollte je eine flache Vorlage ausgehauen werden, die jede um ihre Ecke herumgreifen sollte; auch diese Vorlagen sind unfertig in den Bossen steckengeblieben (Taf. 6, B links im Hintergrunde). Die Schwalbenschwänze aus Metall, die die Blöcke miteinander verklammerten, sind auch hier durch Aufschlagen der Fugen von außen her herausgeholt worden.

Der Unterbau des Südbaus liegt im Gelände höher als der Unterbau des Nordbaus; der Höhenunterschied zwischen den beiden Fußböden beträgt rund 1,75 m. Auf der Westseite reicht der Unterbau des Südbaus an der tiefsten Stelle des bewegten Geländes mit 9 Schichten bis zu 2,95 m hinab, auf der Ostseite mit nur 2 Schichten. Er mißt zwischen seinen oberen Ecken 12,10 m auf 7,30 m, ist also größer als der Unterbau des Nordbaus (= 10,55 m auf 6,90 m). Über dem Werksteinsockel erhebt sich, wieder mit Rücksprung, das aufgehende Mauerwerk aus Nilschlammziegeln, das überall gleichmäßig 2,90 m hoch erhalten ist, abgesehen von der Mitte der Nordmauer, die durch das Hierausreißen des steinerner Gewändes der Eingangstür zum größeren Teil eingestürzt ist (Taf. 3, B). Die beiden Längsmauern sind 90 cm dick, die Südmauer ist 75 cm, die Nordmauer nur 65 cm stark. Da alle Mauern oben so dick sind wie unten und außen der Böschung des Unterbaus folgen, hängen sie nach dem Innenraum zu über. Die Ziegel sind etwas größer als die des Nordbaus,[20] es wechseln auch hier Binderschichten mit Läuferschichten regelmäßig ab. Der Mauerverband ist etwas besser als am Nordbau.

Die Frage, wie der Innenraum des Südbaus überdeckt war oder werden sollte, ist nicht eindeutig zu beantworten. Weigall hat angenommen, daß der Raum eine waagerechte Deck auf "cross beams" hatte.[21] Er hat also die leichten Einbuchtungen, die am oberen Rande des erhaltenen Mauerwerks der Längsmauern in gleichmäßigen Abstän-

19. Untersuchung durch das Gerichtlich-Medizinische Institut der Universität Zürich; den Herren Prof. Dr. F. Schwarz und Dr. H. Brandenberger sei hier für ihre Hilfe gedankt.

20. Format der Ziegel: 10 × 16,5 × 32 cm
5 Binder + 5 Fugen = 86 cm
5 Läufer + 5 Fugen = 165 cm
10 Schichten + 10 Fugen = 115 cm

21. Weigall, Report p. 66.

den vorhanden sind (Faltplan 2, B und Taf. 3, B und 4, B) und sich paarweise gegenüberliegen, offenbar für die etwas verwaschenen Auflagerspuren von Balkenköpfen angesehen.

Gegen diese Deutung läßt sich einwenden, daß am Gewölbefuß des Nordbaus in den Längsmauern in gleicher Weise Löcher vorhanden sind, die keine Auflager von Balkenköpfen gewesen sein können (s. S. 3–4) und die bei entsprechender Exposition zu der Form der Einbuchtungen im Südbau hätten werwittern können. Die Spannweite des Raumes von über 5 m hätte für die Übertragung der Deckenlast auf die Mauern wohl besondere Auflager für die Balkenköpfe erfordert, aber davon gibt es keine Spuren. Und die freie Raumhöhe von höchstens 2,80 m wäre recht gering, zumal es sich nicht um irgendein Nebengebäude handelt, sondern um einen monumentalen Bau, der dem gleichen Zweck gedient zu haben scheint wie der Nordbau mit einer Scheitelhöhe seines Gewölbes von über 5 m. Zumindest muß auch für den Südbau eine Uberwölbung geplant gewesen sein, denn die Längsmauern sind dort so dick gemacht, daß sie den Schub einer Ziegeltonne aufnehmen konnten.

Obwohl im Südbau einzelne Wölbziegel verworfen gefunden worden sind, stehen der Annahme eines ausgeführten Tonnengewölbes verschiedene Einwände entgegen. War hier ein Gewölbe vorhanden und ist es eingestürzt—warum lagen seine Ziegelmassen nicht auf dem Boden des Innenraumes, wie das im Nordbau und im Mittelbau der Fall war? Man müßte eine vollständige Ausräumung in früheren Zeiten annehmen—gerade des Südbaus, weil er das größte Gebäude der Gruppe ist—, von der jedoch jede Spur fehlt. Der Schutt müßte irgendwo in der Nähe abgeworfen sein, aber es liegen nur wenige Mauerziegel auf der Ostseite des Südbaus. Wäre ein Gewölbe ausgeführt gewesen, müßte wenigstens die Südmauer höher anstehen als der Gewölbefuß, also höher als die Längsmauern in ihrem gegenwärtigen Zustande; aber das ist nicht der Fall.

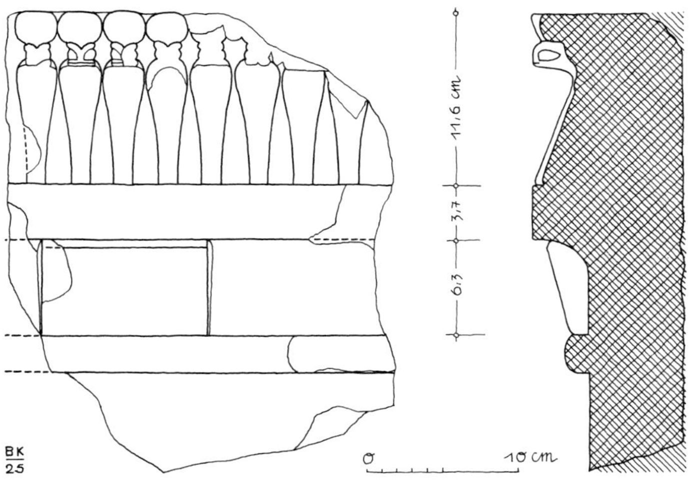

Abb. 20. Bruchstück von einer Hohlkehle vom Eingang des Südbaus. Masstab 1:5

Kann eine lichte Raumhöhe von nur 2,80 m für den monumentalen Südbau nicht geplant gewesen sein, war aber auch kein Tonnengewölbe ausgeführt, so ist der Bau entweder unfertig geblieben und ist nie benutzt worden, oder er konnte nicht in der beabsichtigten Weise zuende gebracht werden und hat deshalb ein leichtes Flachdach erhalten, um ihn provisorisch benutzbar zu machen. Sein Unterbau ist ja auch nie fertig bearbeitet worden, selbst die Eckvorlagen der Gebäudefront sind unbehauen geblieben.

Der einzige Zugang zum Südbau lag in der Mitte seiner Nordmauer. Das Türgewände aus Sandstein ist herausgerissen worden, auch die Schwelle. Die lichte Weite der Tür kann daher nicht mehr gemessen werden, sie läßt sich jedoch mit 1,25 m erschließen, war also breiter als die des Nordbaus. Bruchstücke des Sturzes mit Hohlkehle und

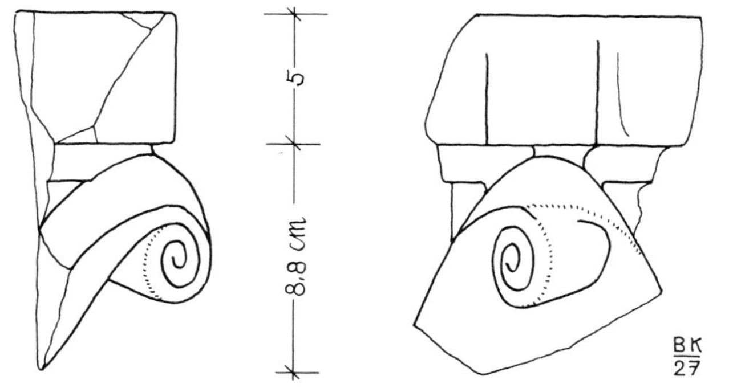

Abb. 21. Bruchstück von einem Kapitell vom Eingang des Südbaus

Uräenfries sind erhalten (Abb. 20 und Taf. 7, C) mit der Bosse für eine Sonnenscheibe mit herabhängenden Uräen; die Bosse zeigt, daß auch das Türgewände nicht fertig ausgehauen war. Die geringen Abmessungen der Formen an den Bruchstücken lassen vermuten, daß mindestens zwei Holkehlen und Schlangenfriese übereinander angeordnet waren, und die Bruchstücke zur unteren Reihe gehören. Der Architrav unter einer darüberliegenden Hohlkehle lag auf kleinen, dem Gewände vorgelegten Säulen, von denen ein Rest eines Kapitells erhalten ist (Abb. 21). Das Türgewände entsprach also dem des Eingangs zum Nordbau. Vor der Tür zum Südbau lag keine gebaute Terrasse, sondern eine breite Treppe oder eine Plattform, zu der Stufen hinaufführten. Erhalten sind davon Teile der Auffüllung (Faltplan 1).

Innenausstattung

Wie im Nordbau lief auch im Südbau an den Längswänden und an der Eingangswand ein niederes Bankett entlang, doch war es hier viel einfacher ausgebildet. Die Vorderseite ist aus Nilschlammziegeln einen halben Ziegel stark gemauert, zum Teil besteht sie auch aus hochkant gestellten Sandsteinplatten; dahinter ist mit Granitbrokken und Schutt waagerecht aufgefüllt. Oberhalb des Banketts sind in die Wände 20 cm dicke Sandsteinplatten eingestzt (Faltpläne 1 und 2, B), ein durchschnittlich 45 cm hoher Streifen, der die Wände gegen mechanische Beschädigungen schützen sollte.[22] Von den Platten sind nur wenige herausgefallen.

An den Südenden der Längswände und an der Südwand sind die Sandsteinplatten auf Fußbodenhöhe tiefer eingesetzt, das Bankett hörte also in entsprechendem Abstande vor der Südwand auf, und zwar in der Südostecke 75 cm, in der Südwestecke 1 m davor (Abb. 22). Daraus muß nicht geschlossen werden, daß auch im Nordbau das Bankett nicht bis an die Rückwand des Raumes reichte, denn dort ist der Boden bereits durch anstehendes Gestein erhöht, das man sich doch wohl überbaut denken muß.

22. Weigall, Report p. 66 hat das mißverstanden: "The southern building has its lower part also constructed of well-laid masonry blocks; but here these rise higher than the floor-level of the chamber which is built above." Den gleichen Irrtum hat Monneret de Villard begangen in La Nubia romana Fig. 24, Querschnitt A–B. Wo die Platten rausgefallen sind, ist die Hintermauerung aus Ziegeln sichtbar (Faltplan 2, B).

Das im Nordbau vor der Rückwand vermutete Podium mag im Südbau durch einen freistehenden Tisch oder dergleichen ersetzt worden sein.

Der Fußboden des Raumes war ein roter Estrich, wohl gestampfte Homra, von der Reste überall verstreut liegen; darunter befindet sich die Auffüllung des Unterbaus aus Steinschutt. Im Gegensatz zum Nordbau sind im Südbau weder einzelne Blöcke besonderer Form noch anderes gefunden, was zur Innenausstattung gehört haben könnte. Entweder sind solche Reste bei einer früheren Ausräumung fortgeschafft worden, oder es waren noch keine speziellen Einrichtungen vorhanden, weil der Südbau unfertig geblieben ist.

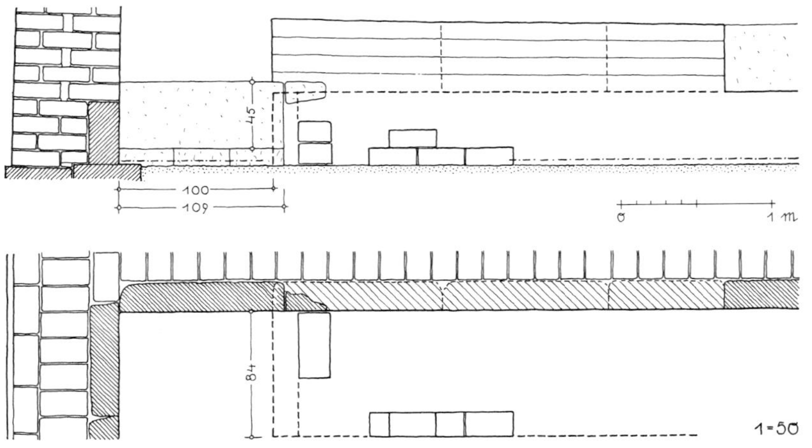

Abb. 22. Wandplatten aus Sandstein in der Südwest-Ecke des Südbaus. Masstab 1:50

DER MITTELBAU

Aussenbau

Der Mittelbau ist in eine enge natürliche Wanne zwischen Granitfelsen eingebaut. Außen gemessen ist er nur 5 m breit und ohne den Anbau 8,50 m lang. Seine durchschnittlich 60 cm dicken Ziegelmauern stehen unmittelbar auf dem gewachsenen Fels. Die Südmauer führt über hohe Felsteile hinweg, welche auf dieser Seite die Innenwand bilden, stellenweise bis zum Ansatz des Gewölbes hinauf (Faltplan 2, B). Bis auf die weniger hoch erhaltene Nordmauer steht das Mauerwerk fast bis zur ursprünglichen Höhe des Baus in seiner letzten Periode an (Taf. 4), doch ist seit Roeders Besuch ein großes Stück der Westmauer eingestürzt.[23]

Die Mauern des Mittelbaus sind nicht einheitlich aus Ziegeln errichtet, sondern sie enthalten auch Mauerwerk aus rohen Granitbrocken. So wechseln in der Westmauer Teile aus Ziegeln mit Teilen aus Wackersteinen ab (Taf. 3), und die Ziegel weisen in den einzelnen Abschnitten verschiedene Formate auf[24] als Anzeichen für mehrere Wiederherstellungen des Gebäudes.

Der Eingang zum Mittelbau sitzt nahe der Nordwest-Ecke in einer seltsam verschobenen Lage, die nur durch einen Umbau entstanden sein kann. Vom Türgewände ist nichts mehr erhalten, es sei denn ein im Gelände verworfen gefundenes Bruchstück von einem Türsturz (Abb. 23), das möglicherweise hierher gehört; die lichte Weite des Eingangs hätte danach 65,5 cm betragen. Im Mauerstück westlich vom Eingang ist auf der Innenseite eine Nische ausgespart, vielleicht zu Abstellen einer Lampe.

Der Innenraum war, zumindest in seiner letzten Bauperiode, mit einer Ziegeltonne überwölbt, die eingestürzt ist, deren Umriß aber aus entsprechenden Resten ermittelt werden kann (Faltplan 2, B). Die Längsmauern sind bis zur Höhe der Schildmauern hochgeführt, doch stehen die oberen Teile, soweit sie über die Hintermauerung des Gewölbes hinwegragen, nicht mit den Schildmauern im Verband, sondern stoßen mit durchgehender Fuge an. Diese oberen Teile der Längswände weisen einen besonderen Ziegelverband auf: es wechseln Läuferschichten mit Rollschichten regelmäßig ab, was diese Mauerteile ziemlich sicher in die koptische Zeit datiert.[25]

Ungefähr in der Mitte der Ostmauer ist ein 70 cm breiter Durchgang, an dessen Stelle früher eine Tür mit Werksteingewände gesessen hat. Von diesem ist nur noch die Schwelle erhalten, an der sich die ursprüngliche Durchgangsbreite von nur 53 cm ablesen läßt. Die Tür beziehungsweise der Durchgang führt in einen kleinen, aus Granitbrocken errichteten Anbau, der so tief zwischen Felsen eingeklemmt ist, daß er keinen Zugang von außen her gehabt haben kann, etwa in der heute vorhandenen Lücke in seiner Südmauer. Der Anbau, wenn er je überdeckt war, kann nicht hoch gewesen sein, weil er sonst das Fenster im Bogenfeld der Ostmauer überschnitten hätte, das 2,35 m über Oberkante Türschwelle beginnt (Faltplan 2, B). Im Bogenfeld auf der Westseite scheint ebenfalls ein schmales Fenster gesessen zu haben, dessen Öffnung zu einem langen Schlitz verwittert ist (Taf. 3, A), an dem die Westmauer später aufgerissen und zur Hälfte weggebrochen ist (Taf. 3, B).

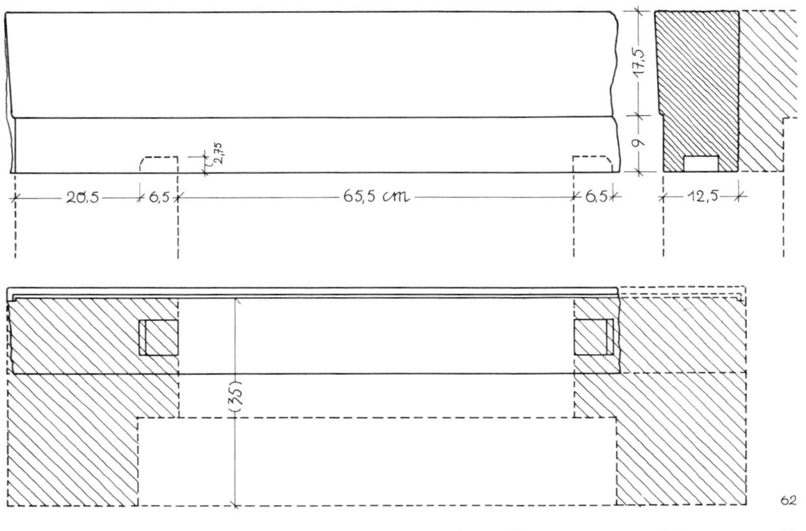

Abb. 23. Bruchstück eines Türsturzes (vom Eingang zum Mittelbau?)

Innenausstattung

Die Schuttmassen des eingefallenen Tonnengewölbes bedeckten in einer dicken Schicht den obersten Estrich des Innenraumes und haben wie im Nordbau die Überreste der Innenausstattung vor der Verschleppung bewahrt. Wände

23. Roeder, Debod Taf. 92, a.

24. Westmauer, unterer Streifen, Format der Ziegel 8,5 × 10 × 32 cm. Westmauer, obere Wandteile, Format der Ziegel 9,5 × 15 × 31,5 cm.

25. Einzelne Rollschichten gibt es schon in Ziegelmauerwerk der frühen 4. Dyn. (Snofru-Dahschur). Der regelmäßige Wechsel von Läuferschichten und Rollschichten ist von koptischen Bauten bekannt, z.B. Arch. Survey of Nubia, Vol. I Pl. 22, a und Monneret de Villard, La Nubia medioevale, Vol. 4 Tav. CXIII.

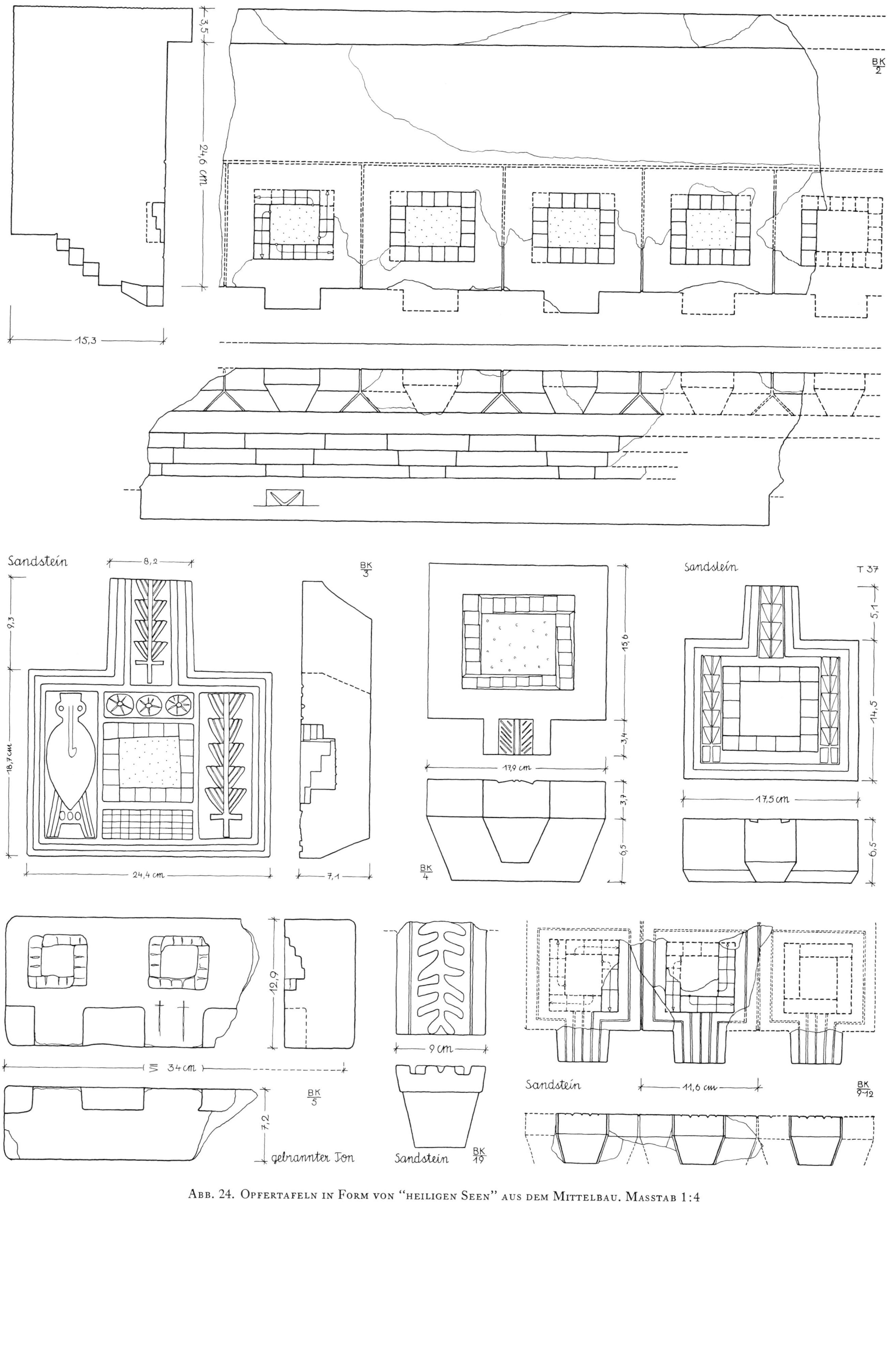

Abb. 24. Opfertafeln in Form von "heiligen Seen" aus dem Mittelbau. Masstab 1:4

und Gewölbe waren verputzt, das Gewölbe war bemalt. Leider ließen sich nur wenige Bruchstücke von Wölbziegeln mit Resten von Malerei auf dünner Stuckschicht bergen (Taf. 9, B), alles übrige war weitestgehend zerkrümelt. Die Deckenbilder stammen aus koptischer Zeit.

Wie eine Anzahl übereinanderliegender Fußböden erkennen läßt, ist der Mittelbau lange Zeit benutzt und mehrfach wiederhergestellt, was sich auch am Mauerwerk der Außenmauern feststellen ließ. Über den obersten

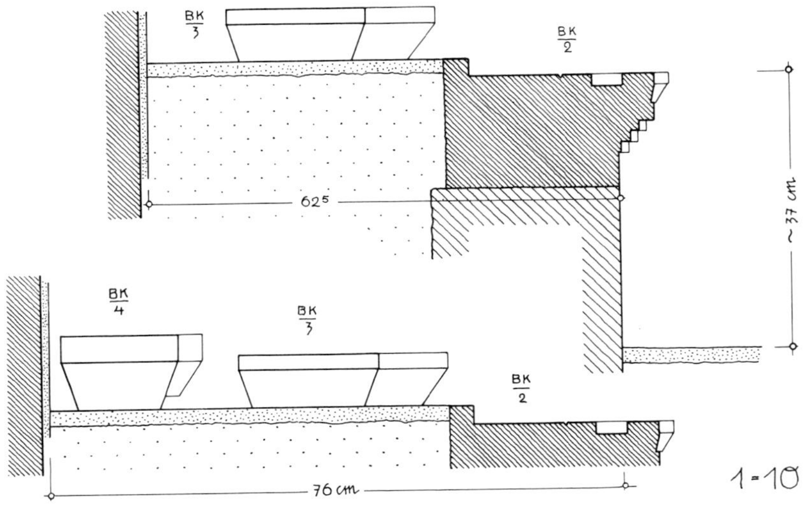

Abb. 25. Querschnitt durch das Bankett im Mittelbau. Ergänzung. Masstab 1:10

Estrich, der über den Innenraum ganz hinwegreichte, lief quer eine rohe Steinsetzung, die wohl das Fundament einer Querteilung des Innenraums war, ein Rest von einer nachkoptischen Benutzung unbekannter Art. Der nächst ältere Fußboden liegt rund 25 cm tiefer und reicht ebenfalls von Wand zu Wand. Auf ihn sind Bankette aufgesetzt worden, die den Raum in ähnlicher Weise umgeben haben wie die Bankette im Nordbau und im Südbau (Taf. 9, A). Ihre Vorderseite bestand aus zwei Schichten aus Sandsteinblöcken, von denen nur eine Anzahl der unteren Schicht vor Nordwand, Ostwand und Westwand an alter Stelle erhalten ist. Ein entsprechender Ansatz zeigt, daß auch vor der Südwand ein Bankett entlangführte. Die Blöcke sind genau so bearbeitet wie alle übrigen Werksteine der Gebäudegruppe, das heißt sie haben einen glatten Randschlag, und die Bossen dazwischen sind mehr oder weniger weit abgearbeitet worden.

Von der oberen Schicht des Banketts ist nichts an Ort und Stelle geblieben, doch läßt sich ein im Schutt des Innenraums gefundenes Stück (Abb. 24 oben BK/2 und Taf. 10) als zugehörig erkennen. Es ist ein Abschnitt von einem Gesimse, dessen abgetrepptes Konsolenprofil sehr nahe Verwandtschaft aufweist mit dem Profil jenes Blockes aus der oberen Schicht des Banketts im Nordbau, dessen ursprünglich glattes Profil man abzuändern begonnen hat (Abb. 13 und Taf. 8, B). Über dem abgetreppten Profil ist, ausgehauen aus dem gleichen Block, eine geschlossene Reihe kleiner Opfertafeln in Form von "heiligen Seen" dargestellt. Diese Opfertafeln sind durch eingeritzte Linien voneinander getrennt, als seien sie einzeln nebeneinander auf das Gesimse gestellt worden. Daß dieses Stück zur oberen Reihe des Banketts gehört, ist mehrfach höchstwahrscheinlich, schon durch die Auffindung im Innenraum des Mittelbaus selbst, dann durch die Verwandtschaft mit dem Gesimsblock aus dem Nordbau, und schließlich durch die Reihe der Opfertafeln besonderer Form, denn im Innenraum sind weitere Bruchstücke von einzelnen Opfertafeln dieser Form mit bis zu drei Becken gefunden worden (Abb. 24 und Taf. 7 und 10).

Die beiden am besten erhaltenen Opfertafeln (Abb. 24 mittlere Reihe, BK/3 und BK/4) waren in die Südmauer des Mittelbaus verbaut, was zweifellos geschehen ist, als dieser Bau in koptischer Zeit wiederhergestellt wurde, und ein neuer Fußboden über die bis dahin noch vorhandenen Blöcke der unteren Schicht des Banketts hinweggelegt wurde. Bei dieser Gelegenheit dürften die Reste der oberen Schicht des Banketts abgetragen worden sein, wobei der Block BK/2 in die Aufschüttung für den höheren Fußboden geraten ist. Auch die Tür in der Ostmauer wurde höher gelegt und etwas nach Norden zu versetzt. Daß diese Tür schon im älteren Bau vorhanden war, zeigt die Unterbrechung des Banketts vor der Ostwand, die als Durchgang genau so offen gelassen worden ist wie beim Eingang neben der Nordwest-Ecke des Gebäudes.

Wo das erhaltene Gesimsstück auf die untere Schicht der Banketts aufzusetzen ist, kann nicht mehr erkannt werden. An jeder Stelle aber würde es das Bankett oben nicht ganz abdecken, das vor der Westwand 76,5 cm tief ist, an

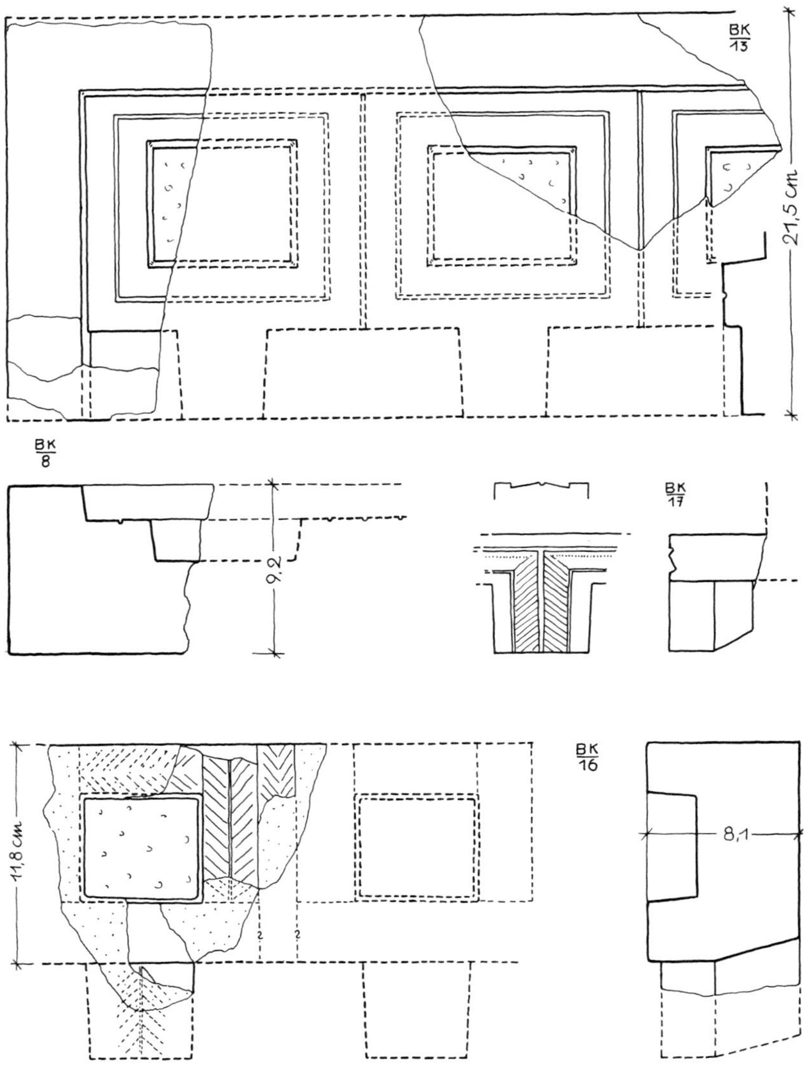

Abb. 26. Opfertafeln mit glatten Becken aus dem Mittelbau. Masstab 1:4

den übrigen Wänder 60–68 cm. Es scheint so, als habe hinter dem Gesimsblock noch eine etwas erhöhte Fläche bis an die Wand gereicht (Abb. 25), die mit einer Stuckschicht abgedeckt gewesen sein könnte, ähnlich wie beim Bankett im Nordbau (Abb. 12). Es läßt sich vermuten, daß auf der erhöhten Fläche die einzelnen Opfertafeln aus Sandstein und aus gebranntem Ton mit "heiligen Seen" oder mit glatten Becken (Abb. 26) als Weihgeschenke aufgestellt waren. Es muß eine größere Anzahl davon vorhanden gewesen sein, nach der Anzahl der Bruchstücke zu urteilen, die im und vor dem Mittelbau im Schutt gefunden worden sind.

Im Boden des Mittelbaus sind sekundäre Steinsetzungen und zwei mit Asche gefüllte Tongefäße (BK 35–h Taf. 23), doch leider nichts, was auf eine bestimmte Entstehungszeit oder Zweckbestimmung des Mittelbaus nähere Schlüsse gestattete.

DIE JÜNGEREN TERRASSEN

Im Anschluß an die schmale Terrasse, die vor der Süd- und der Westseite des Nordbaus hinter einer Stützmauer aus sorgfältig versetzten Werksteinen aufgeschüttet war, ist nach Westen zu eine 9 m breite, 12,50 m in die Mulde hineinreichende Terrasse aus Granitbrocken aufgeschichtet worden. Und eine zweite gleiche Terrasse ist im Anschluß an den gewachsenen Fels vor der Westmauer des Mittelbaus 11 m in die Mulde vorgebaut worden in 8 m Breite (Faltplan 1 und Taf. 3). Diese Terrassen lassen zwischen sich nur einen schmalen Zwischenraum frei, der am Westende 35 cm breit ist und sich nach Osten zu bis auf 110 cm erweitert. Wegen seiner Enge kann er nicht als Zugang zum Mittelbau freigelassen worden sein.

Christliche Gräber

Die Terrassen enthalten Gräber aus christlicher Zeit, die seit langem ausgeraubt, deren Oberbauten fast ganz zerstört worden sind (Taf. 11). In die nördliche Terrasse ist nur ein einziges Grab eingebaut worden (Abb. 27), dessen seitliche Lage (Faltplan 1) es wahrscheinlich macht, daß noch weitere Gräber daneben Platz finden sollten. Da neben dem einzelnen Grabe die Terrasse aus dicken Granitbrocken fest gepackt ist, kann man sich fragen, ob sie von Anfang an für die Aufnahme von Gräbern angelegt worden ist, für die beim Einbauen erst viel Steinmaterial beiseitegeschafft werden mußte. Eine andere Zweckbestimmung läßt sich jedoch nicht erkennen. Auch ist kein Rest irgendeiner Abdeckung der nördlichen Terrasse erhalten. Die Grabkammer des eingebauten Grabes und der am Kopfende liegende Schacht sind aus Nilschlammziegeln gemauert, die Kammer ist oben mit Sandsteinplatten abgedeckt worden, die bei der Freilegung noch alle an ihrem Platz lagen. Das Grab ist durch den Schacht beraubt worden, dem Skelett fehlen Kopf und Füße, der Tote trug also Halsschmuck und Fußringe. In der Kammer lag die Hälfte einer Sandsteinplatte mit dem Anfang eines Gebetes, der fehlende Teil konnte nicht gefunden werden. Ein kleiner Rest vom Oberbau des Grabes aus ungebrannten Ziegeln ist erhalten, erlaubt aber keine Ergänzung.

In die südliche Terrasse sind zwei Gräber eingesetzt worden (Faltplan 1), deren Abdeckung aus Sandsteinplatten bis auf je eine Platte bei der Beraubung abgetragen worden sind. Von den Oberbauten aus ungebrannten Ziegeln sind allerlei Reste erhalten, aus denen hervorgeht, daß die ganze Oberfläche dieser Terrasse überbaut war. Um ein mitteleres Massiv, unter dem die Grabkammern lagen, scheint ein Gang an den Rändern der Terrasse entlanggeführt zu haben, der möglicherweise überdeckt war. Überdeckte Räume muß es hier jedenfalls gegeben haben, denn es wurden im Schutt viele Bruchstückchen von Putz mit Resten von Malerei auf einer dünnen Stuckschicht gefunden. Ein paar Lampen, deren

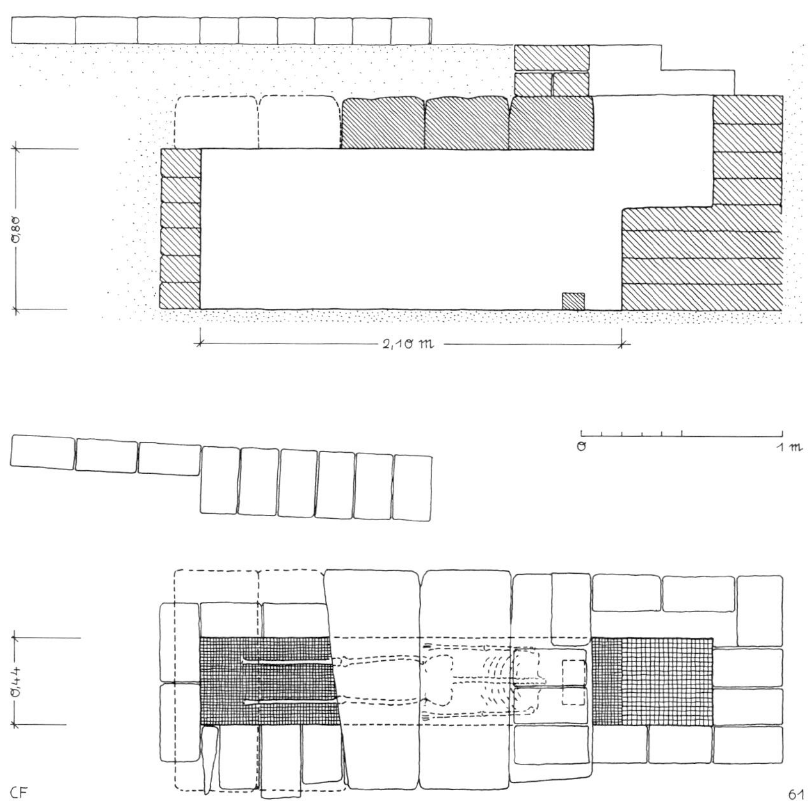

Abb. 27. Grab in der nördlichen jüngeren Terrasse

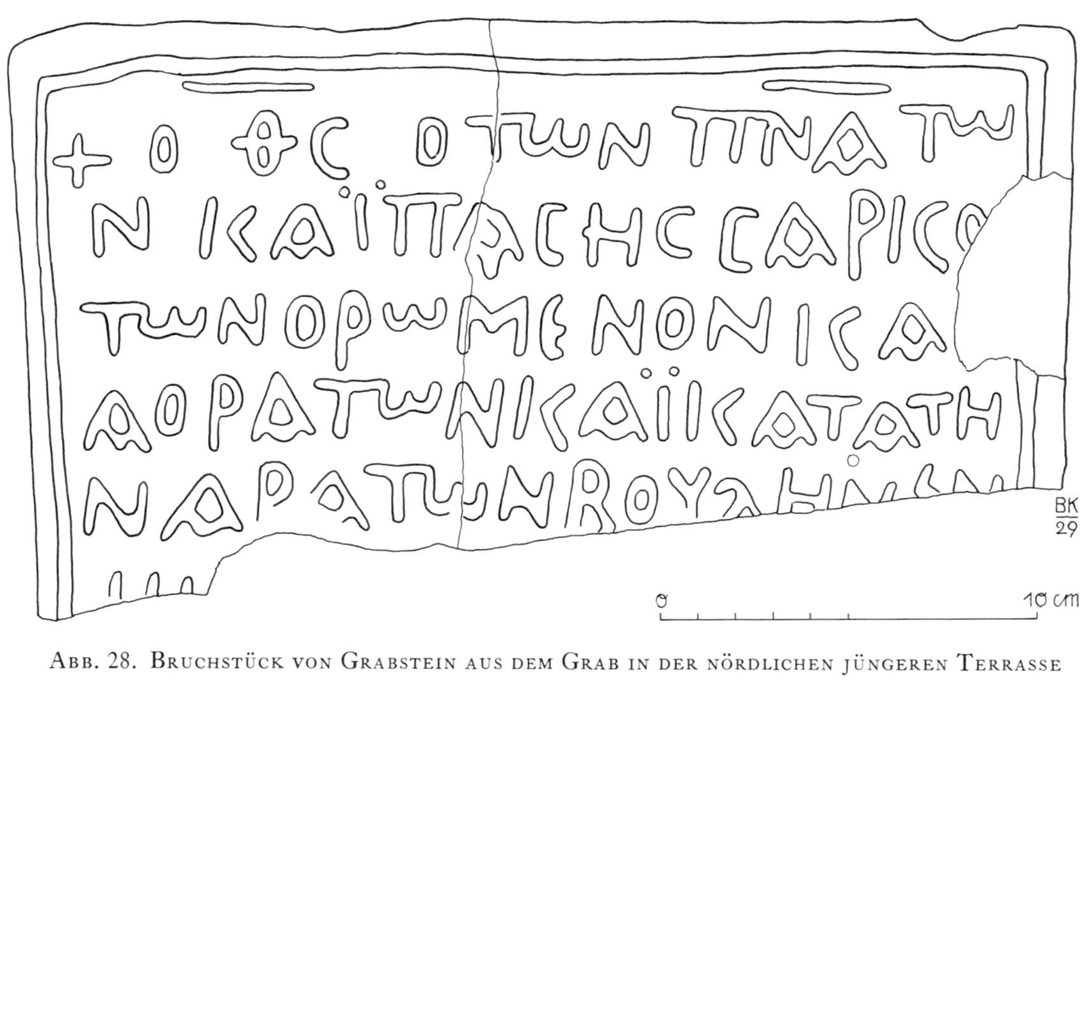

Abb. 28. Bruchstück von Grabstein aus dem Grab in der nördlichen jüngeren Terrasse

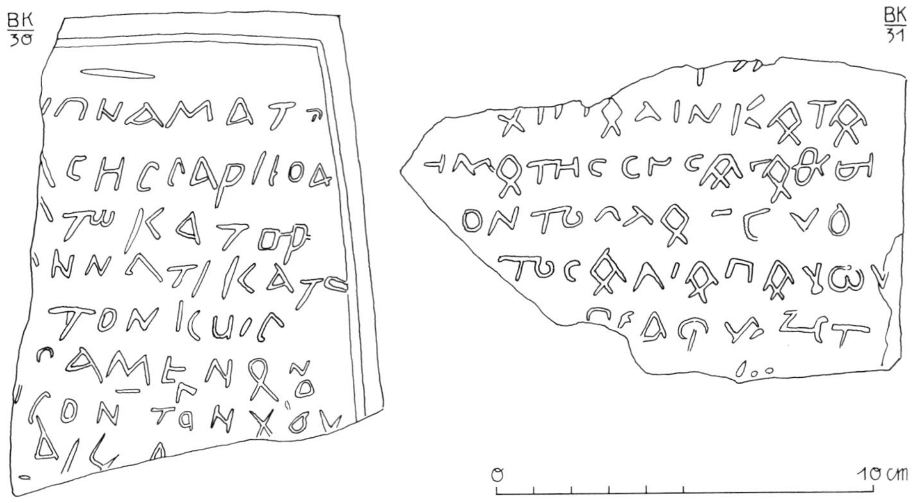

Abb. 29. Bruchstücke von Grabsteinen aus den Gräbern in der südlichen jüngeren Terrasse

Form aus christlichen Gräbern bekannt ist, wurden hier aufgelesen (BK/31, 1 und 2, Taf. 23), ebenso Bruchstücke von Sandsteinplatten mit christlichen Gebeten (Abb. 28, 29 und Taf. 30) und eine kleine, sehr abgeriebene römische Kupfermünze, ein Centenionalis aus der Zeit von 364–378 n. Chr. (BK/37).[26]

THREE CHRISTIAN GRAVE STELAS

By LOUIS V. ŽABKAR

To the corpus of previously known Greek-Christian funerary inscriptions from Nubia there must now be added three incomplete ones from Bab-Kalabsha excavated by the joint Oriental Institute–Swiss Institute Expedition in the season of 1960–61.

In order to place these three fragments in their proper setting we offer here a general review of the Greek Christian epitaphs from Nubia which have been published to the present date. The arrangement is topographical, from north to south.

For an inscription from *Bigeh* cf. George A. Reisner, *The Archaeological Survey of Nubia, Report for 1907–1908*, Cemetery 5, pp. 102 and 104 Grave 8; C. M. Firth, *The Archaeological Survey of Nubia, Report for 1908–1909* II Pl. 51 a, No. 3; Hermann Junker, *Zeitschrift für ägyptische Sprache und Altertumskunde* LX (1925) 112; Ugo Monneret de Villard, *La Nubia medioevale* I (Le Caire, 1935) 14.

For *Ginari-Taifa* inscriptions cf. Firth, *op. cit.* I 45–50, II Pls. 2 c and 51 a; Monneret de Villard, *op. cit.* p. 26; *ZÄS* LX 112.

For *Kalabsha* cf. H. R. Hall, *Coptic and Greek Texts of the Christian Period in the British Museum* (London, 1905) pp. 13 f., Pl. 11; Gustave Lefebvre, *Recueil des inscriptions grecques chrétiennes d'Égypte* (Le Caire, 1907) Nos. 619–27, for Nos. 804–5 see *ZÄS* LX 112 f.; Monneret de Villard, *op cit.* p. 41; Friedrich Bilabel, *Sammelbuch Griechischer Urkunden aus Ägypten*, V (Heidelberg 1938 and Wiesbaden 1955) Nos. 8719–24, pp. 311 f. and No. 8736, p. 314.

For *Dendûr* cf. Aylward M. Blackman, *The Temple of Dendûr* (Le Caire, 1911) p. 60, Pl. 93; Monneret de Villard, *op. cit.* IV Pl. 133.

For *Dakka* cf. Lefebvre, *op. cit.* No. 629.

For *Derr* cf. Lefebvre, *op. cit.* No. 630; *Sammelbuch* V No. 8725 p. 312.

For *Aniba* cf. Lefebvre, *op. cit.* No. 631; Monneret de Villard, *Aegyptus* VI (1925) 250 and *Nubia medioevale* I 108; *Sammelbuch* III No. 7190 p. 214.

For *Sakinya* cf. Ugo Monneret de Villard, *Le inscrizioni del cimitero di Sakinya* (Le Caire, 1933) Nos. 1–58; No. 59 is Greek-Coptic; Togo Mina, *Inscriptions coptes et grecques de Nubie* ("Publications de la Société d'Archéologie coptes, Textes et Documents" [Le Caire, 1942]) Nos. 92 a pp. 93–158, No. 63 is Coptic-Greek, No. 159 Greek-Coptic (= Monneret de Villard, *op. cit.* No. 59); *Nubia medioevale* I 123.

For *Ermenne* cf. Hermann Junker, *Ermenne*, "Denkschriften der Akademie der Wissenschaften in Wien," Phil.-hist. Klasse, 67. Band, 1. Abt. (1925) pp. 147–52; *ZÄS* LX 113; *Journal of Egyptian Archaeology* XLIX (1963) 161–71.

For *Faras* and the region of Faras cf. Lefebvre, *op. cit.* Nos. 634–36; S. de Ricci, *Comptes rendus des seances de l'Académie des Inscriptions et Belles-Lettres* (1909) pp. 153–61; *Liverpool Annals of Archaeology and Anthropology* XIII (1926) Pl. LXIII, p. 84 f.; Monneret de Villard, *Nubia medioevale* I 196; *ZÄS* LX 113 and 117; *Sammelbuch* V, Nos. 8726–28, p. 312 f.; *Kush* X (1962) 220 ff., Pls. LXXVIIa and LXXVIIIa; *Archaeology* XV (1962) 117, Figs. 2 and 5; Kazimierz Michalowski, *Faras. Fouilles polonaises 1961* (Warsaw, 1962) pp. 111 and 116, Figs. 46 and 49.

For *Komangana, Dibereh* cf. *Kush* XII (1964) 37 f.

For *Serra West* cf. Monneret de Villard, *Nubia medioevale* I 206–9 (Coptic-Greek); G. S. Mileham, *Churches in Lower Nubia* (Philadelphia 1910) p. 21, Pl. 7. Contrary to Junker's statement in *ZÄS* LX 113, the stela from the church on the left bank of the river opposite the village of Dibereh (= Serra West) is Coptic-Greek, while the stela of Abba Thomas of Faras (*Recueil de travaux relatifs à la philologie et à l'archéologie égyptiennes et assyriennes* XX 111; *Annales du Service des Antiquités de l'Égypte* IV [1903] 161–64) is Coptic with only one Greek word (*genoito*) at the end.

For *Ashkeit* near Wadi Halfa cf. W. B. Barns, *Kush* II (1954) 28 f.

For *Mainarti* (Mailnarti) cf. Monneret de Villard, *op.*

26. Die Münze ist so abgerieben, dass eine Wiedergabe sinnlos ist, sie läßt sich aber trotzdem bestimmen (Auskunft Dr. D. Kienast):

Vs. Kaiserkopf nach rechts, Legende nicht erkennbar (es handelt sich um Valentinian I. oder II., Valen oder Gratian)

Rs. GLORIA RO/MANORUM, Kaiser mit Labarum nach rechts, einen Gefangenen an den Haaren hinter sich herziehend. Münzstättenzeichen nicht erkennbar. Geprägt 354–378.

cit. pp. 217–20; correct the date of the second inscription A.D. 1161 (p. 218) to A.D. 1162; the third inscription is Coptic-Greek; Barns, *loc. cit.* pp. 26 f., Pl. V; Bilabel, *Sammelbuch* IV (Heidelberg, 1931) No. 7432, p. 74 f.; correct Bilabel's A.D. 1080 to A.D. 1084.

For *Kudi* cf. *Proceedings of the Society of Biblical Archaeology* XXXII (1910) 266 f., Pl. XLI 11; Friedrich Preisigke, *Sammelbuch* I (Strassburg, 1915) No. 3902, p. 260 f.; *ZÄS* LX 113.

For *Qasr Wad Nimri* cf. *PSBA* XXXII 266 f., Pl. XLI 10; Monneret de Villard, *op. cit.* p. 242; Preisigke, *Sammelbuch* I No. 3901, p. 260; *ZÄS* LX 113.

For *Khandak* cf. Monneret de Villard, *op. cit.* pp. 242 f.

For *Khalêwa* near Amentogo cf. *JEA* XIII (1927) 229 f. and Pl. LVI 1; Monneret de Villard, *op. cit.* p. 245; Bilabel, *Sammelbuch* IV No. 7430, p. 74.

For *Old Dongola* cf. Lefebvre, *op. cit.*, Nos. 641–43; Monneret de Villard, *op. cit.* p. 247; *ZÄS* LX 113.

For *Nawi* (about twenty miles downstream from Old Dongola) cf. *JEA* XIII 226 f., Pl. LVI 2; Monneret de Villard, *op. cit.* p. 244; Bilabel, *Sammelbuch* IV No. 7428, p. 73.

For *Shêkh ᶜArab Hag* (a few miles north of Old Dongola) cf. *JEA* XIII 228 f.; Monneret de Villard, *op. cit.* p. 245; Bilabel, *Sammelbuch* IV No. 7429, p. 73; *Supplementum epigraphicum graecum* VIII 872.

For *Debeiba* cf. *JEA* XIII (1927) 230; Monneret de Villard, *op. cit.* p. 252; *Sammelbuch* IV No. 7431, p. 74.

For *Wadi Ghazali* cf. Lefebvre, *op. cit.*, Nos. 606–12; *ZÄS* LX 113 and 120; Monneret de Villard, *op. cit.* p. 255; P. L. Shinnie and H. N. Chittick, *Ghazali, A Monastery in the Northern Sudan* ("Sudan Antiquities Service, Occasional Papers" No. 5 [1961] pp. 69–94); *Sammelbuch* V Nos. 8729–32, pp. 313 f.

For *Gebel Barkal* cf. George A. Reisner, *Harvard African Studies* I (1917) 197 f.; M. L. Saint Paul-Girard, *Bulletin de l'Institut Français d'Archéologie Orientale du Caire* XX (1922) 111 f.; W. M. Calder, *Classical Review* XL (1926) 127; Monneret de Villard, *op. cit.* p. 257; Junker, *Zeitschrift für neutestamentliche Wissenschaft* XXXVII (1938) 281–85; *Sammelbuch* V No. 8948, p. 365 f.

For *El-Koro* (*Kuru*) cf. O. G. S. Crawford and M. F. Laming Macadam, *Castles and Churches in the Middle Nile Region* (SASOP No. 2 [1953] pp. 41–47); Monneret de Villard, *op. cit.* p. 263.

For *Nuri* cf. Dows Dunham, *Nuri* ("The Royal Cemeteries of Kush"), Vol. II (Boston, 1955), Pl. LXXI B, p. 272.

For *El Arak* (about twenty miles north of Meroe) cf. *Sudan Notes and Records* XVI (1933) 83, Pl. 9; *Sammelbuch* V No. 8235; *Supplementum epigraphicum graecum* VIII 875.

In addition to these inscriptions of known provenience a number of others designated by Lefebvre as "Nubian" with a question mark (e.g. Nos. 564, 648, 649, 652–56, 660, 661, 664–67, 670; according to Monneret de Villard, *op. cit.* p. 220 f., Nos. 664–67 probably come from Mainarti; cf. S. de Ricci, *loc. cit.* pp. 153–61; *Sammelbuch* III No. 6035, V Nos. 8733–35, 8737–40) have been identified by Junker (*ZÄS* LX 113–15) on the basis of textual analysis as certainly or very probably Nubian. The Nubian character of the remaining inscriptions (e.g. Lefebvre, *op. cit.* Nos. 650, 651, 653, 662, 663) remains uncertain. According to Junker Lefebvre's Nos. 563 (Greek-Coptic) and 564 were obtained at Assuan but are Nubian in character, while Nos. 804–5 came probably from Kalabsha and are referred to under that heading.

To this list of Christian Greek epitaphs from Nubia we have to add an inscription published by S. de Ricci, *loc. cit.* pp. 153–61 as No. 7 (cf. *Sammelbuch* III No. 6035, p. 8 f., re-edited in *Sammelbuch* V No. 8765, p. 323), and still another, obtained in Luxor and now in the British Museum, published by H. Kortenbeutel in *Zeitschrift für neutestamentliche Wissenschaft* XXXVII (1938) 61 f. (cf. *Sammelbuch* V No. 8763, p. 322; the last line of this inscription indicating the age of the deceased is in Nubian; for two more examples of a Greco-Nubian stela see SASOP, No. 5, p. 94, No. 79, *Kush* II 29, No. 3727, and *JEA* XLIX [1963] 169, Pl. XXVII). They are certainly Nubian, as are Lefebvre, *op. cit.* Nos. 645–46, but the locality they came from is unknown.

Our three stelas (Taf. 30, A–C) show features typical of their Nubian provenience.[27] The material is a plain sandstone, rectangular in shape; one of the stelas is apparently slightly tapering upward, and on two of them a grooved line along three sides borders the inscription. There are no marginal decorations on any of them: apparently the Nubians felt that the inscription rather than decoration was the thing that mattered. Decorative symbolism on stelas had no highly developed tradition in their country nor in Byzantium from which their missionaries came. This feature distinguishes Nubian Christian stelas from Egyptian Christian stelas, and it is rarely that we find in Nubia an exception to this rule.[28]

The Greek inscriptions recorded on our three stelas are written in a decadent Greek, with faulty orthography and corruptions of the text.

The text of these, as of the majority of the Greek epitaphs from Nubia, is based on an invocation-prayer which occurs in the Euchologium of the Greek Church and was used by the Nubian Christians for their epitaphs over a period of at least five hundred years.[29] It is represented on

27. Cf. Junker, *ZÄS* LX 122–24.

28. E.g., the simple decorative motifs on a few stelas from Sakinya, see Monneret de Villard, *Le inscrizioni del cimitero di Sakinya*, Pl. II; *La Nubia medioevale* I 123, IV, Pls. 130–32.

29. Compare Parthen[ius]'s epitaph at Faras *ca.* A.D. 1181 (*LAAA* XIII 84 f., Pl. LXIII; Monneret de Villard, *Nub. Med.* I 196)—another gravestone inscription from the same year A.D. 1181 (S. de Ricci, *loc. cit.*, No. 7; Bilabel, *Sammelbuch* III No. 6035, p. 8 f. and V No. 8765, p. 323); one dated A.D. 1173 (Lefebvre, *op. cit.* No. 666); two inscriptions dated A.D. 1157 (Lefebvre, *ibid.* No. 564 and Kortenbeutel, *op. cit.* XXXVII 61 f., cf. Bilabel, *op. cit.* V No. 8763, p. 322—with the inscription on the stela found between Dendur and Marwaw dating probably to A.D. 754 (A. M. Blackman, *The Temple of Dendur* [Le Caire, 1911] p. 60); an inscription dated A.D. 707 (Lefebvre, *op. cit.* No. 656); another dated A.D. 699 (Lefebvre, *op. cit.* No. 661; according to Junker, *ZÄS* LX 115, there is no doubt as to the Nubian provenience of these last two inscriptions), and still another dated A.D. 693 (Lefebvre, *op. cit.* No. 636; *Sammelbuch* V No. 8728, p. 313, *pace* S. de Ricci, *op. cit.* p. 161, who justifiably corrects the year 409 of the era of the martyrs to 709 of the same era, that is A.D. 993. As to the unacceptable date of Lefebvre, *op. cit.* No. 664 (A.D. 344?) cf. M. Chaîne, *La chronologie des temps chrétiens de l'Égypte et de l'Éthiopie* (Paris, 1925) pp. 189 f. According to Chaîne the date is Dec. 16, A.D. 743 (460 + 283), while S. de Ricci, *op. cit.* p. 161 had proposed ("sans doute") the year A.D. 1243.

It thus seems that Oates' statement (*JEA* XLIX 164) "that all of these inscriptions fall between c. A.D. 1000 and A.D. 1200" is excessively skeptical. Chaîne's dating of Lefebvre's No. 664 (Oates' 13) as A.D. 743 is firmly estab-

our stelas in two incomplete versions, since only a part of the invocation-prayer appears on the stelas and then in an abbreviated form. The phrases however repeat the well-known stereotyped formulas of the Euchologium, and this makes it possible to reconstruct the original text from the fragmentary lines of the rudely engraved inscriptions. The main difficulty consists in dealing with the confused and erroneous spellings of the Greek words by the Nubian lapicide.

No biographical data, no names of the deceased or those of the recorders of the epitaphs, no doxology, and—as frequently happens with Greek Nubian inscriptions—no dating is preserved on the stelas.

As to dating, no information can be derived from the lapicide's style, which here, as elsewhere, ranges from a more regular lapidary character of Inscription 1 to a truly rustic style of Inscriptions 2 and 3. The fact however that two of the three inscriptions contain an epitaph-text known from only three other inscriptions, two of which certainly come from northern Nubia,[30] would seem to point to a textual tradition peculiar to the region of Kalabsha in northern Nubia.

While the existence of this and other textual traditions of the funerary inscriptions can hardly by itself be adduced as evidence for "the living use of Greek in Nubia,"[31] they do attest to a variety of funerary formulas derived from the Byzantine Greek liturgy and found throughout an extensive geographical area from the First to the Fifth Cataracts. In a country ecclesiastically never highly centralized, where, after the decline of Byzantine influence, the Greek liturgy was probably preserved in local liturgical manuals, the provincial or native pronunciation of the liturgical Greek in religious and funerary ceremonies was likely to have produced a variety of spellings termed erroneous from the point of view of classical or grammatical Greek. To this native pronunciation of liturgical Greek inferior copying techniques of the local stone-cutter and engraver undoubtedly added their own mistakes. This process of deterioration is more likely to have set in after a longer period of time, and it is for this reason that we would tentatively assign our three inscriptions to the period between the tenth and twelfth century A.D.

As to the classification of the inscriptions on our stelas it is to be mentioned first of all that all of them[32] begin with the words of the commonly occurring formula: *ο θεος των πνευματων και πασης σαρκος*, "God of spirits and of all flesh."[33]

This introductory invocation is recorded on the stelas from the entire region between the First and the Fifth Cataracts. It is further to be noted that this introductory invocation of the Euchologium prayers is typical of the Greek epitaphs in Nubia,[34] and that its Coptic equivalent ⲡⲛⲟⲩⲧⲉ ⲛⲛⲉⲡⲛ̄ⲁ ⲙⲛ̄ ⲥⲁⲣⲝ ⲛⲓⲙ[35] occurs very infrequently on the Coptic stelas from Nubia.[36]

This typically Nubian character of our funerary inscriptions is further confirmed by a more detailed study of their texts. Two of the stelas contain an invocation which Junker designated the "β-prayer,"[37] and which, although known to Egyptian ritual, does not occur in Egyptian funerary inscriptions.[38] The text is found, in a somewhat corrupt form, on a Nubian stela of unknown origin, now

---

lished, and a more accurate reading of the Dendur inscription (A. M. Blackman, *The Temple of Dendur* p. 60, Pl. 93) seems to be ⲩⲟ = 470, that is A.D. 753 or 754. The reading *απο μαρτυρων Διοκλητιανου* is very probable, *απο μαρτυρων* and *απο Διοκλητιανου* being interchangeably used in Greek inscriptions (Lefebvre, *op. cit.* p. XXV); for Coptic inscriptions cf. Togo Mina, *op. cit.* pp. VI, 139 and 140, Nos. 80, 88, 314 and 315; in these last two examples the era of Diocletian is combined with that of the Saracens). Furthermore, the early dates of some almost contemporaneous Coptic stelas from Sakinya (cf. Togo Mina, *op. cit.* p. VI) and what is known from the history of the Christianization of Nubia by Greek Byzantium would certainly agree with an early dating of the earliest Greek inscriptions.

30. See footnotes 39 and 40 for the references.

31. John F. Oates in *JEA* XLIX 171.

32. The beginning of the inscription on two of the stelas is preserved; the first lines of the third stela are missing, but the wording of the formula leaves no doubt that the text began with the same invocation.

33. Num. 16:22, 27:16.

34. It is true that the words of this invocation also occur in an inscription from Esne (Lefebvre, *op. cit.* No. 541), but there the phase *κυριε ο θεος ο παντοκρατωρ ο θεος των πνευματων και κυριος πασης σαρκος* represents a different version of the invocation formula probably derived from the Egyptian liturgical prayer, cf. *ZÄS* LX 136.

35. SASOP, No. 5, p. 71 reads ⲡⲛⲟⲩⲧⲉ ⲙⲡⲛ̄ⲁ ⲛⲓⲙ ⲙ̄ⲛ̄ⲥⲁⲣⲝ ⲛⲓⲙ and *ASAE* IV 163 ⲡⲛⲟⲩⲧⲉ ⲙ̄ⲡⲛⲁⲧⲱⲛ ⲙ̄ⲛ̄ⲥⲁⲣⲝ ⲛⲙⲓ (*sic*).

36. Cf. Togo Mina, *op. cit.* p. VI and p. 38 (No. 78); *ZÄS* LX 128; *ASAE* IV 163 (second part of the inscription); SASOP, No. 5, p. 71.

We wish to call attention to the above-mentioned text (SASOP, No. 5, 71, Pl. XXVIa), an epitaph on a Coptic stela from Ghazali. Its Coptic text seems to be a combination of the two prayers which Junker described (*ZÄS* LX 124 f.) as "α- and γ-prayers." The Coptic text ⲡⲛⲟⲩⲧⲉ ⲙⲡⲛ̄ⲁ ⲛⲓⲙ ⲙⲛ̄ⲥⲁⲣⲝ ⲛⲓⲙ ⲡⲉⲛⲧⲁϥⲕⲁⲧⲁⲅⲉⲓ (for ⲡⲉⲛⲧⲁϥⲕⲁⲧⲁⲣⲅⲉⲓ) ⲙⲡⲙⲁ ⲡⲉⲛⲧⲁϥⲕⲁⲧⲁⲡⲁⲧⲏ ⲛ̄ⲁⲙ̄ⲛⲧⲉ ⲉⲕⲉϯⲙ̄ⲧⲟⲛ (a vertical stroke before ϯ and another before ⲧ) ⲛⲧⲉϯⲩⲭⲏ ⲙ̄ⲡⲉⲕϩⲙ̄ϩⲁⲗ ⲡⲉⲧⲣⲉ ϩⲙ̄ⲡⲙⲁⲛ̄ϣⲱⲡⲉ ⲛ̄ⲛⲉⲧⲟⲩⲁⲁⲃ ⲧⲏⲣⲟⲩ if translated into Greek would read: *ο θεος των πνευματων και πασης σαρκος ο τον θανατον καταργησας και τον αδην καταπατησας αναπαυσον την ψυχην του δουλου σου πετρου εν τοπω παντων των αγιων*. The text is taken from the "α-prayer" (cf. Lefebvre, *op. cit.* No. 641) with the exception of the second part of the last sentence, which is probably derived from the "γ-prayer." The "γ-prayer" examples quoted by Junker (*ZÄS* LX 125 and 138) read: *αναπαυσον . . . εν σκηναις αγιων*, or: *μετα παντων των αγιων* (cf. Lefebvre, *op. cit.* p. XXVIII), but the word *τοπος* occurs in the "α-prayer" several times, and can in this context have the same meaning as ⲙⲁⲛ̄ϣⲱⲡⲉ, "dwelling-place." It is very probable that our text represents a local version of the "γ-prayer." This third example of a rarely occurring Coptic epitaph-text is to be added to the two mentioned by Junker (*ZÄS* LX 128 f.) It is interesting to note that one of the two examples quoted by Junker (*ZÄS* LX 128, stela of Abba Thomas) after ⲥⲁⲣⲝ ⲛⲓⲙ reads: ⲡⲉⲛⲧⲁϥϯ ⲙ̄ⲡⲱⲛϩ ⲙ̄ⲡⲕⲟⲥⲙⲟⲥ, which is the translation of the Greek *ξωην τω κοσμω χαρισαμεννος* in the "α-prayer."

For the Coptic stelas in Egypt on which the introductory words of the invocation occur see the stela from Esne, British Museum 1336 (Hall, *op. cit.* p. 7, Pl. 7; cf. *ZÄS* LX 133), the stelas from Saqqara (J. E. Quibell, *Excavations at Saqqara* III [Le Caire, 1909] 30 No. 10; *ibid.* IV [Le Caire, 1912] 59 No. 202, p. 64, No. 210, p. 66, No. 215, p. 73, No. 231, p. 85, No. 269, p. 86, No. 274, p. 87, No. 277), and the stela published in *ASAE* VIII (1907) 87 No. 14, cf. *ZÄS* LX 136. In all these instances the invocation reads: ⲡⲛⲟⲩⲧⲉ ⲛⲛⲉⲡⲛⲉⲩⲙⲁ ⲁⲩⲱ ⲡϫⲟⲉⲓⲥ ⲛⲥⲁⲣⲝ ⲛⲓⲙ. Very rarely do we encounter a variant reading, as in the case of a Coptic epitaph from Deir el-Bershe published in *ASAE* VIII 80 No. 3, cf. Maria Cramer, *Koptische Inschriften im Kaiser-Friedrich-Museum zu Berlin* (Le Caire, 1949) p. 39, in which the word ϫⲟⲉⲓⲥ is omitted and the word ⲛⲓⲙ inserted apparently after ⲛⲉⲡ̄ⲙⲁ: ⲡⲛⲟⲩ]ⲧⲉ [illegible] ⲁ ⲛⲓⲙ ⲙⲛ̄ ⲥⲁⲣⲝ ⲛⲓⲙ giving a text identical with that of the Ghazali stela (SASOP, No. 5, p. 71). But we are not certain that this reconstruction of the text is correct.

If we compare this Coptic invocation formula, which prevalently occurs on Coptic epitaphs in Egypt (Num. 16:22 however reads: ⲡⲛⲟⲩⲧⲉ ⲡⲛⲟⲩⲧⲉ ⲛ̄ⲛⲉⲡⲛ̄ⲁ ⲙⲛ̄ ⲥⲁⲣⲝ ⲛⲓⲙ, cf. A. Ciasca, *Fragmenta Copto-Sahidica*, I [Romae, 1885] 100), with the Greek one from Esne quoted in our n. 34 (*και κυριος πασης σαρκος*) we clearly see the Egyptian origin of the latter. This Egyptian form of the invocation prayer is never recorded on the Coptic stelas from Nubia.

37. *ZÄS* LX 125.

38. *Ibid.* p. 137.

in the Turin Museum,[39] and on two stelas from Ginari.[40] One of these contains the complete text (Grave 79), and the other an abbreviated version of it (Grave 839).

It is regrettable that more serious attention was not paid to the study of the Ginari stelas and that their texts were published "for the sake of completing the record" rather than for their "intrinsic value."[41] As Junker has observed,[42] a careful study of the Ginari inscriptions would have yielded a more accurate version of this particular text, important for the comparative study of the Nubian stelas. The value of these inscriptions can be recognized from the fact that their text represents a version of the Euchologium prayer which occurs very rarely on the Greek epitaphs in Nubia; in fact, with the exception of the three above-mentioned instances, no other example was known prior to the excavations of the Oriental Institute and Swiss Institute at Kalabsha.

The text of the third stela contains, in a corrupt form, a few lines of the so-called "*α*-prayer" of the Euchologium.[43] This prayer too begins with the invocation *ο θεος των πνευματων και πασης σαρκος*, but from there on follows a formula different from that of the "*β*-prayer." Owing to the fragmentary state of preservation of this stela, no distinguishing features of the text can be detected with the exception of an undecipherable word which will be noted in the following description.

1. Upper portion of a grave stela. Sandstone. Field No. BK/29 (Abb. 28 and Taf. 30, A).

+ Ο ΘC Ο ΤΩΝ ΠΝΑΤΩ
Ν ΚΑΙ ΠΑCΗC CΑΡΚΟC
ΤΩΝ ΟΡΩΜΕΝΟΝ ΚΑ[Ι]
ΑΟΡΑΤΩΝ ΚΑΙ ΚΑΤΑ ΤΗ
Ν ΑΡΑΤΩΝ ΒΟΥΛΗΝ⸢ΕΝ⸣
⸢Ω⸣[CAC]

The correct and complete text of this "*β*-prayer" reads:

Ο θεος ο των πνευματων και πασης σαρκος, των ορωμενων και των αορατων ο κατα την απορρητον βουλην ενωσας ψυχην σωματι και παλιν κατα το θελημα της σης αγαθοτητος διαλυων (var.: *διαληγων*) *πλασμα ο εποιησας αυτος αναπαυσον την ψυχην του δουλου σου εν κολποις Αβρααμ* etc.[44]

It is not likely that the word *αρατων* in line 5 is a misspelled variant of *απορρητον*. The confusion is probably due to haplography. The stone-cutter might have used for guidance a draft of the text written perhaps on an ostracon, and, being ignorant of the Greek language, erroneously repeated the word *αορατων*. For the origin of the expression *θεος . . . των ορωμενων και των αορατων* see Col. 1:16. Notice the inconsistency in spelling gen. pl. *ορωμενον* and *αορατων*.

2. Fragment from right-hand edge of a grave stela. Sandstone. Field No. BK/31 (Abb. 29, right, and Taf. 30, B).

ΚΑΙ ΠΑΛΙΝ ΚΑΤΑ
[ΤΟ ΘΕΛ]ΗΜΑ ΤΗC CΗC ΑΓΑΘΟΤΙ
[ΤΟC ΔΙΑΛΥ]ΟΝ ΤΟ ΠΛΑCΜΑ Ο
[ΕΠΟΙΗCΑC ΑΥ]ΤΟC ΑΝΑΠΑΥCΟΝ
[ΤΟΝ ΔΟΥΛΟΝ CΟΥ] ⸢Θ⸣ΕΟΦΥΛΕCΤ

Because of the uncertainties of the version of the text and the unequal and irregular shape of the letters, the length of the lines can be only approximately determined. The fragment contains only the second part of the "*β*-prayer." For the correct standard version see inscription No. 1. Note at the end of line 2 the iotacized spelling *αγαθοτι(τος)* for *αγαθοτητος*, which is to be added to the examples discussed by J. F. Oates[45] and which tends to prove the assertion that many of the so-called mistakes in the Nubian inscriptions are the result of the native pronunciation of liturgical Greek in Nubia. In line 3 the spelling *διαλυον* or *διαληγον* for *διαλυων* or *διαληγων* points to confusion of *ο* and *ω* sounds frequently occurring in these inscriptions. The last line probably read *τον δουλον σου θεοφιλεστατον*.[46] *θεοφιλης* as the honorary epithet "dear to God" or "God-loving" occurs in Egyptian inscriptions;[47] however, its occurrence in Nubian grave inscriptions is unusual.

3. Top right-hand part of a grave stela. Sandstone. Field No. BK/30 (Abb. 29, left, and Taf. 30, C).

[Ο ΘC ΤΩΝ] $\overline{\text{ΠΝΑ}}$ΜΑΤΟΝ
[ΚΑΙ   Π]ΑCΗC CΑΡΚΟC
[Ο ΤΟΝ ΘΑΝ]ΑΤΟ ΚΑΤΕΡ
[ΓΗCΑC . . .]ΝΝΑΤΙ ΚΑΤΕ
[ΠΑΤΗCΑC . . .]ΤΟΝ ΚΩC
[ΜΟΝ(?) ΧΑΡΙ]CΑΜΕΝΟΝ
[ΑΝΑΠΑΥ]CΟΝ ΤΟΝ ΔΟΥ
[ΛΟΝ CΟΥ] . . . ΑΚ . . .

The text is taken from the "*α*-prayer" which reads:

Ο θεος των πνευματων και πασης σαρκος ο τον θανατον καταργησας και τον αδην καταπατησας και ξωην τω κοσμω χαρισαμενος αναπαυσον την ψυχην του δουλου σου εν κολποις Αβρααμ και Ισαακ και Ιακωβ εν τοπω φωτεινω εν τοπω χλοης εν τοπω αναψυξεος ἐνθα απεδρα οδυνη και λυπη και στεναγμος etc.[48]

We are unable to explain the word (or part of) . . . ΝΝΑΤΙ in line 4. Some variant texts read *τον διαβολον* instead of *τον αδην*;[49] a Coptic version reads ⲀⲘⲚ̄ⲦⲈ,[50] one of the Egyptian words for the underworld, but we know of no other reading. Faulty orthography of the inscription suggests that the lapicide had a corrupt and shortened version on hand and perhaps even introduced mistakes of his own. Thus in lines 5 and 6 the draft from which he copied might have read *κοσμω χαρισαμενος* (which would have been a quite unusual reading) instead of the fuller version *ξωην τω κοσμω χαρισαμενος*, for which there does not seem to be sufficient space in line 5; this he faultily copied and distorted into *τον κωσ(μον) χαρισαμενον*. It is also possible that all these mistakes are attributable to a decadent provincial pronunciation of Greek in Nubia. Notice the confusion of o-sounds in *κωσμον* for *κοσμον* and the confusion of *α* and *ϵ* in *κατερ(γησας)* and *κατε(πατησας)* for *καταρ(γησας)* and *κατα-*

39. Lefebvre, *op. cit.* No. 659, p. 127.

40. C. M. Firth, *op. cit.* p. 45 Grave 79 and p. 49 Grave 839.

41. *Ibid.* p. 45.

42. *ZÄS* LX 117 and 125.

43. *Ibid.* p. 124.

44. *Ibid.* p. 125; Lefebvre, *op. cit.* No. 659, p. 127; Firth, *op. cit.* p. 45 Grave 79 and p. 49 Grave 839.

45. *JEA* XLIX 164.

46. *θεοφυλεστ* for *θεοφιλεστ*.

47. *Sammelbuch* I 38, No. 421; p. 324, No. 4323; p. 409, No. 4668; p. 440, No. 4819; p. 450, No. 4880; p. 455, No. 4910; p. 459, No. 4935; *ibid.* V 309, Nos. 8701 and 8702.

48. Cf. *ZÄS* LX 124; Lefebvre, *op. cit.* p. 121, n. 1; H. R. Hall, *op. cit.* p. 3, Pl. 5, No. 939; *JEA* XLIX (1963) 166.

49. Cf. *ZÄS* LX 136, n. 3 and Lefebvre, *op. cit.* p. 121, n. 1.

50. SASOP, No. 5, p. 71, No. 4.

($\pi\alpha\tau\eta\sigma\alpha s$); further, the unusual abbreviated spelling of the word $\pi\nu\epsilon\upsilon\mu\alpha\tau\omega\nu$ and the omission of the final ν in $\theta\alpha\nu\alpha\tau o$.[51]

In spite of their incomplete state of preservation, decadent Greek and corrupt text, our stelas represent a valuable addition to the corpus of the Christian funerary inscriptions in Nubia. Two of them contain a version of an epitaph-text known from only three other inscriptions in Nubia. All three are written in Greek and come from the region of Kalabsha, that is the most northern part of Nubia, which already in pre-Christian times was strongly exposed to the influence of the Greek language, and where in the Christian period Greek became the language of the liturgy and of funerary inscriptions. Christianity came to Nubia from Greek Byzantium, and the Greek language remained an important factor in the religious life of the Christian Kingdoms of Nubia to the very end of their political independence.

DEUTUNG

Außer den Resten christlicher Gebete auf Grabtafeln aus den jüngeren Terrassen und einer römischen Münze aus dem Ende des 4. Jahrhunderts ist bei der Ausräumung des Bergheiligtums nichts Inschriftliches gefunden worden, weder auf Bauteilen noch auf Einzelfunden. Kein Wort weist auf die Zweckbestimmung oder auf die Entstehungszeit der Bauten hin, sie müssen erschlossen werden allein aus der Errichtung der Baugruppe gerade an dieser Stelle, aus den Bauresten gerade dieser Form, aus gerade diesem Verhältnis der Bauten zueinander, aus gerade diesen Einzelfunden. Dabei hängt der Wahrscheinlichkeitsgrad der Deutung außer vom Zustande der Baureste und vom Zufall der Einzelfunde auch von der Möglichkeit ab, Vergleichsmaterial beizubringen. Es ist selbstverständlich, daß unter solchen Bedingungen das Ergebnis bis zu einem gewissen Grade unsicher bleiben kann.

Weigall hat, beeindruckt von "perhaps the finest view in Egypt," über die Gebäudegruppe geschrieben: "Up here all the coolness of the North wind is felt, and it does not require much effort of imagination to suppose that these buildings formed the pleasure-house of the Roman governor of Tâfeh—a copy, in idea, perhaps of the palace of Tiberius on the cliffs of Capri." Roeder hat sich von diesem Überschwang nicht anstecken lassen: "Die Gebäude sind offenbar weltliche wie die ähnlichen unten in der Ebene von Taifa; aber das nordwestlichste von ihnen [unser "Nordbau"] scheint religiöse Bedeutung gehabt zu haben; vielleicht war es eine Kapelle inmitten von Beamtenhäusern."[52] Weder Weigall noch Roeder hat im Nordbau oder Mittelbau gegraben—der Südbau war damals schon frei—, sie kannten also die Reste von deren Innenausstattung nicht, sonst würden sie diese in ihre Deutungen einbezogen haben, würden dadurch zu anderen Deutungen gelangt sein.

DER MITTELBAU

Es hat den Anschein, als sei der Mittelbau das älteste Gebäude der Gruppe. Er ist sehr geschützt gegen den auf der Höhe wehenden Wind errichtet worden, tief in eine natürliche Wanne zwischen Felspartien eingestellt, ohne Rücksicht auf etwa später hinzukommende Bauten. Auch ist deutlich, daß Nordbau und Südbau mit ihren Fronten auf den Eingang des Mittelbaus ausgerichtet worden sind, soweit sich das in dem zerklüfteten Gelände erreichen ließ.

Der Mittelbau muß schon lange benutzt worden sein, ehe er in eine christliche Kapelle umgewandelt worden ist. Das umlaufende Bankett ist auf einen von Wand zu Wand reichenden Estrich aufgesetzt, ist also nachträglich eingefügt worden, und darunter liegen noch mehrere Estrichschichten, die von einer langen Benutzung zeugen.

Die Einzelfunde, die im Mittelbau gemacht worden sind, besonders die Opfertafeln, weisen auf einen sakralen Zweck des Gebäudes. Die große Anzahl dieser Tafeln, die sich aus den Resten erschließen läßt, erinnert an Bestimmungen im "Götterdekret über das Abaton" auf dem Hadrianstor auf Philä: "Man soll ihm (d. h. Osiris) 365 Opfertafeln machen rund um diese Stätte, und es sollen Palmblätter auf ihnen liegen. Nie soll die Libation auf ihnen zu Ende gehen, und in seinem ganzen Umkreis soll das Wasser nicht alle werden."[53] Man könnte im Mittelbau 365 Opfertafeln unterbringen. Im Gesimse des Banketts

ABB. 30. OPFERTAFEL MIT KRUG UND "ISISBLUMEN" AUS DEM MITTELBAU (BK/3)

können rund 100 Opfertafeln eingearbeitet gewesen sein, dahinter können die einzelnen Opfertafeln und Gruppen nach der in Abbildung 25 vorgeschlagenen Weise in mehreren Reihen hintereinander aufgestellt gewesen sein. Aber ein so hohe Anzahl muß für den Mittelbau garnicht Vorschrift gewesen sein. Die Anweisung, Palmblätter auf die Opfertafeln zu legen, ist wohl die Ursache für die Darstellung von Palmblättern auf den Opfertafeln selbst, so auf den Tafeln BK/4, BK/16 und BK/17 (Abb. 24 und Taf. 10), was auch immer der Sinn dieser Vorschrift gewesen sein mag.[54] Daß es sich um Opfertafeln für Libation handelt, geht aus ihrer Form hervor. Darüber hinaus ist auf der Tafel BK/3 (Abb. 30) ein großer Krug auf einem Holzgestell abgebildet, auf dem Krug ist ein Schöpflöffel dargestellt zum Einfüllen der Libationsflüssigkeit in die Becken.

Der Mittelbau war also ein Kultbau, und der Opfertafel BK/3 ist zu entnehmen, welcher Gottheit er diente: es ist darauf zweimal die sogenannte "Isisblume" dargestellt, die als das Symbol der Isis von Philä in ganz Unternubien

51. Cf. *JEA* XLIX 167.

52. Weigall, Report p. 16; Roeder, Debod S. 206 f. § 513.

53. Hermann Junker, Das Götterdekret über das Abaton, Wien 1913, S. 18 § 3.

54. Sollten die Palmblätter die Verdunstung der Libationsflüssigkeit verzögern oder das Austrinken durch Vögel oder anderes Getier verhindern?

verbreitet ist.[55] So hat beispielsweise Schafik Farid beim Isistempel von Taifa eine Opfertafel gleicher Art aufgelesen, welche drei "Isisblumen" aufweist (Abb. 24, T37).[56] Roeder hat außerhalb der Gebäude "an verschiedenen Stellen drei Bruchstücke einer großen Frauenstatue aus Sandstein in griechisch-ägyptischem Stil (Gesamthöhe etwa 180 cm)" gefunden, die er auf Grund des charakteristischen Gewandknotens als Darstellung der Isis erkannt hat.[57] "Die Arme sind leicht gebeugt, die weggebrochenen Hände scheinen vorgestreckt gewesen zu sein." Wir haben im Schutt ein Bruchstück von einer vorgestreckten Hand gefunden, die eine Lampe griechischer Form hielt (Abb. 31), und es ist sehr wahrscheinlich, daß diese Hand zu der von Roeder gefundenen Isisstatue gehört. Es sind nämlich außer den von ihm gefundenen Bruchstücken nur Teile von Füßen einer weiteren Statue zum Vorschein gekommen, die jedoch weder im Maßstab noch in der Güte zu der Hand stimmen (Abb. 32).

Die Hand mit der Lampe könnte, wenn sie wirklich zur Isisstatue gehört, die Isis des Bergheiligtums näher charakterisieren; leider scheinen Parallelen zu fehlen. Es gibt zwar Lampen hellenistischer Zeit mit dem Bild der Göttin darauf, und es sind Isisfeste überliefert, bei denen viele Fackeln und Lampen angezündet worden sind,[58] und im Museum von Cordoba steht eine kleine Statue der Isis als Flußgöttin, ein Votivbild, das von einem Mitglied der Lampentöpfer-Innung eines Ortes in Spanien gestiftet worden ist.[59] Aber auch anderen Gottheiten wurden Lampen angezündet, ohne daß Darstellungen von ihnen mit einer Lampe in der Hand bekannt wären. Die alexandrinischen Terracotten der Isis mit der Fackel im Arm[60] können hier kaum herangezogen werden, denn sie stellen Isis-Demeter dar, die vor allem eine Erntegottheit war und in der Granitwüste über dem Bab Kalabsche kein Heiligtum gehabt haben kann. In welchem der drei Gebäude die von Roeder aufgelesene Isisstatue aufgestellt war, ist nicht zu entscheiden. In jedem Falle aber scheint die Statue zu bezeugen, daß die Gebäudegruppe ein Isisheiligtum gewesen ist.

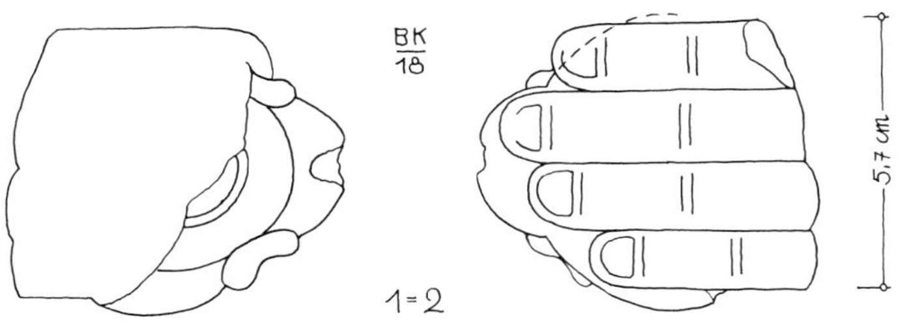

ABB. 31. BRUCHSTÜCK VON HAND MIT LAMPE AUS SANDSTEIN. MASSTAB 1:2

Daß Isis gerade hier ein Heiligtum errichtet worden ist, hoch über dem Eingang zur engsten Stelle im unternubischen Nil, über dem der Schiffahrt gefährlichen Bab Kalabsche, ist nur selbstverständlich, war Isis doch in der griechisch-römischen Zeit die Hauptgottheit in Unternubien. Zudem war sie als Isis pelagia Beschützerin der Schiffahrt, auch der Flußschiffahrt.[61] Unter den vielen Belegen, die W. Drechsler zusammengetragen hat, sei hier nur ein in Marseille gefundenes Relief erwähnt, auf dem dargestellt ist, wie "Isis . . . apaise les flots et sauve du naufrage une barque qui renferme deux navigateurs";[62] dazu hätte Isis noch heute im Bab Kalabsche zuweilen Gelegenheit.

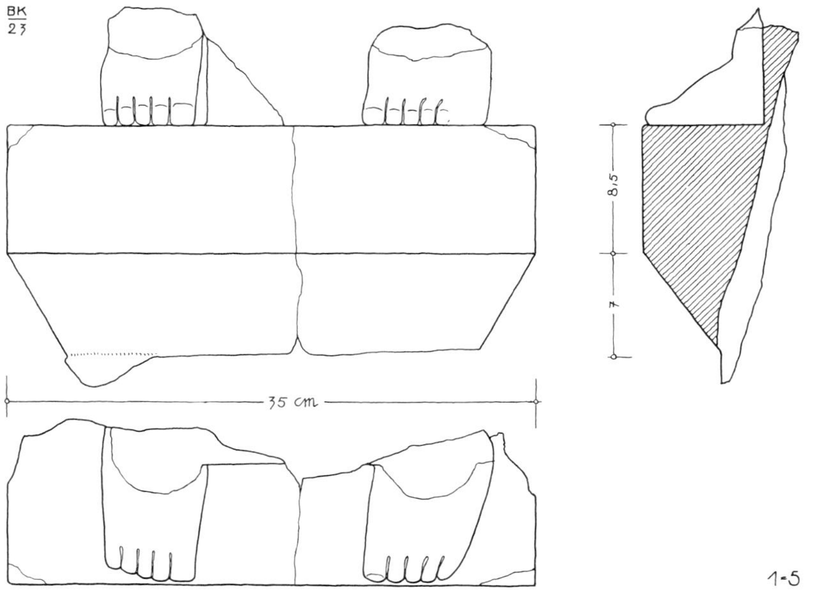

ABB. 32. FÜSSE VON STATUE AUF EINER KONSOLE. MASSTAB 1:5

Eine Kapelle, in der offensichtlich nur Libationen stattfanden, von der also keine Prozessionen ausgingen, kann einen so abseitig gelegenen Eingang haben wie der Mittelbau. Und der Anbau, in den eine nur 53 cm breite Schlupftür führte, könnte der Aufenthaltsraum für einen Priester gewesen sein für die Zeit, in der hier Libationen dargebracht wurden, etwa an besonderen Festen der Isis. Allerdings ist nicht erwiesen, daß der Mittelbau von Anfang an für Libationen gedient hat, denn das Bankett mit den eingearbeiteten Opferbecken ist über einem älteren Fußboden eingesetzt worden, der Anbau ist nachträglich angefügt worden, und der Eingang in seiner jetzigen Form ist das Ergebnis eines Umbaus. Es konnten keine älteren Reste im Mittelbau festgestellt werden, die auch nur eine Vermutung über Gehalt und Form eines anderen und älteren Kultes erlauben.

Die Überreste von koptischen Malereien vom Tonnengewölbe des Mittelbaus (Taf. 9, B) lassen erkennen, daß dieser in eine christliche Kapelle umgewandelt worden ist. Dafür mußten größere Teile der Mauern wieder aufgebaut, das Gewölbe mußte erneuert werden, und man kann sich fragen, weshalb unter den drei Gebäuden gerade der am meisten zerstörte Mittelbau ausgewählt worden ist. Das kann mehrere Gründe haben. Der Mittelbau war offenbar schon in heidnischer Zeit der Schwerpunkt der ganzen Anlage als ältester Bau, auf den Nordbau und Südbau ausgerichtet worden sind. Er war eigentliches Gotteshaus und wurde wie andere nubische Tempel eben deshalb in

55. Roeder, Die Blumen der Isis von Philä, ÄZ 48 (1910) S. 115 ff.

56. Abgebildet mit freundlicher Erlaubnis des Finders und der ägyptischen Altertümerverwaltung.

57. Roeder, Debod S. 208 f. § 519 m. Taf. 91, a u. 125, a–d; die Bruchstücke sind anscheinend in das Ägyptische Museum in Kairo gebracht worden.

58. G. Vanderbeek, De Interpretatio Graeca van de Isisfiguur, Studia Hellenistica 4, Louvain 1946, p. 99 sq.

59. A. Garcia y Bellido, Isis y el Collegium Illychiniariorum del Pratum novum, Collection Latomus Vol. XXVIII, Bruxelles 1957 p. 238–44.

60. z.B. Evaristo Breccia, Terracotte figurate Greche et Greco-Egizia del Museo di Alessandria, T. 2,2 Pl. XLVII–XLVIII.

61. Dieter Müller, Ägypten und die griechischen Isis-Aretalogien, Abh. Sächs. Akad. d. W. Phil. hist. Kl. Bd. 53,1, Berlin 1961, S. 61 (M 39): "Ich bin die Herrin der Flüsse und der Winde und des Meeres."

62. Artikel "Isis" in Roscher, Lex. griech. röm. Mythol. II Sp. 482,20.

eine christliche Kirche verwandelt; es galt anscheinend überall, einen heidnischen Kult durch einen christlichen Kult zu ersetzen. Auch mag man sich den kleinsten Bau ausgesucht haben, weil man hier in der Felswüste kaum mit vielen Gläubigen rechnen konnte. Vielleicht war schon damals das Gewölbe des Nordbaus eingefallen, und man traute sich nicht zu, ein neues mit so großer Spannweite herzustellen. Oder man wählte den Mittelbau, weil er ungefähr nach Osten ausgerichtet ist.

Welche Art christlicher Gottesdienst im Mittelbau stattgefunden hat, ist nicht mehr zu erkennen, denn von der Innenausstattung dieser Zeit ist außer den geringen Resten von Malerei nichts erhalten. Wo ein paar draußen im Schutt gefundene Architekturteile (Abb. 33) unterzubringen sind, bleibt ungewiss. In den christlichen Gräbern, die in die jüngeren Terrassen eingebaut sind, mögen Priester beigesetzt worden sein, die den Dienst in der Kapelle versehen haben. Nach der geringen Zahl dieser Gräber zu urteilen, kann der christliche Kult in der Kapelle nicht lange vollzogen worden sein. Vielleicht hat man aber auch Priester unten im Tal beigesetzt.

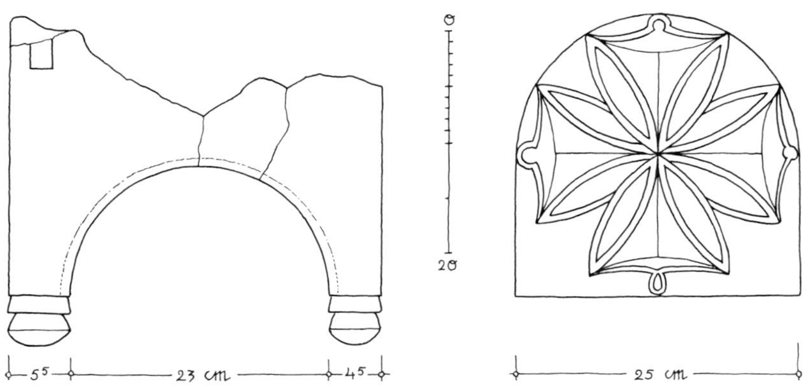

Abb. 33. Koptische Architekturteile, aus dem Schutt. Masstab 1:66⅔

DER NORDBAU UND DER SÜDBAU

Es ist offensichtlich, daß Nordbau und Südbau einem gleichen Zweck gedient haben, beide haben den gleichen Grundriß und als gleiche Besonderheit die umlaufenden Bankette. Der Unterschied zwischen den beiden Bauten ist nur ein gradueller, der Nordbau ist monumentaler ausgebildet, der Südbau ist zudem nicht fertig geworden, weshalb denn die Ermittlung der Zweckbestimmung vom Nordbau ausgehen muß. Die Deutung hat die Ausrichtung der beiden Gebäude auf den Mittelbau einzubeziehen, denn diese Ausrichtung drückt zweifellos eine thematische Bindung aus. Da der Mittelbau zur Zeit der Errichtung der beiden anderen Gebäude eine Isiskapelle war, können Nordbau und Südbau kaum profanen Zwecken gedient haben, weder "pleasure-house" noch "Beamtenhäuser" gewesen sein. Roeder hat den Nordbau instinktiv als sakral empfunden und ihn ohne nähere Begründung "Bergkapelle" genannt.

Weder die äußere Form des Nordbaus noch die Reste seiner Innenausstattung lassen den Sinn dieses Bauwerks einfach ablesen. Der Nordbau muß mit anderen Gebäuden verglichen werden, die ähnliche Besonderheiten aufweisen, und deren Bestimmung bekannt ist. Es muß sich dabei nicht unbedingt um ägyptische Bauten handeln, denn da Nordbau und Südbau in römischer Zeit entstanden sind, wahrscheinlich im 2. Jahrhundert, verdanken sie ihre Entstehung möglicherweise rein römischen Bedürfnissen, etwa den Bedürfnissen der römischen Garnison in Taifa.

Die umlaufenden Bankette und das scheinbar vom Fußboden aufsteigende Gewölbe im Nordbau lassen zunächst an ein Heiligtum des Mithras denken. Der Mithraskult ist ja auch nach Ägypten gedrungen, es hat ein Mithräum in Memphis gegeben.[63] Über ein solches Heiligtum in Unternubien fehlt zwar jede Nachricht, doch könnte der Kult durch römische Soldaten bis nach Taifa gebracht worden sein. Die Beziehung eines Mithrasheiligtums zur Isiskapelle ließe sich durch späten Synkretismus verstehen.[64]

Aber es lassen sich sogleich so viele Einwände gegen diesen Vorschlag erheben, daß eine solche Deutung ganz unwahrscheinlich wird. Schon die Lage oben auf dem Gebirge spricht dagegen, weil man hier auf dem Felsboden das speläum nicht versenkt anlegen konnte, was unten beim Ort Taifa möglich gewesen wäre. Auch gibt es hier keinen Pronaos, der sonst an keinem Mithräum fehlt. Die Bankette in Mithrasheiligtümern pflegen 1,50–2 m breit zu sein und nach dem Mittelgang hin anzusteigen wie in römischen Triclinien mit gebauten Lagern.[65] Von einem Mithraskultbild ist im Nordbau nichts gefunden worden, und weder der von Roeder gesehene Schlangenkopf[66] noch ein von uns gefundener kleiner Löwenkopf (BK/22; Taf. 30, F) müssen in einen solchen Zusammenhang gehören. Auch fehlt die Taufgrube, und es wäre hier oben weit entfernt vom Flußufer schwierig gewesen, sie mit Wasser zu füllen.

Als zweite Möglichkeit kann der Nordbau mit den "chapelles de confréries" in Dêr el Medîne und den sogenannten "tomb chapels" bei el-Amarna verglichen werden. Bruyère, der die Kapellen in Dêr el Medîne ausgegraben und veröffentlicht hat,[67] bezeichnet ihre Form als "une temple à échelle réduite";[68] sie gleichen im Typ der Hathorkapelle Sethos' I. und der Amunskapelle Ramses' II. in Dêr el Medîne,[69] auch der Felskapelle Haremhabs von Abu Hoda.[70] Ihnen allen gemeinsam ist, daß den eigentlichen Kulträumen ein Raum mit Banketten vorgeschaltet ist: "Tout autour de l'oratoire courait une banquette de briques dans laquelle étaient encastrés des sièges ensellés, en calcaire, gravés aux noms des sotmou ashou préposés au culte . . .".[71] Die Mitglieder eines Kultvereins, die sich eine solche Kapelle errichtet hatten, saßen also auf den Banketten aufrecht nebeneinander, und die Bankette waren dementsprechend nur etwa 45 cm tief.

63. Cumont, Textes et monum. fig. relat. aux mystères de Mithra, Bruxelles 1896–99, T. II p. 407 et 520 sq.

64. Ernst Wüst in Pauly-Wissowa, Real-Encycl. Bd. XV Sp. 2145: "Ja, sogar mit der Isis trat Mithras, freilich erst spät, in ein auf Personalunion beruhendes Verhältnis." s. CIL VI 504.846.

65. z.B. Mithräum von S. Clemente in Rom: Roscher II, 2 Sp. 3059 Abb. 8; in Pompeji in der "casa del moralista" oder in der "casa di Publio Tegete," s. Amadeo Maiuri, Pompei, Novara 1928, p. 75 u. ders. Pompeji (Führer) Fig. 83.

66. Roeder, Debod S. 208 § 518.

67. Bruyère, Rapports sur les fouilles de Deir el Médineh, FIFAO VII, 2 1929 (1930) p. 3 sq.

68. a. a. O. X 1931–32 (1934) p. 56.

69. a. a. O. XX, 1 1935–40 (1948) p. 99 sq. Pl. 1, 3, 10, 11.

70. Lepsius Text V, S. 176; Rosellini, I Monumenti dell'Egitto e della Nubia, Pisa 1832–44, III, 2.

71. Bruyère, FIFAO IV 1926 (1927) p. 7; dazu XVI 1934–35 (1939) p. 37–38 Fig. 7–9.

Das gibt es auch noch in römischer Zeit, und zwar in der Oase Charge im Tempel bei Qasr Dûsch und im Tempel bei ed-Dêr,[72] die etwa gleichzeitig mit Nordbau und Südbau sein könnten.

Auch diese Kapellen und Tempel unterscheiden sich von Nordbau und Südbau in wesentlichen Punkten. So fehlt in letzteren der mehr oder weniger geschlossene Raum für ein Götterbild, den alle oben genannten Bauten haben; und für aufrechtes Sitzen sind die Bankette zu breit. Daß diese in ihrer ganzen Tiefe von rund 1 m benutzt worden sind, zeigen die Sandsteinplatten hinter dem Bankett im Südbau, die zweifellos die Wand gegen mechanische Beschädigungen schützen sollten. Auch wäre das Profil an der Vorderkante des Banketts beim Sitzen hinderlich gewesen.

Viel ähnlicher als Mithrasheiligtümern und Vereinskapellen sind Nordbau und Südbau mehreren Gebäuden im Bezirk des Südtempels von Karanis aus der Zeit vom T7 sind auf den monumentalen Zuweg des Tempels ausgerichtet, sind von diesem her zugänglich, und die übrigen Speiseräume liegen alle innerhalb des Tempelbezirks. Der eine oder andere Bau mag den Priestern des Tempels täglich gedient haben, die übrigen mögen bei großen Tempelfesten benutzt worden sein.

Um einen dieser Bauten mit dem Nordbau zu vergleichen, sind hier die Reste von T7 in Abbildung 34 wiedergegeben, wodurch eine genaue Beschreibung überflüssig wird. Der Innenraum hat die mittleren Abmessungen von 8,15 m mal 22 m (= 180 qm), war also mehrfach größer als der Innenraum des Nordbaus (= 47 qm) und des Südbaus (= 57 qm). Trotz seiner großen Breite war der Raum höchstwahrscheinlich überdeckt mit einem leichten Mattendach auf Unterzügen, die auf Wandpfeilern auflagen. Das Profil des umlaufenden Banketts hat mit dem im Nordbau gemein, daß es an der Vorderkante einen erhöhten Rand hatte. Es hat den Anschein,

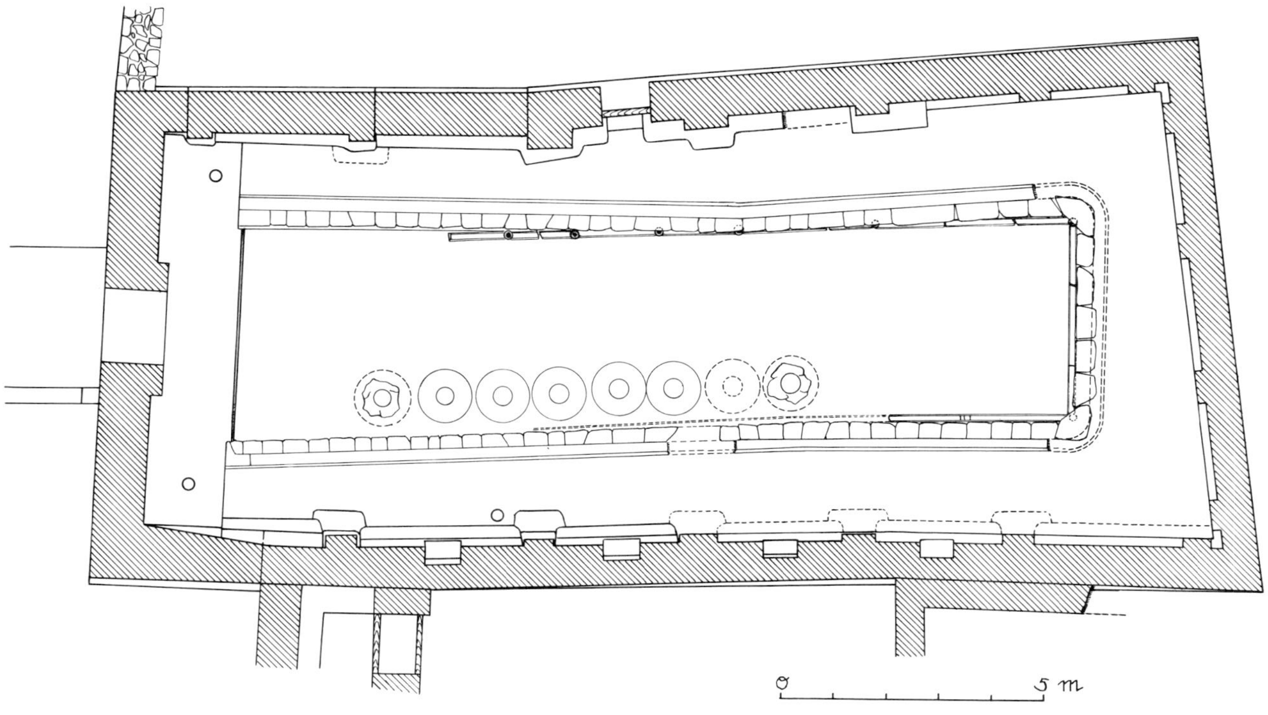

ABB. 34. GRUNDRISS EINES SPEISESAALES IN KARANIS (T7)

Ende des 1. Jahrhunderts bis zum Anfang des 2. Jahrhunderts.[73] Es sind drei große Bauten T4, T7 und T8, und drei kleinere T12, T14 und T16, die alle außer dem letzten größer sind als Nordbau und Südbau.[74] Alle diese Bauten müssen wegen ihrer Ähnlichkeit untereinander dem gleichen Zweck gedient haben. Auf dem Sturz vom Werksteingewände der Tür zu T4 ist dieser Zweck angegeben:[75] dieser Bau war ein *δειπνητήριον*. Die Innenausstattung von T4 ist weitgehend zerstört, doch lassen ihre wenigen Reste erkennen, daß sie der Ausstattung in den übrigen genannten Bauten geglichen hat. Die Ausgräber haben den inschriftlich bezeugten Zweck von T4 nicht auf die ganze Gruppe übertragen, obwohl dadurch die von ihnen nicht gedeuteten Einrichtungen in T7 und T8 erklärt werden können. Die Speisungen, die hier stattfanden, müssen in den Bereich des Tempelkultes gehört haben, denn T4 und als habe in beiden Fällen der erhöhte Rand die Aufgabe gehabt, aufgelegte Liegepolster am Abgleiten nach vorn zu hindern (Abb. 35). In T7 weist das Profil des Banketts noch einen tiefer liegenden Streifen auf, der mit dünnen Steinplatten abgedeckt ist. Ein solcher Streifen kommt an gebauten Lagern in römischen Triclinien vor und an Banketten in Mithrasheiligtümern.[76] Überall wird dieser Streifen dazu gedient haben, Trinkgefäße abzustellen; in T7 schützten die Steinplatten die Nilschlammziegel darunter gegen verschüttete Flüssigkeit. Diese und wohl auch Wasser vom Händewaschen nach dem Mahl wurde in T7 und T8 von offenen Tonrinnen im Fußboden aufgenommen und in versenkte Tongefäße abgeleitet. Das alles weist auf die Verwendung dieser Räume als Speisesäle, wozu auch die großen, in den Boden von T7 eingelassenen Gefäße passen.[77] Die Speisenden haben nicht senkrecht zur Wand

72. Rudolf Naumann, Bauwerke der Oase Chargeh, MDAIK 8 (1938–39) S. 13 ff. Abb. 6–7.

73. E. R. Boak, Karanis, Seasons 1924–31, Ann Arbor 1933; darin hat E. E. Peterson den Tempel des Pnepheros und Petesuchos sowie dessen Bezirk veröffentlicht.

74. a. a. O. Pl. III, XI u. XII, Fig. 14–15 u. 18–20.

75. Grenfell, Hunt and Hogarth, Fayum Towns p. 33.

76. s. hier Anm. 66.

77. Karanis p. 40 (Peterson): "In Plans VIII and XII tops have been added to the half-pithoi. This restoration is by no means certain. The rims of the half-pithoi as we found them were so even that it seems that they had been made that way purposely. The rims were flush with the floor level. They were perhaps used as storage jars, though not for a liquid, since they were unglazed."

gelegen, dazu sind die Bankette nicht breit genug (T7 = 95–110 cm), sondern parallel zur Kante des Banketts; es blieb dann hinter den Liegepolstern noch ein schmaler Streifen als Verkehrsweg frei (Abb. 35).

War der Nordbau ein Speiseraum? Sein Bankett war wohl sicher mit Liegepolstern belegt, und die asymmetrischen Querteilungen dienten als Unterstützung für Armpolster oder Kopfpolster (Abb. 36). Die sich aus der

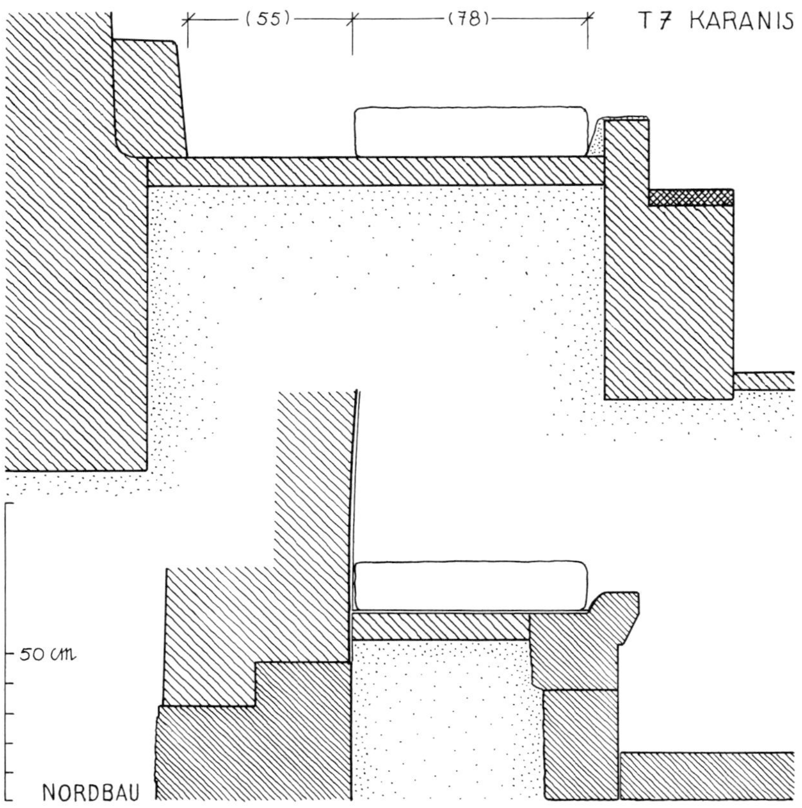

Abb. 35. Querschnitte durch die Bankette in Karanis T7 und im Nordbau

durchschnittlichen Länge von 167 cm[78] ergebende Aufteilung des Banketts ergibt für den Nordbau Platz für nur 10–12 Personen, was für eine Speisung von Festteilnehmern sehr wenig ist, für eine Speisung von Priestern aber zuviel, denn an der kleinen Isiskapelle haben unmöglich 10–12 Priester amtiert. Am Bankett fehlt der tiefer liegende Streifen für Trinkgefäße, im Boden davor fehlen die Abflußrinnen für Waschwasser, obwohl der Nordbau sonst so sorgfältig ausgestattet ist. Mir scheint es deshalb unwahrscheinlich zu sein, daß der Raum dem gleichen Zweck gedient hat wie die ähnlichen Bauten in Karanis.

Aus den vorhergehenden Überlegungen heraus ist vorzuschlagen, daß der Nordbau dem Inkubationsschlaf gedient hat, und damit auch der Südbau. Isis, deren Kapelle Nordbau und Südbau ihre Eingänge zuwenden, ist als Heilgöttin vielfach ausgewiesen, und es ist überliefert, daß zu ihren Mitteln auch der Heilschlaf gehört. Daumas hat die wichtigsten hierher gehörenden Zeugnisse in seiner Veröffentlichung des Sanatoriums von Dendera herangezogen,[79] hier sei nur erwähnt, was dazu Diodor über Isis geschrieben hat: "Von der Isis erzählen die Ägypter, daß sie viele Arzneien entdeckt und große Erfahrung in der Heilkunst besessen habe. Deshalb habe sie auch, nachdem sie eine Unsterbliche geworden sei, die größte Freude daran, die Menschen zu heilen, und im Traum zeige sie denjenigen Heilmittel an, die sie darum bitten.... Im Traume nämlich trete sie ans Lager der Leidenden und reiche ihnen Heilmittel gegen die Krankheit, und wer an sie glaube, der werde in wunderbarer Weise gesund. Viele, denen wegen Unheilbarkeit von den Ärzten alle Hoffnung schon genommen war, seien von ihr geheilt worden, und zahlreiche Krüppel, die den Gebrauch der Augen oder eines anderen Körperteils ganz eingebüßt hatten, hätten die verlorene Kraft und Gesundheit wiedererlangt, wenn sie zu dieser Göttin ihre Zuflucht nahmen."[80]

Die Deutung des Nordbaus als Sanatorium wird unterstützt durch den darin gefundenen Block 2 (Abb. 18, S. 9), der den Sockeln der "statues guérisseuses"[81] sehr verwandt ist. Auf ihm wird ein Gegenstand mit magischen Inschriften bedeckt gestanden haben, deren Kraft sich dem Wasser mitteilte, mit dem sie übergossen wurden, und das ausgeschöpft als Heilmittel getrunken wurde. Man beschränkte sich im Nordbau also anscheinend nicht auf nur ein Heilmittel, genau wie im Sanatorium von Dendera, in dem außer den Kabinen für den Heilschlaf auch Sockel mit magischen Inschriften vorhanden waren, die das Wasser für Badebecken mit Heilkraft luden.[82]

Vielleicht hat man im Nordbau auch noch andere magische Mittel angewendet. Bei dem Versuch, die in seinen Längswänden am Gewölbefuß regelmäßig verteilten Löcher zu erklären, ist weiterhin zu erwägen, ob diese Löcher nicht von hölzernen Konsolen oder Dübeln herrühren, an denen Lampen aufgehängt waren; dass würde erklären, weshalb die Wände nach innen überhängen. Man könnte sich sogar hölzerne Stangen vorstellen, die quer über den Raum reichten und an denen Lampen aufgehängt waren. Die kleinen Schlitzfenster über der Eingangstür des Nordbaus haben nicht viel Tageslicht hineingelassen und waren eher Lüftungsöffnungen. Lampen, die mit Leinenschnüren an Pflöcken aus Lorbeerholz aufgehängt werden mußten, haben in der späten ägyptischen Magie eine Rolle gespielt, man veranlaßte mit ihrer Hilfe

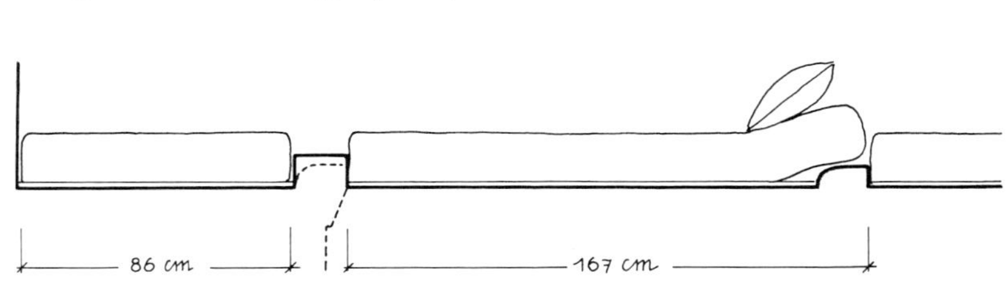

Abb. 36. Längsschnitt durch das Bankett im Nordbau

das Erscheinen gewünschter Götter.[83] Lampen haben wahrscheinlich auch in den beiden Nischen der Südwand des Nordbaus (Abb. 2 und Taf. 6) gestanden, wie wohl auch in den Nischen der Kabinen für Heilschlaf im Sanatorium von Dendera. Die beiden Nischen machen es wahrscheinlich, daß unter ihnen zwei Klinen nach Abbildung

78. Im Simeonskloster bei Assuan sind neben dem Eingangstor mehrere Räume mit eingebauten Klinen errichtet (s. Monneret de Villard, Descr. gén. du Monastère de St. Siméon à Aswân, Milan 1927, Fig. 29 III–VII, Fig. 34), die Monneret für Wächterzimmer oder Gäste-Schlafräume hält; die Klinen darin sind 70 cm auf 170 cm groß (Fig. 8 p. 15). Es könnte sich auch um Speiseräume für Gäste handeln.

79. François Daumas, Le Sanatorium de Dendara, BIFAO LVI (1957) p. 35 sq.

80. Diodor, Bibl. Hist. I, 25 (Übersetzung Wahrmund).

81. Pierre Lacau, Les statues "guérisseuses" dans l'ancienne Égypte, Mon. Piot Vol. 25 (1921–22) p. 189–209.

82. Daumas, a. a. O. p. 41 sq.

83. François Lexa, La magie dans l'Égypte antique, Paris 1925, p. 127, VI 27/13–27/32 nach Griffith and Thompson, The demotic magical papyrus of London and Leiden, London 1904–09.

16 zu ergänzen sind (s. S. 8–9). Auf dem Block 4, der mit Ölrückständen bedeckt ist (S. 10) mögen Lampen gefüllt worden sein. Ob man die Statue der Isis, von der Roeder Bruchstücke gefunden hat, in diesen Zusammenhang bringen darf, falls die Hand mit der Lampe darin zu ihr gehört? Hier mag am Rande darauf hingewiesen werden, daß auch Demeter als Heilerin von Blindheit ausgewiesen ist.[84] Man kann sich die Isisstatue im Nordbau vor dessen Nordwand aufgestellt denken, auf dem dort zu ergänzenden Podium, möglicherweise eingeschlossen in einen hölzernen Schrein.

Der Einwand, daß ein Sanatorium oben auf dem Gebirge für "Krüppel, die den Gebrauch der Augen oder eines anderen Körperteiles ganz eingebüßt hatten," nicht gerade praktisch gelegen sei, daß die vorgeschlagene Deutung daher unwahrscheinlich ist, ist nicht stichhaltig. Der für die Kranken schwierige Zuweg kann die gesuchte Heilwirkung psychisch unterstützt haben. Die Geschichte des Bergheiligtums stellt sich zudem so dar, daß man nicht von Anfang an hier oben ein Sanatorium geplant hat. Man hat, wohl schon in vorrömischer Zeit, nur die Isiskapelle zum Schutz der Schiffahrt durch das Bab Kalabsche errichtet. Die Göttin wird sich als so wirksam erwiesen haben, daß sich später auch Kranke um Hilfe an sie gewandt haben, und daß sich daraus in römischer Zeit das Sanatorium entwickelt hat. Man errichtete erst den Nordbau, und als dieser nicht mehr ausreichte, fügte man den Südbau hinzu, der dann nicht mehr fertig geworden ist.

Die von Weigall am Fuße des steilen Zuwegs gesehenen Bauten mögen den Priestern des Isis-Sanatoriums als Wohnhäuser gedient haben oder auch als Verwaltungsgebäude. Und die Priester mögen die Kranken auf die Berghöhe transportiert haben.

DIE TALKAPELLE BEI TAIFA

BESCHREIBUNG

Ungefähr 400 m westlich vom Südende des heutigen Dorfes Taifa-West befinden sich in einem Wüstental die Reste einer kleinen Kapelle (Karte Abb. 1 bei TK), die bisher keine Beachtung gefunden haben, jedenfalls weder in den Reisebeschreibungen noch in der Fachliteratur erwähnt worden sind. Sie liegen in einem kleinen Talkessel von etwa 25 m Länge und bis zu 20 m Breite, der sich an einer scharfen Biegung eines engen Wadi gebildet hat. Talaufwärts steigt das Wadi von hier aus steil und enger werdend in Stufen an, talabwärts ist es an einer schmalen Stelle durch große Felsblöcke verstellt (Abb. 37), sodaß der Eindruck eines ringsum abgeschlossenen Ortes entsteht. Man steigt in diesen Talkessel von Nordosten her über Stufenläufe hinab, die in den Fels eingehauen worden sind (Taf. 12) und zweifellos so alt sind wie die Kapelle selbst.

Die Kapelle stand an der Südseite des Talkessels (Taf. 13). Ihre Rückseite und Teile ihrer Seitenmauern sind aus der steilen Felswand ausgehauen worden (Abb. 38, Faltpläne 2, C und 3). Der größere Teil der Seitenmauern und

84. Jahrbuch DAI Bd. 70 (1955) S. 42 (Rubensohn).

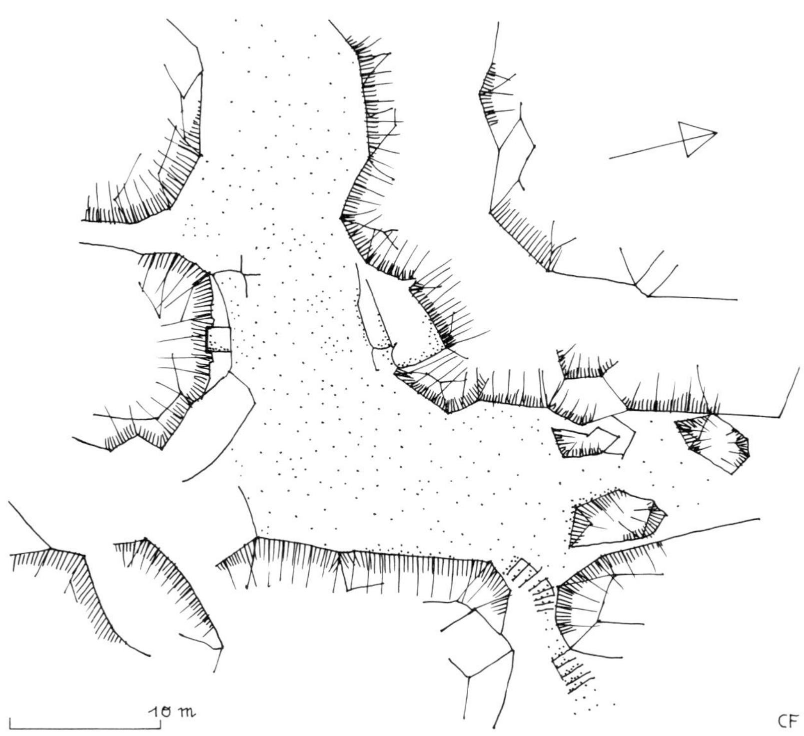

Abb. 37. Skizze des Talkessels westlich von Taifa. Masstab 1:500

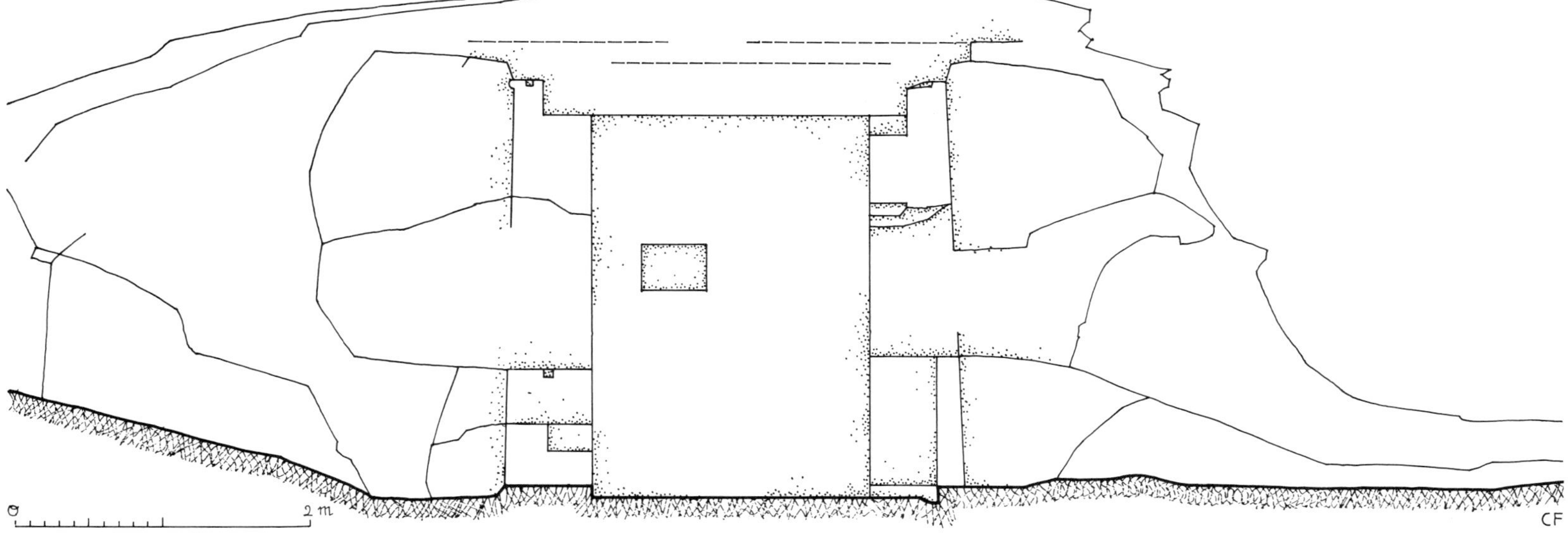

Abb. 38. Ansicht der aus dem Fels ausgehauenen Teile der Talkapelle. Masstab 1:50

die ganze Fassade waren aus Sandsteinquadern errichtet, die Decke bestand aus Sandsteinbalken. Alles Gebaute ist jedoch abgetragen und bis auf einige wenige Bruchstücke fortgeschleppt worden. Trotzdem ist die Kapelle aus den Überresten zeichnerisch wiederherzustellen (Taf. 2).

Der Aufriß der Kapelle ist an der Felswand abzulesen. Es ist nicht nur die Rückwand eingehauen worden, sondern man hat außer unteren Teilen der Seitenmauern auch Ansätze von deren oberen Teilen und von der Decke aus dem Fels herausgearbeitet, und es sind Ausarbeitung für die bekrönende Hohlkehle vorhanden. Damit liegen alle Maße des Querschnitts fest. Merkwürdigerweise ist die Rückwand der Kapelle nicht senkrecht, sondern tritt oben in einer flachen Biegung nach vorn (Faltplan 2, C). Sie enthält eine kleine flache Nische, in die etwas eingesetzt gewesen ist, möglicherweise eine Platte mit Inschrift. Der Grundriß der Kapelle ist ebenfalls eindeutig festzustellen, denn außer den aus dem Fels ausgehauenen unteren Teilen der Seitenmauern ist die Vorderkante des Fußbodens erhalten, der ebenfalls aus gewachsenem Fels besteht (Abb. 39 und Faltplan 3). Aus diesen Elementen und aus Bruchstücken von Architekturteilen, die beim Ausräumen des Talkessels gefunden worden sind, kann die Wiederherstellung der Talkapelle unternommen werden.

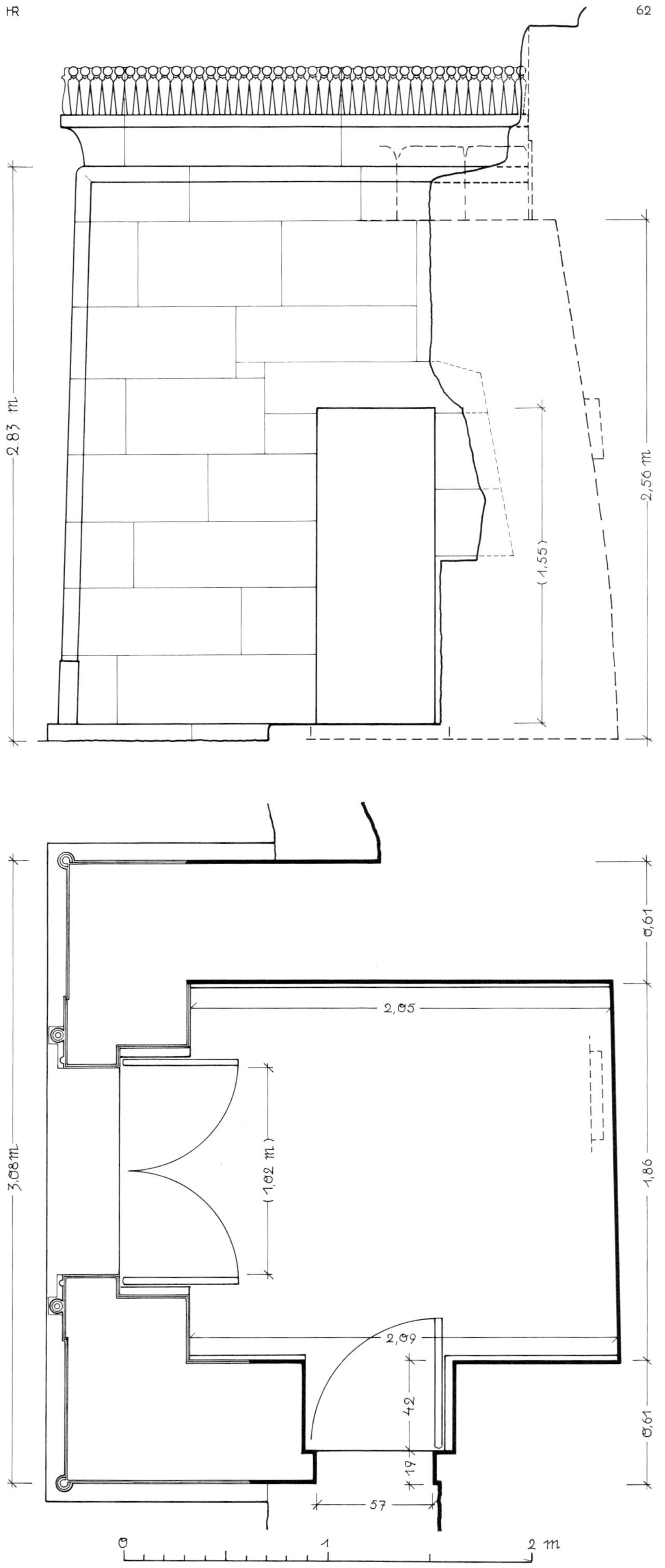

Abb. 39. Seitenansicht und Grundriss der Talkapelle. Ergänzung. Masstab 1:30

Die Bruchstücke von Baugliedern stammen vor allem von Hohlkehlen und Schlangenfriesen, die zum oberen Abschluß der Kapelle und zu einer Tür gehören, die zwangsläufig in der Fassade anzunehmen ist. Über der Seitentür, die zum Teil aus dem Fels ausgehauen ist, kann keine Hohlkehle untergebracht werden, denn diese nur 57 cm breite Tür kann höchstens 155 cm lichte Höhe gehabt haben, weil der auf der Westseite überhängende Fels den Einbau eines Türsturzes mit genügendem Auflager und genügender Höhe über einer höheren Türöffnung nicht erlaubt (Abb. 39 und Faltplan 2, C). Die äußere Leibung der Seitentür ist am Boden nur 19 cm breit, und da die Außenwand geböscht war, die Breite der Leibung also nach oben hin abnahm, war sie 155 cm über dem Boden nur noch 13,5 cm breit—bei einer höheren Tür wäre sie so schmal geworden, daß der Türpfosten das Anschlagen des hölzernen Türflügels nicht mehr ausgehalten hätte. Die Seitentür war nur eine Schlupftür, durch die man in die Kapelle gelangte, um die Tür in der Vorderseite von innen her zu öffnen.

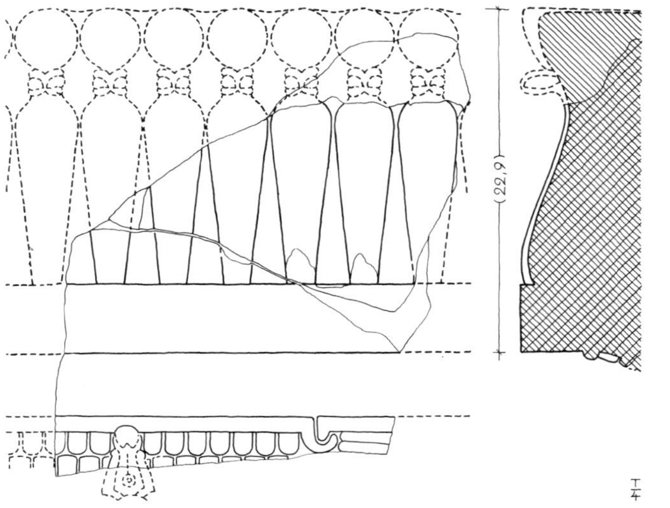

Abb. 40. Bruchstück von Hohlkehle der Tür zur Talkapelle. Masstab 1:5

Aus den Bruchstücken sind drei Hohlkehlen verschiedener Größe mit reliefierten Flügelsonnen darauf festzustellen (Abb. 40 und 41), von denen die größte und die kleinste Hohlkehle einen Schlangenfries auf ihrer Platte trägt. Die Zugehörigkeit der Bruchstücke zu diesen drei verschiedenen Hohlkehlen ist in keinem Falle zweifelhaft, aber da sich die Stücke nicht Bruchfläche auf Bruchfläche aneinanderfügen lassen, kann die Breite der Flügelsonnen nicht ganz genau bestimmt werden, immerhin jedoch

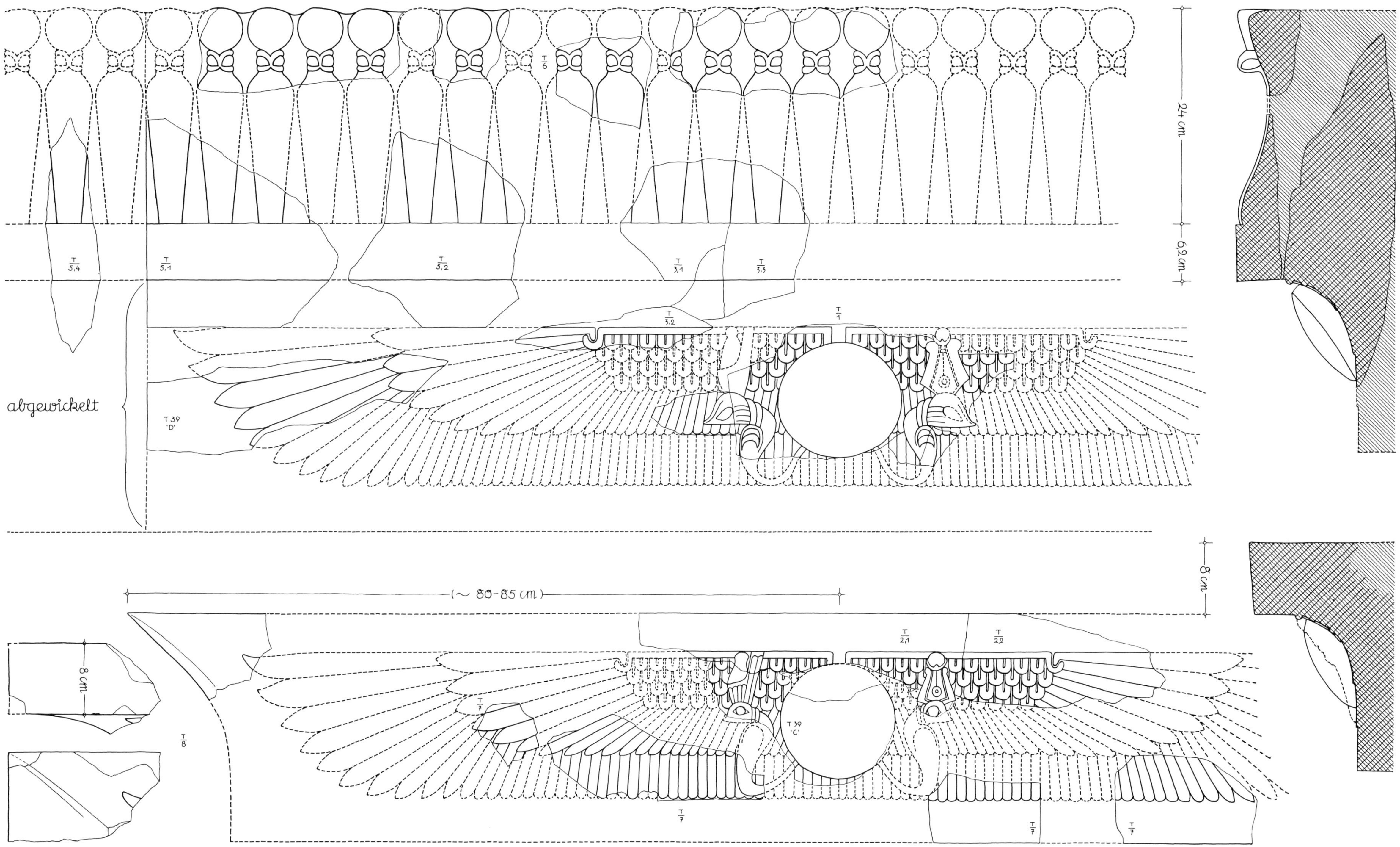

Abb. 41. Zwei Hohlkehlen von der Talkapelle. Ergänzungen. Masstab 1:5

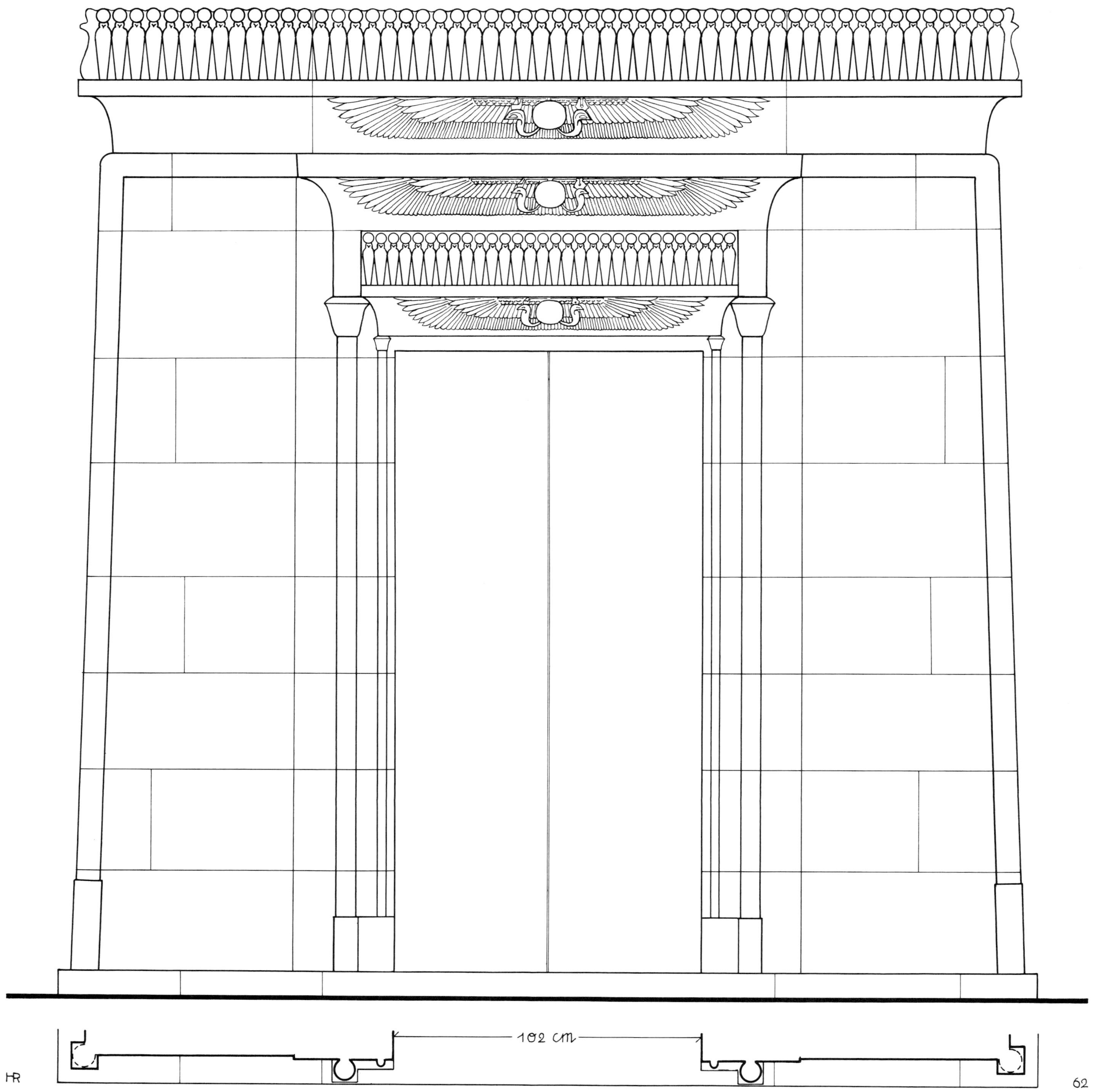

Abb. 42. Talkapelle. Ergänzung der Vorderseite. Masstab $1:16\frac{2}{3}$

DIE TALKAPELLE WESTLICH VON TAIFA. WIEDERHERSTELLUNG

innerhalb der durch Denkmäler der gleichen Zeit bekannten Proportionen.

Die hier vorgelegte Wiederherstellung der Kapellenfront (Abb. 42 und Taf. 2) muß im einzelnen begründet werden. Nach Ausweis der entsprechenden Ausarbeitungen im Fels lief oben um die Kapelle eine Hohlkehle, die beiden übrigen Hohlkehlen müssen über der zu ergänzenden Haupttür in der Fassade gesessen haben, und zwar übereinander, wie das an ägyptischen Tempeln römischer Zeit oft der Fall ist.

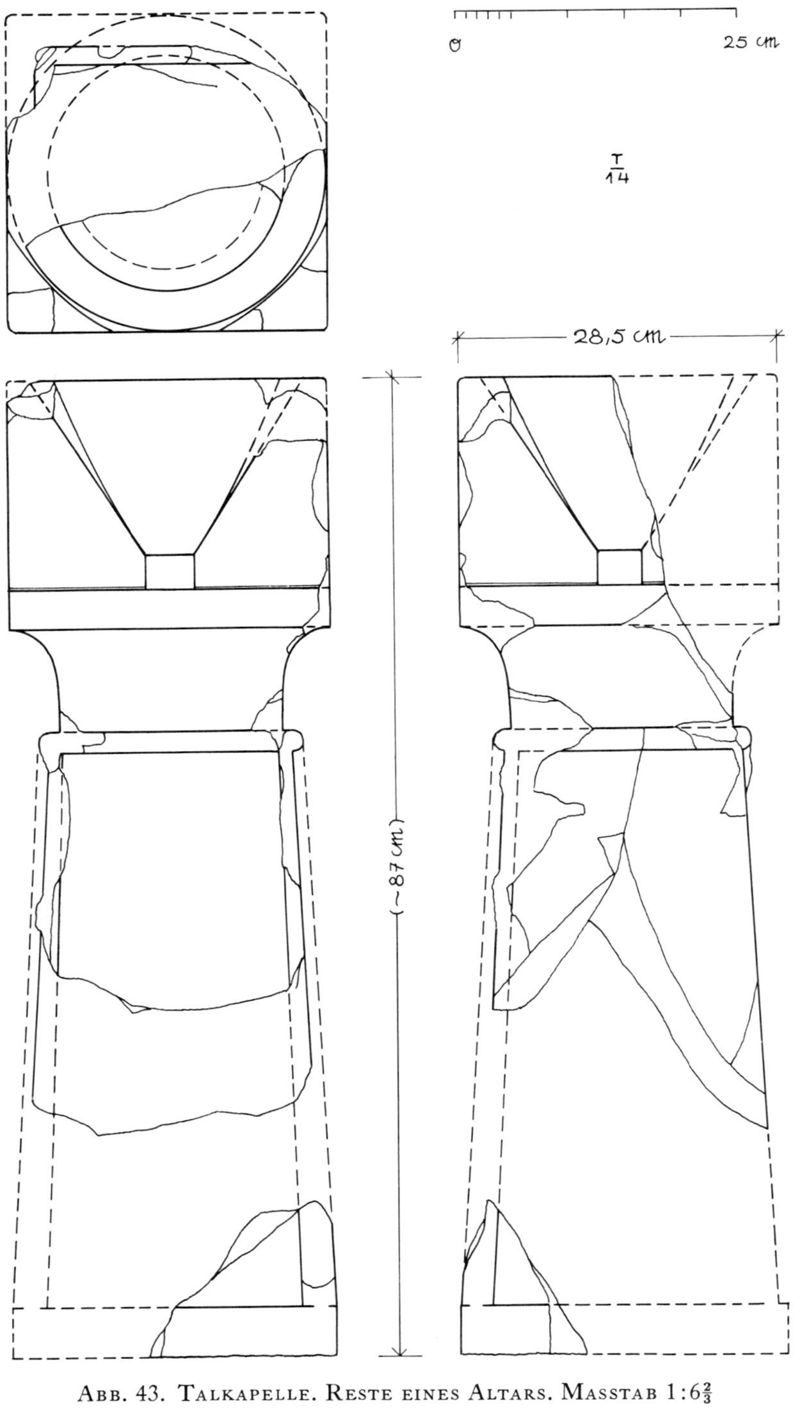

Abb. 43. Talkapelle. Reste eines Altars. Masstab 1:6⅔

Die Hohlkehle ohne Schlangenfries darüber kann das Bauwerk nicht oben abgeschlossen haben, obwohl sie die dickste Platte hat. Da ein Eckstück von ihr mit der Spitze einer Schwungfeder von einer Flügelsonne erhalten ist (Abb. 41 unten links), diese Flügelsonne aber nicht über die ganze Gebäudebreite ausgedehnt werden kann, muß sie über der Tür gesessen haben. Damit bleibt für den oberen Abschluß der Kapelle nur die etwas größere Hohlkehle mit einem Schlangenfries darüber. Dazu paßt, daß diese über der Front aus drei Abschnitten zusammengesetzt war, wie eine am Bruchstück T39 "D" vorhandene Stoßfugenfläche erkennen läßt (Abb. 41). Ob der Schlangenfries nur über der Vorderseite der Kapelle vorhanden war, wie das bei Statuenschreinen zuweilen der Fall ist[85] und hier auf Tafel 2 gezeichnet worden ist, oder auch über den Seiten, wie hier auf Abbildung 39 angenommen worden ist, kann nicht mehr festgestellt werden, weil kein Eckstück des Schlangenfrieses gefunden wurde.

Unter der umlaufenden oberen Hohlkehle müssen die beiden anderen Hohlkehlen über der Haupttür so angeordnet werden, daß eine möglichst hohe Türöffnung bleibt, eine lichte Höhe von mindestens 2 m. Deshalb muß die Platte der Hohlkehle ohne Schlangenfries in die Höhe des waagerechten Rundstabes gerückt werden, und das ist auch der Grund, weshalb kein Schlangenfries darüber sitzen konnte und weshalb die Platte dieser Hohlkehle so dick sein mußte, daß der waagerechte Rundstab von beiden Seiten gegen sie anlaufen konnte. Der Durchmesser dieses Rundstabes läßt sich am Ansatz der südöstlichen Seitenmauer messen, hier ist ein kurzes Stück aus dem Fels ausgehauen worden. Waagerechter Rundstab und Platte der mittleren Hohkehle sind beide 8 cm dick. Daß auch Eckrundstäbe an der gebauten Fassade herunterliefen, beweist ein kleines entsprechendes Bruchstück (T/9). Die Hohlkehle ohne Schlangenfries ist in der Wiederherstellung so lang angenommen worden, wie es die Flügelsonne darauf erlaubt, um eine genügende lichte Weite der Haupttür zu bekommen.

Die dritte und kleinste Hohlkehle (Abb. 40) kann nur unmittelbar über der Türöffnung gesessen haben. Ihr Schlangenfries ragte in einen entsprechenden Ausschnitt im Architrav unter der darüberliegenden Hohlkehle hinein. Das ist eine Anordnung, die an ägyptischen Bauten so später Zeit häufig ist. Sie hat zur Folge, daß die Architravstreifen zu beiden Seiten des Schlangenfrieses kräftig vor die Wandfläche treten müssen und deshalb ästhetisch eine Stütze verlangen, je eine der Wandfläche vorgelegte dünne Säule.[86] In unserer Wiederherstellung wird auch die unterste Hohlkehle durch dünne Säulchen formal gestützt, von denen sich ein kleines Bruchstück vom Schaft gefunden hat. Es ist kein Architrav unter dieser Hohlkehle angenommen worden, um die Türhöhe nicht zu drücken; auch für diese Anordnung gibt es genügend Beispiele.[87]

Einzelheiten der Türumrahmung mögen etwas anders gewesen sein als in der vorgelegten Wiederherstellung. So könnten die Kapitelle und deren Sockel eine reichere Form gehabt haben, oder die Eckrundstäbe könnten mit Säulenbasen versehen gewesen sein, wie das am Nordtempel von Karanis der Fall ist.[88] Da entsprechende Fundstücke fehlen, sind in der Wiederherstellung einfachste Formen gewählt worden. In der Gesamterscheinung der Talkapelle würden andere Kapitellformen keinen wesentlichen Unterschied machen.

Vor der Kapelle sind verschiedene Becken in den Felsboden eingelassen worden, die an alter Stelle mehr oder weniger gut erhalten sind. Im Schutt fanden sich Bruchstücke von einem Räucheraltar (Abb. 43), der vor der Kapelle gestanden haben muß. In der Wiederherstellung auf Tafel 2 ist er als Gegenstück zu einem der Becken aufgestellt worden, seitlich vom Zuweg wie der Altar vor dem

85. z.B. Roeder, Naos Taf. 12 (Cat. Gén. Caire 70011).

86. Roeder, Debod Taf. 68, 83, 91.

87. z.B. Roeder, Debod Taf. 83 u. Roeder, Naos Taf. 34 u. 39 (Cat. Gén. Caire 70024 u. 70034).

88. Boak, Karanis, Seasons 1924–31, Fig. 1 Pl. I.

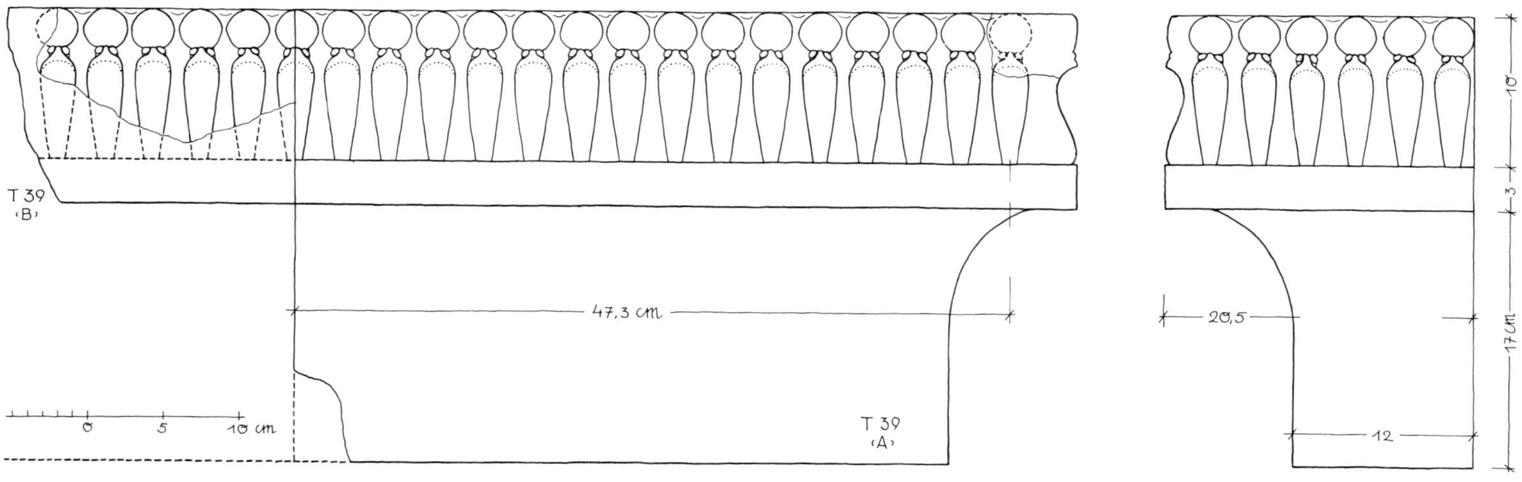

ABB. 44. HOHLKEHLE MIT URÄENFRIES, VON EINER SCHRANKE AUF DER TERRASSE VOR DER TALKAPELLE (?). MASSTAB 1:5

Grabtempel des Petosiris in Tuna;[89] doch konnte keine Standspur festgestellt werden, weil der Boden hier aufgefüllt gewesen ist. Die vorgeschlagene Aufstellung des Altars bleibt jedenfalls unsicher.

Zur eigentlichen Kapelle gehören noch andere Einrichtungen im Talkessel selbst. Auf dessen Nordseite ist aus dem anstehenden Fels eine etwas gebogene Terrasse ausgehauen worden, 1,80 m breit und rund 6 m lang (Faltplan 3 und Taf. 12, B und 14). Sie hatte vorn einen niederen Rand, teils aus Fels und teils aus eingesetzten Werksteinen. Die Oberfläche der Terrasse weist eingetiefte Standspuren von Gegenständen und Konstruktionen auf, doch läßt sich leider nicht erkennen, was hier gestanden hat oder errichtet war. Schafik Farid hat im Sommer 1960 Stücke von einer kleinen Hohlkehle mit Schlangenfries aus dem Schutt aufgelesen (Abb. 44),[90] die zu einer solchen Konstruktion gehört haben wird, etwa als Abschluß einer Schranke. Auf der Terrasse sind entweder Kulthandlungen vollzogen worden, oder es haben von hier aus hochgestellte Gäste am Kult vor der Kapelle beobachtend teilgenommen.

Über der unteren Terrasse, die sich nur wenig über den Boden des Talkessels erhebt, liegt noch eine zweite, weniger gut hergerichtete, und auf der gegenüberliegende Talseite ist eine kleine waagerechte Fläche in den Fels eingearbeitet worden (Taf. 12, B rechts). Im Schutt sind Bruchstücke einer Opfertafel (Abb. 45), eines kleinen Falkenbildes (Abb. 46) und von einem Beckenrand(?) mit griechischen Buchstaben darauf (Abb. 47) gefunden worden. Alle diese Funde sind zusammen mit Tongefäßen und Scherben (T/15–25) sowie Aschenresten die Zeugen von Kulthandlungen in und vor der Kapelle. Welcher Art war dieser Kult, an welche Gottheit hat er sich gerichtet?

DEUTUNG

Die einsame Lage der Talkapelle, ihre kleinen Abmessungen und das Fehlen von überdeckten Nebenräumen zeigen, daß es sich nicht um einen Tempel handeln kann, in dem ständig ein Götterbild aufgestellt war, vor dem ein täglicher Kult vollzogen wurde. Mit dem Uräenfries als oberem Abschluß gleicht die Kapelle eher einem

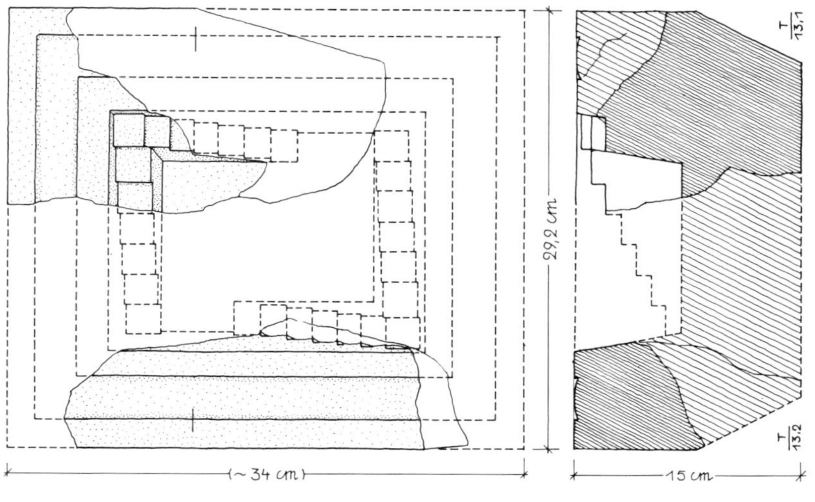

ABB. 45. OPFERBECKEN IN FORM EINES "HEILIGEN SEES," AUS DEM SCHUTT VOR DER TALKAPELLE. MASSTAB 1:5

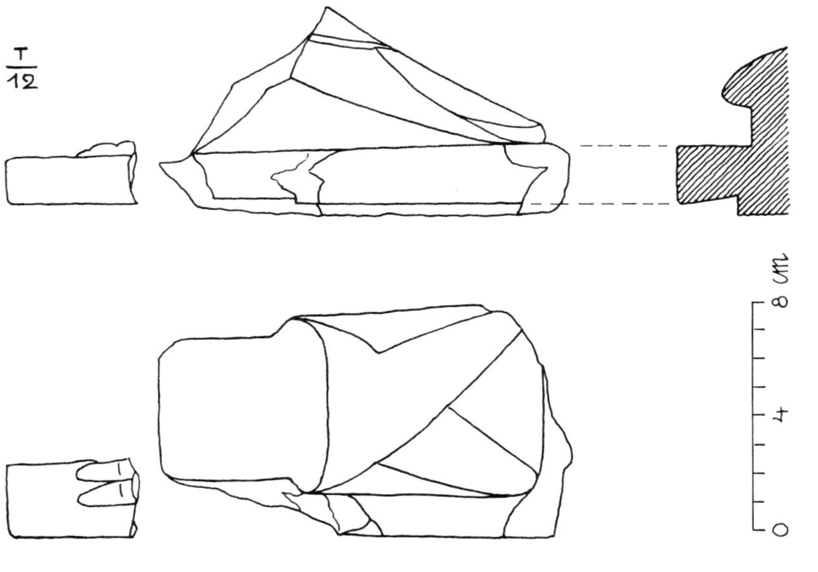

ABB. 46. BRUCHSTÜCK VON FALKENBILDCHEN. SANDSTEIN

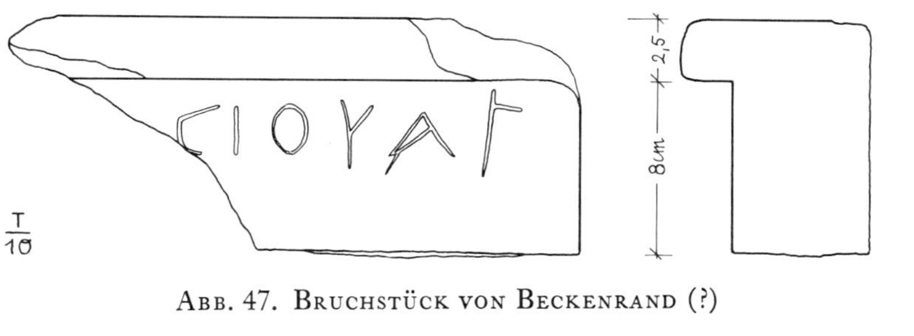

ABB. 47. BRUCHSTÜCK VON BECKENRAND (?)

89. Gustave Lefébvre, Tombeau de Petosiris III, Pl. I et V.

90. Dieses Stück ist in das Museum auf Elephantine gebracht worden. Dem Finder und der ägyptischen Altertümerverwaltung sei für die Erlaubnis gedankt, es hier zu benutzen.

Statuenschrein. Dieser muß das Ziel von Festzügen gewesen sein, durch die eine Prozessions-Statue oder ein tragbares Symbol herbeigebracht und für die Dauer von besonderen Feiern in diesem Schrein aufgestellt wurde. Vielleicht läßt sich dieser Zweck der Talkapelle etwas näher bestimmen. Die bereits erwähnten Stufenläufe, die in den Talkessel hinabführen, und der anschließende Fußsteig (Taf. 12, B) weisen in die Richtung von Taifa, wo zwei Tempel aus römischer Zeit gestanden haben; von dort könnten und werden solche Festzüge ausgegangen sein.

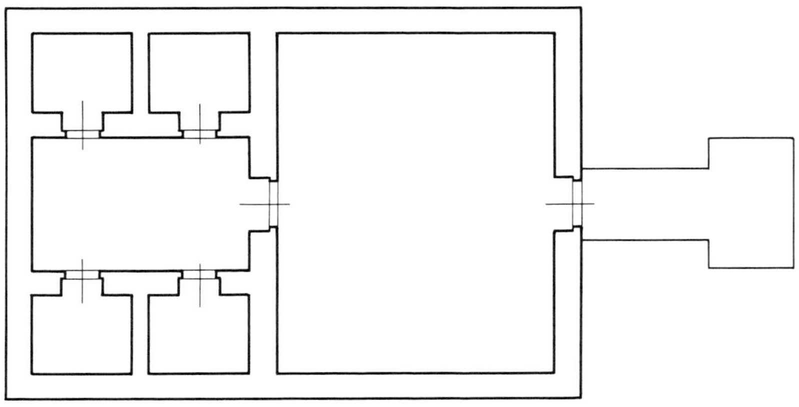

Abb. 48. Tempelgrundriss. Umzeichnung eines Felsbildes

Es ist möglich, daß die Talkapelle in der Inschrift gemeint ist, die im 4. Jahrhundert durch einen Kultverein der Isis an der Decke des Nordtempels von Taifa angebracht worden ist. Zucker hat dieser griechischen Inschrift ihren Sinn abgewonnen:[91] Ein Isisverehrer hat die Summe von 10200 (oder 10900) Talenten gestiftet, von der eine *στοὰ λέγεται χάντ* gebaut werden soll, also ein Schutzdach oder eine Halle, die ägyptisch *ḫnt* genannt wird. Roeder war der Ansicht, daß damit der Nordtempel selbst gemeint sei, in dem die Inschrift steht, besonders weil dieser Tempel im Typ einer ägyptischen Vorhalle entspricht, die in den Bau- und Widmungsinschriften der Vorhalle des Tempels von Dendera mit bezeichnet wird.[92] Dazu hat Zucker bemerkt, daß die aufgewendete Summe, deren Wert er im Jahre 1912 mit rund 425–450 Goldmark berechnet hat, nicht zum Bau des Nordtempels von Taifa ausgereicht hätte, und daß dieser kaum erst im 4. Jahrhundert errichtet worden sei. Man könne die Inschrift auch auf die baulichen Veränderungen beziehen, die am Nordtempel festzustellen sind. "Freilich steht dieser Annahme der Ausdruck *ἐποιησεν στοά(ν)* entschieden entgegen, den man doch eigentlich im Sinne der Stiftung des ganzen Gebäudes verstehen müßte. Aber es fällt schwer, die Inschrift auf ein anderes Gebäude zu beziehen als das, in welchem sie angebracht ist; die Ausdrucksweise des ersten Satzes wäre dann allerdings von ganz außergewöhnlicher Ungeschicklichkeit, und die Möglichkeit, daß nicht *die* Halle, sondern eine andere Halle gemeint ist, muß offen bleiben."

Falls in der Inschrift die Talkapelle gemeint sein sollte, kann sie erst im 4. Jahrhundert errichtet worden sein, also nach dem Abzug der römischen Garnison aus Taifa. Am Bau selbst sagt die Form der Flügelsonnen, besonders die Form der von den Sonnenscheiben herabhängenden Uräen mit "Vogelköpfen" und Atefkrone auf dem einen, Doppelkrone auf dem anderen Kopf lediglich aus, daß die Talkapelle in die "späte römische Zeit" gehört; eine genauere Datierung ist von dorther nicht möglich. Der in der Inschrift genannte Baumeister "Sylvanus der Jüngere" kann aber auch im 4. Jahrhundert n. Chr. nicht in anderen Formen gebaut haben.

Gehören der Nordtempel von Taifa und die Talkapelle in der durch die Inschrift gegebenen Weise zusammen, so kann das Prozessionsbild, das zwischen beiden hin- und hergetragen wurde, nur eine Statue der Isis gewesen sein. Aber ebensogut könnte die Talkapelle vom Südtempel von Taifa abhängig gewesen sein, von dem wir nicht wissen, welcher Gottheit er geweiht war. In der Nische, die sich in der Rückwand der Talkapelle befindet, könnte eine Steinplatte gesessen haben mit einer Inschrift, aus der sich der Sinn der Kapelle entnehmen ließ. Leider ist nichts dergleichen gefunden worden.

FELSZEICHNUNGEN

Auf der Geländestufe unmittelbar östlich neben dem Talkessel, in dem die Reste der Talkapelle liegen, sind verschiedene Zeichnungen in ungefähr waagerecht liegende Felsflächen eingeritzt worden. Anscheinend gehören diese vereinzelten Darstellungen in die Zeit der Benutzung der Kapelle, ohne daß sich eine Beziehung zwischen ihnen und dem Betrieb in der Kapelle feststellen läßt.

Abb. 49. Felsbild. Schlange im Vierpass gelegt

1. Plan eines Gebäudes (Taf. 15, A), der sich ohne Schwierigkeiten in unsere Zeichenweise übertragen läßt (Abb. 48). Die Raumanordnung des hinteren Abschnitts erinnert entfernt an die der römischen Profanbauten in Taifa,[93] doch ist fraglos ein Tempel dargestellt, denn dem Hof ist ein Quai vorgelagert. Ob ein bestimmter Tempel gemeint ist, bleibt ungewiß, es ist jedenfalls keiner mit gleichem Grundriß bekannt.
2. Darstellung einer Opfertafel in Form eines Labyrinths (Taf. 15, B). Opfertafeln ähnlicher Form aus römischer

91. Friedrich Zucker, Debod bis Bab Kalabsche III, S. 155–164.

92. Zucker, a. a. O. S. 160 § 7.

93. Monneret de Villard, La Nubia romana, Fig. 23.

Zeit sind in Ägypten mehrfach gefunden worden, doch befindet sich bei diesen in der Mitte ein versenktes Bassin, in das Stufen hinunterführen und in dem ein Krokodil liegt.[94]

3. Rechtecke mit diagonalen Teilungen (Taf. 15, C). Eine ähnliche Felszeichnung hat H. A. Winkler bei der Oase Dachle gesehen und für modern gehalten: "Another singular drawing was possibly inspired by the British flag which these Arabs saw here in the desert during the war."[95] Diese Deutung dürfte ein Irrtum sein.
4. Sogenannte "Isisblumen" (Taf. 15, D). Dieses Symbol der Isis von Philä kommt in Unternubien oft vor,[96] die Einritzung an dieser Stelle kann daher nicht als sicherer Hinweis auf den Kult in der Talkapelle aufgefaßt werden.
5. Eine zu einem Vierpaß zusammengelegte Schlange (Abb. 49). Es ließ sich bisher keine Parallele zu dieser höchst besonderen Form finden, die kaum an diesem Ort erfunden worden ist.
6. Ein Achteck mit geometrischer Innenaufteilung (Abb. 50). Es handelt sich vielleicht um ein "Spielbrett," wie modern eines mit quadratischen Feldern an so vielen Stellen in Ägypten vorkommt. Neben dem Achteck sind kurze parallele Striche in zwei Gruppen eingeritzt, wohl als Markierung gewonnener Punkte oder Spiele. Die Zeichnungen Nr. 3 könnten ebenfalls einfachere Spielbretter sein.

Abb. 50. Felszeichnung. Phot. Gerster 960/12

DIE FLUCHTDÖRFER

FLUCHTDÖRFER RÖMISCHER ZEIT

In dem rund drei Kilometer langen Gebiet zwischen Bêt el-Wali im Süden und Chor Girtrud im Norden befindet sich an drei verschiedenen Stellen in der Wüste je eine Ansammlung kleiner Bauten, deren Mauern aus losen Steinen ohne Mörtel errichtet worden sind (Karte Abb. 51 bei FD 1–3). Diese Bauten sind an den drei festgestellten Plätzen sehr unterschiedlich erhalten, was an der natürlichen Verschiedenheit des verwendeten Steinmaterials liegt. An dem Platz FD 1 sind die Bauten am wenigsten zerstört, weil hier die benutzten Steine flach sind, also sicher aufeinanderliegen. An den beiden anderen Plätzen sind die Steine rundlicher, die Mauern sind daher weitgehend eingefallen.

Die am besten erhaltene Ansammlung von Bauten (Taf. 16) haben wir aufgemessen (Abb. 52). Sie ist am Abhang eines Wüstentales angelegt, einen halben Kilometer vom Flußufer entfernt und so hinter einer Biegung des Tales verborgen, daß sie vom Fruchtland aus nicht zu sehen ist. Das gilt auch von den beiden anderen Plätzen, unter denen FD 2 doppelt so weit vom Ufer entfernt liegt. Die Bauten sind an natürlichen Geländestufen entlang errichtet worden. Meistens lehnen sie sich an diese Stufen an (Taf. 17), einige reichen in sie hinein in natürliche Aushöhlungen. Überwiegend sind es kleine Rundhütten, doch kommen vereinzelt auch Bauten mit rechteckigem Grundriß vor, nur mit einem Raum oder auch mit mehreren Räumen (Abb. 53), und in wenigen Fällen sind rechteckige und runde Räume aneinandergebaut (Abb. 54). Einige Räume waren mit Steinplatten überdeckt, die übrigen werden leichte Dächer gehabt haben, etwa aus Zweigen mit Matten darüber. Ein einziges Rechteckhaus hat einen Fußboden aus Steinplatten.

In den Häusern und Hütten ist nichts gefunden worden. An einigen Stellen unmittelbar vor oder neben einem Bau lagen Scherben von großen tönernen Wasserkrügen aus römischer Zeit. Diese Scherben sind alle winzig klein, als habe man die Krüge mit Absicht zerschlagen. Nur die Henkel am Hals und die massive Spitze dieser Krüge haben der Zerkleinerung widerstanden, nur aus ihnen ist die einstige Form der Gefäße zu entnehmen. Ob unter den pfenniggroßen Scherben auch solche von Töpfen anderer Formen sind, kann nicht festgestellt werden. Der Sinn der vorgenommenen Zerstörung bleibt unerfindlich.

Welchem Zweck dienten die gebauten Anlagen? Es bieten sich zwei Deutungen an, zwischen denen auch dann kaum zu entscheiden sein wird, wenn an anderen solchen Plätzen etwa Einzelfunde gemacht werden sollten. Jeder Deutungsversuch muß von drei Feststellungen ausgehen:

1. Die Rundhütten sind zu klein, um als menschliche Behausungen gedient zu haben. Es könnte sich um Ställe für Kleinvieh handeln.

94. Ahmed Bey Kamal, Tables d'offrandes, Cairo 1909, Cat. Gén. Caire 23214 et 23216; Evaristo Breccia, Le Musée Greco-Romain (d'Alexandrie) 1925–1931 Pl. XXVI.

95. Hans Alexander Winkler, Rock drawings of southern Upper Egypt II, London 1939, p. 14 Pl. II, 1; Robichon hat bei Soleb ein Ostrakon gefunden mit ähnlichen Zeichen darauf (Orientalia 31 [1962] Fasc. 1 Tab. XVI Fig. 3), die er für Wiedergaben kleiner Pyramiden hält, was ich bezweifle.

96. Roeder, Die Blumen der Isis von Philä, ÄZ 48 (1910) S. 115 ff.

2. Die rechteckigen Räume können Menschen beherbergt haben. Die lichte Raumhöhe von nur 145–150 cm, die sich an gut erhaltenen Mauern messen läßt, ist jedoch für eine dauernde Bewohnung zu niedrig.

3. Es sind sehr viel mehr Rundhütten vorhanden als Rechteckbauten. Wenn es auch wenige Beispiele gibt, in denen Rundhütten mit einem Rechteckbau in direkter Verbindung stehen, so scheint doch die ganze Anlage nicht aus Gehöften zu bestehen, die je aus einem Wohnhaus und einer Anzahl von Rundhütten für Vieh und Vorräte bestünden.

Es läßt sich vorstellen, daß Häuser und Hütten durch Nomaden oder Halbnomaden vorübergehend benutzt worden sind, etwa während einer Erntezeit im Fruchtlande. Das Fehlen von genügend Wohnräumen wäre dadurch zu erklären, daß die Nomaden ihre Zelte vor den Rundhütten aufschlugen, während in den festen Wohnhäusern besondere Wächter untergebracht waren, die den Ort zu bewachen hatten, wenn sonst niemand anwesend war. Gegen diese Deutung ist jedoch einzuwenden, daß alle diese Plätze sehr weit vom Fluß entfernt liegen, bis zu einem Kilometer, alles Wasser für Menschen und Vieh also sehr weit transportiert werden mußte, und daß der Weg zu den abzuerntenden Feldern sehr lang wäre.

Die große Entfernung der Bauten vom Fruchtlande und ihre gegen Sicht abgeschirmte Lage wird einem Bedürfnis ihrer Benutzer nach Sicherheit entsprechen, etwa nach Schutz vor Räuberbanden, die gelegentlich durch das Niltal zogen. Die Bauern mögen sich und ihre Habe aus den Dörfern am Rande des bebauten Landes vor solchen Banden in die Wüste gerettet haben und werden an ihre ständigen Wohnsitze zurückgekehrt sein, wenn die Gefahr vorüber war. Wir hätten an den drei festgestellten Plätzen also Fluchtdörfer vor uns.

Monneret de Villard, der den Platz FD 1 ebenfalls gefunden hat und Ger Belaṭ nennt, ist der Ansicht, daß es sich wahrscheinlich um ein Dorf der Blemyer handelt.[97] Das kommt der hier zuerst geäußerten Deutung nahe, und es gelten auch hierfür die dort erhobenen Einwände.

97. Monneret de Villard, La Nubia medioevale I p. 29 Fig. 18–20 "Ger Belaṭ"; p. 42 Fig. 21 "Mohsen ed Dîn"; p. 56 Fig. 50–52 "Digber."

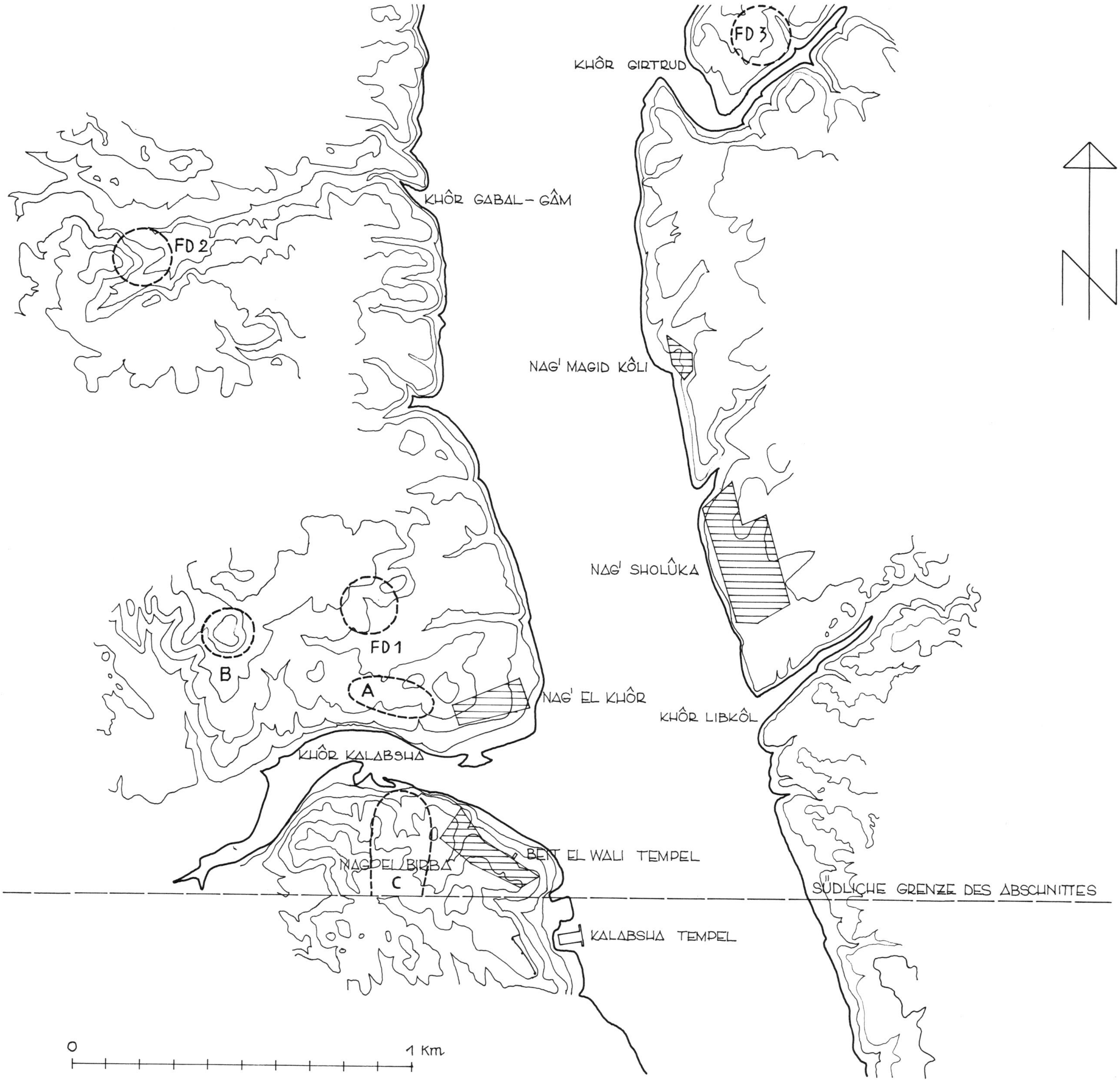

Abb. 51. Von Khor Girtrud bis Kalabsche. Karte 1:150,000. FD 1–3 = Fluchtdörfer 1–3. A, B, C = Gräberfelder A, B und C

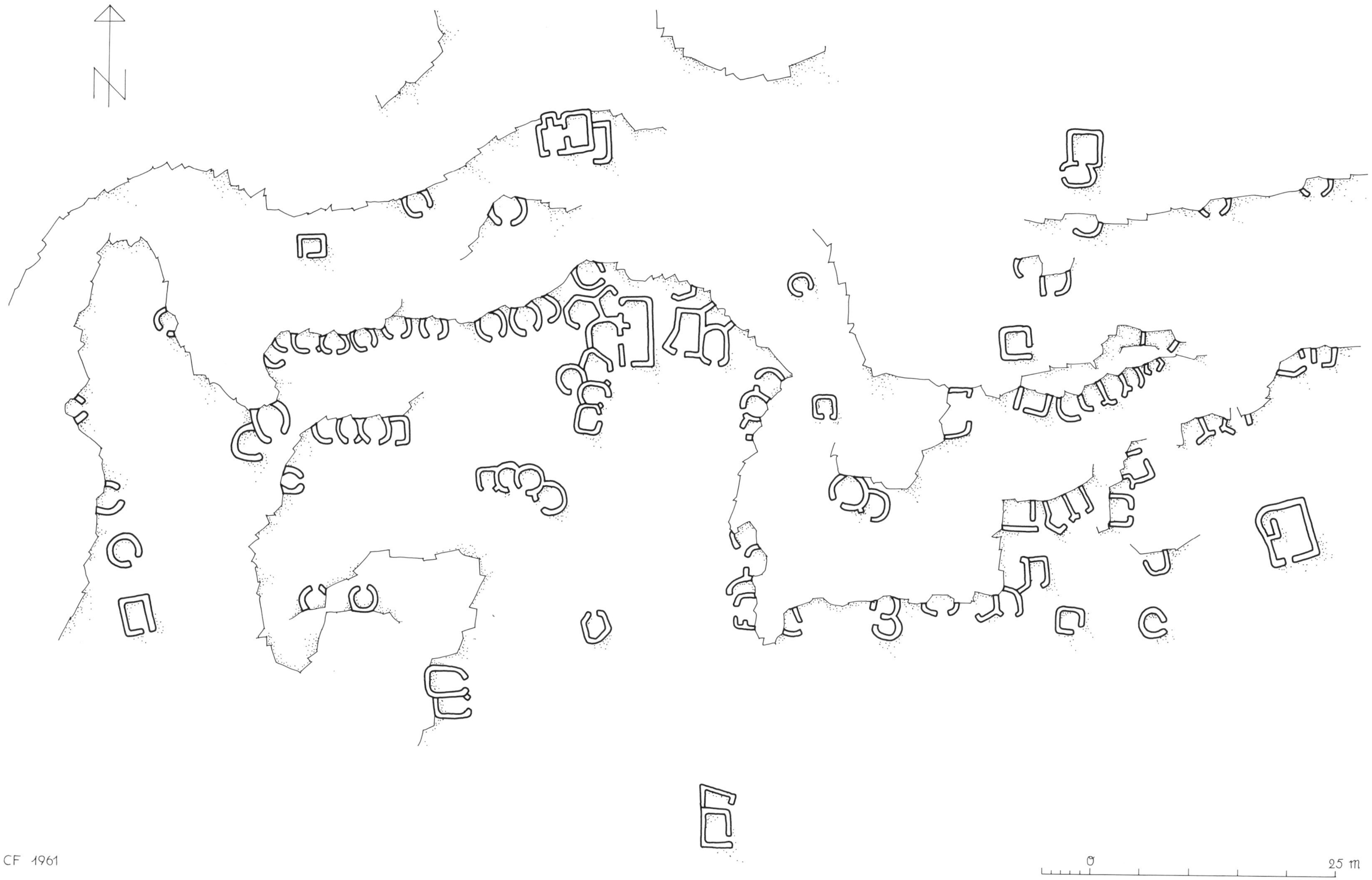

ABB. 52. PLAN DES FLUCHTDORFES FD 1 NORDWESTLICH VON KALABSCHE. MASSTAB 1:400

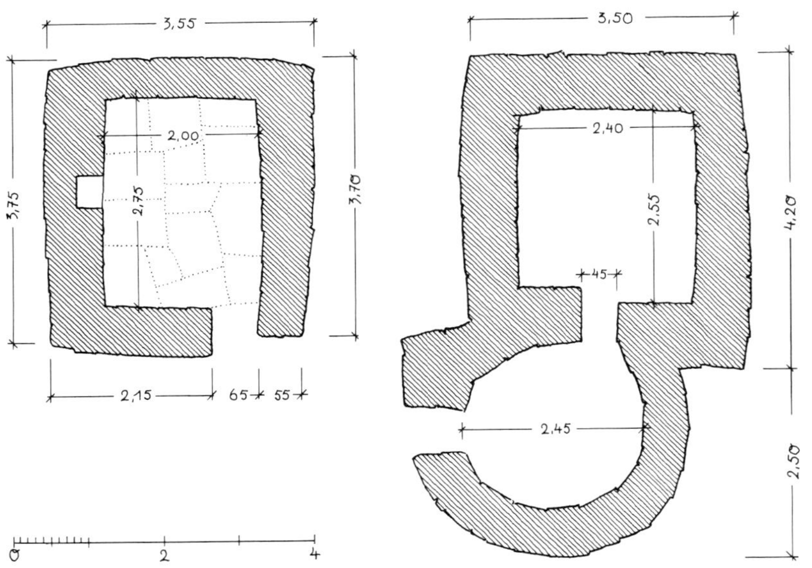

Abb. 53. Fluchtdorf FD 1. Kleine Wohnhäuser. Masstab 1:100

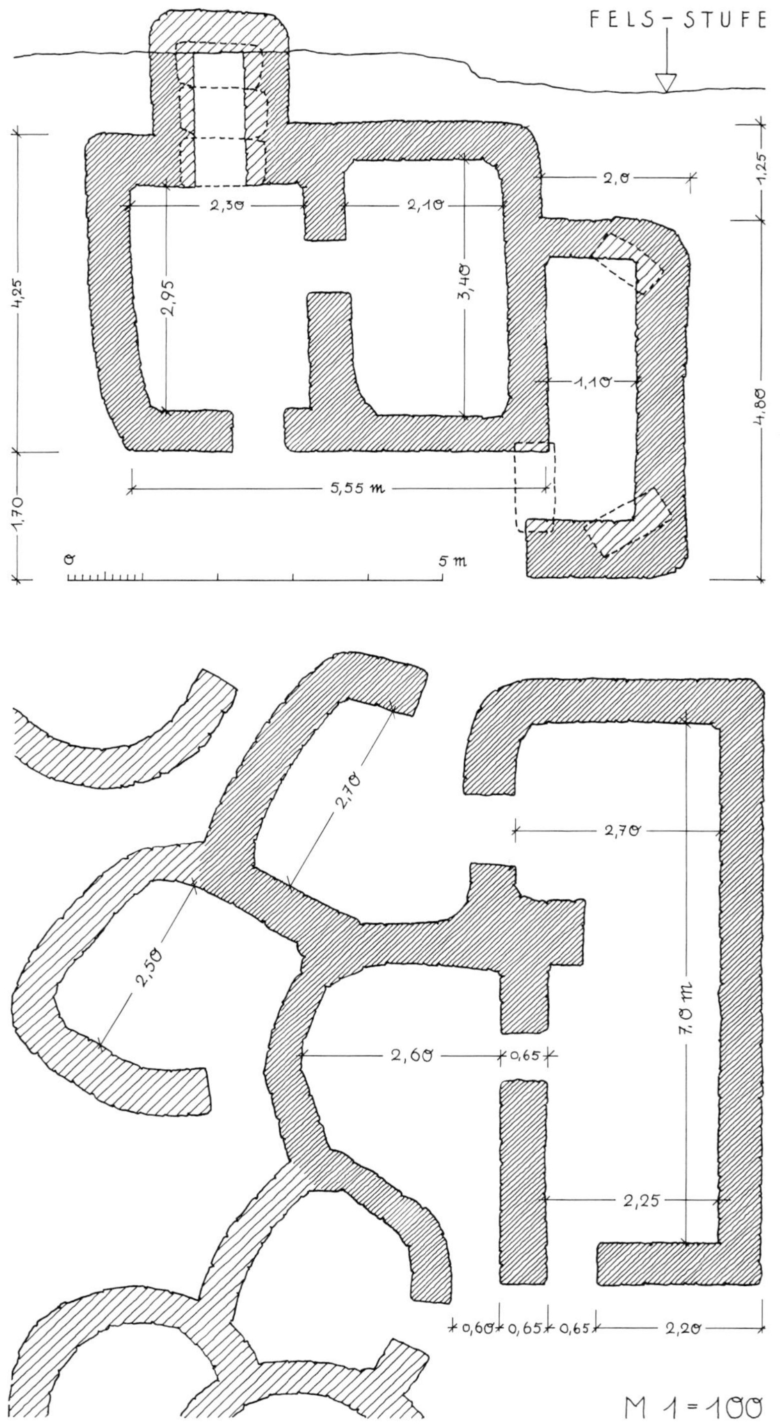

Abb. 54. Fluchtdorf FD 1. Mehrräumige Wohnhäuser. Masstab 1:100

EIN FLUCHTDORF CHRISTLICHER ZEIT

Daß Nubien auch noch in christlicher Zeit sehr unsicher war, beweisen die starken Befestigungen um ein kleines Dorf, dessen Reste sich auf einer Insel im Bab Kalabsche vor der Ortschaft Darmus auf dem Ostufer des Stausees befinden (Karte Abb. 1 bei DM). Der befestigte Ort bedeckte ursprünglich die ganze Hochfläche der Insel, das zeigen die Baureste auf der Nordhälfte, geringste Reste von Ziegelmauern auf der Südhälfte und ein kleiner Befestigungsrest an der Südspitze der Insel (Abb. 55).

Die Nordhälfte der Insel haben wir ausgegraben (Abb. 56). Sie ist bedeckt mit Resten von dünnen Mauern aus ungebrannten Ziegeln, die an vielen Stellen über anstehende Felsblöcke hinweggebaut waren. Sie stammen zweifellos von Wohnhäusern, deren Raumbestand sich nur noch in zwei Fällen bestimmen läßt. Sonst sind nur einzelne Räume und zusammenhanglose Mauern festzustellen. Ein rechteckiger Bezirk von 12 m auf 14 m, der von dünnen Mauern umgeben ist, könnte eine Kapelle enthalten haben (Taf. 18, A); das bleibt jedoch nur eine Vermutung, weil die geringen Reste keine Ergänzung zulassen.

Aus welcher Zeit stammen diese Hausreste? J. L. Burckhardt, der am 25. Februar 1813 an Darmus vorbeigeritten ist, hat die Insel davor anscheinend für bewohnt gehalten. Er hat auf seinem Wege nach Süden, den er auf dem Ostufer genommen hat, das Gebirge südlich von Contra Taphis auf einem Kamel überquert: "We descended again to the bank of the river in one hour, and passed the village of Darmout (درموت), built partly upon a rocky island, and partly upon the high rocks of the eastern shore."[98] Aus der angegebenen Reisezeit—eine Kamelstunde gleich 4 km—geht hervor, daß Burckhardts Darmout das heutige Dorf Darmus ist, auch wenn Burckhardt in der Beschreibung seiner Rückreise auf dem Westufer die Insel versehentlich an eine andere Stelle versetzt: "We halted for the night, a little way beyond Dar el Waly, at Khortum (خرطم) a village opposite the island of Darmout . . . ".[99] Das dürfte eine Verwechslung mit einer anderen Insel sein, denn das Dorf Chartum liegt fast 2 km südlicher als Darmus.

Burckhardt könnte sich auch darin getäuscht haben, daß die Insel vor Darmus in seiner Zeit noch bewohnt war. Außer den Resten eines einzigen modernen, seit längerer Zeit verlassenen Hauses scheinen alle Mauern alt zu sein. Die Befestigung der Insel bestand aus einer Mauer, die aus großen und kleinen Feldsteinen sorgfältig gepackt worden ist (Taf. 18, B). Sie umzog einst die ganze Hochfläche der Insel, deren ansteigendem und absteigendem Rande folgend. Es sind große Teile davon erhalten, besonders in der Nordhälfte der Insel. An den drei Ecken der Hochfläche sind abgerundete Bastionen angelegt, von denen die Bastion an der Nordwest-Ecke einen Raum mit Ziegelmauern trug, wohl ein Wächterzimmer.

Der einzige feststellbare Zugang zum eingeschlossenen Bezirk liegt auf der sehr steil abfallenden Ostseite, dem Dorfe auf dem Festlande zugewandt. Die Bewohner von Darmus geben an, daß bei Niedrigwasser eine trockene Verbindung zwischen der Insel und dem Festlande besteht. Die längste Zeit des Jahres aber war der befestigte Ort von Wasser umgeben, was seine Sicherheit wesentlich erhöht hat.

98. John Lewis Burckhardt, Travels in Nubia, London 1819, p. 10.

99. Burckhardt, a. a. O. p. 120.

Aus welcher Zeit stammt die Bebauung der Insel, und wie lange ist diese bewohnt gewesen? Was auf der Insel im Schutt aufgelesen worden ist (Abb. 70 und 71), stammt aus christlicher bis islamischer Zeit. Zwei hier gefundene Kupfermünzen aus dem 14. Jahrhundert sind jedoch als Streufunde ein viel zu unsicheres Anzeichen für die mögliche Dauer der Bewohnung. Heute wird die Südhälfte der Insel dazu benutzt, Durrastroh zum Trocknen auszubreiten.

Die Befestigung der Insel mit einer durchschnittlich 1,50 m dicken Mauer aus Feldsteinen ist ein so großes Unternehmen, daß kaum angenommen werden kann, sie sei von den Bewohnern des kleinen eingeschlossenen Dorfes geleistet worden. Viel wahrscheinlicher ist es, daß die Insel als Fluchtburg eingerichtet worden ist für die Bewohner des großen Dorfes auf dem Festlande, die sich bei Bedrohung hier zusammendrängten.

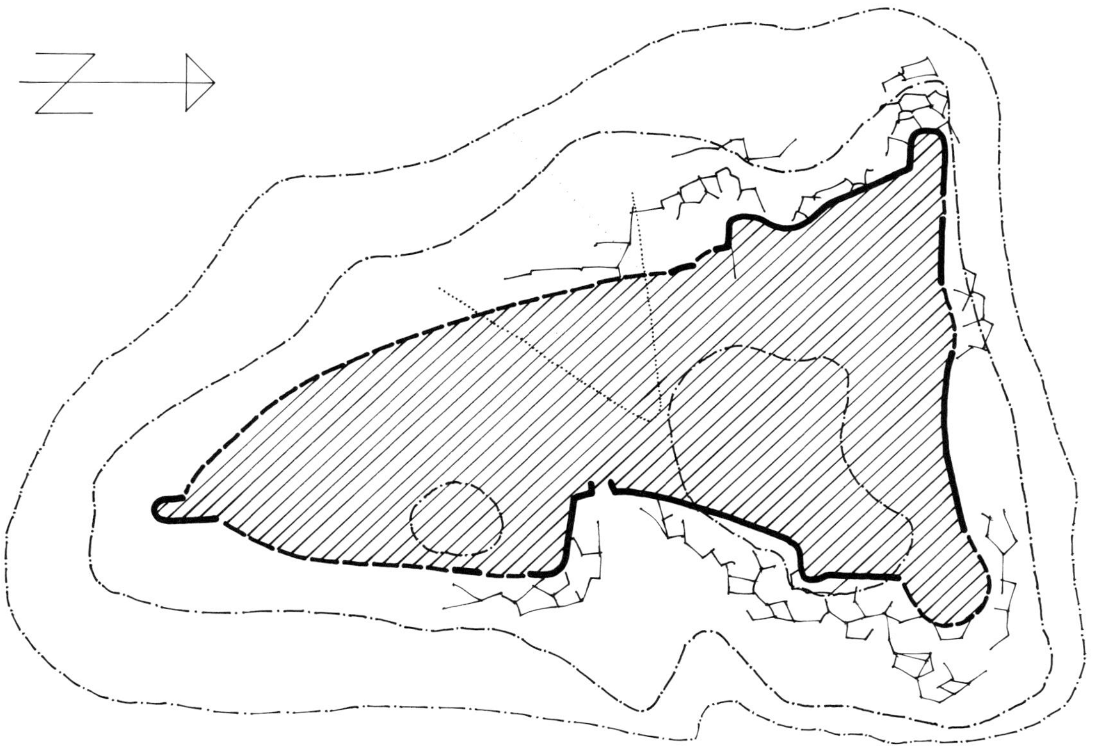

Abb. 55. Plan der Insel vor dem Dorf Darmus. Masstab 1:500

DIE GRÄBERFELDER

BESCHREIBUNG

Innerhalb ihrer Konzession hat unsere Expedition in verschiedenen Gegenden eine größere Anzahl von Gräbern freigelegt, die nicht in geschlossenen Friedhöfen liegen, sondern in weiten Abständen voneinander über Wüstengelände verstreut sind (Karte Abb. 1 bei A, B und C; Karte Abb. 51 bei D und E). Die rund 500 Gräber gehören alle dem gleichen Typ an: man hat für jede Beisetzung einen natürlichen Spalt im Felsboden aufgesucht, den Leichnam und die Beigaben hineingelegt und dann über der aufgefüllten "Grabkammer" einen Oberbau aus ringsum aufgelesenen Feldsteinen errichtet. Die Lage der Gräber ist also durch das Vorkommen entsprechend großer Felsspalten bestimmt worden, weshalb die Gräber so weit verstreut liegen (Taf. 19, A). Alle Gräber ohne Ausnahme sind lange vor unserer Untersuchung beraubt worden. Dabei ist kein Oberbau unberührt geblieben, überall sind die Steine nach allen Seiten fortgeräumt worden (Taf. 19, B); am wahrscheinlichsten war jeder Oberbau ein nahezu runder, flachgewölbter Hügel einfachster Art.

Der Inhalt der Gräber ist von den Dieben so gründlich ausgenommen worden, daß in den weitaus meisten Gräbern nicht einmal Knochenreste zurückgeblieben sind. Solche fanden sich, fast restlos verwittert, in Spuren um die einzelnen Gräber verstreut. Aus dem Zustande der Knochenreste ist zu schließen, daß die Gräber schon vor langer Zeit beraubt worden sind, etwa angeregt durch die wissenschaftlichen Ausgrabungen von Friedhöfen für den Archaeological Survey of Nubia seit 1907.

Die Ausbeute an Grabbeigaben ist unter diesen Umständen natürlich sehr gering. Es handelt sich dabei hauptsächlich um Scherben von Tongefäßen und auch um eine Anzahl heiler Gefäße, die durch irgendeinen Zufall von den Grabräubern übersehen worden sind. Diese Gefäße haben meist Formen der sogenannten X-Gruppe, gehören also in die spätrömische-byzantinische Zeit. In einem Grabe des Gräberfeldes E nördlich vom Bab Kalabsche sind spätrömische Kupfermünzen aus dem Zeitraum von 330–346 n. Chr. gefunden worden (Abb. 57),[100] sie geben ein Datum post quem.

FÜRSTENGRÄBER

Aus all den untersuchten Gräbern unseres Gebiets ragt auf dem Gräberfeld B eine kleine Anzahl von monumentalen Gräbern hervor, die zwischen große Felsblöcke eingebaut auf dem unteren Rande eines steilen Bergkegels liegen, des Gebel Khor Abu Sinna, etwa 1 km nordwestlich von Bêt el-Wali (Karte Abb. 51 bei B und Abb. 58).

100. Bestimmt durch Dr. D. Kienast im Seminar für Hilfswissenschaften der Archäologie, Universität Frankfurt a. M. Dafür sei hier gedankt.

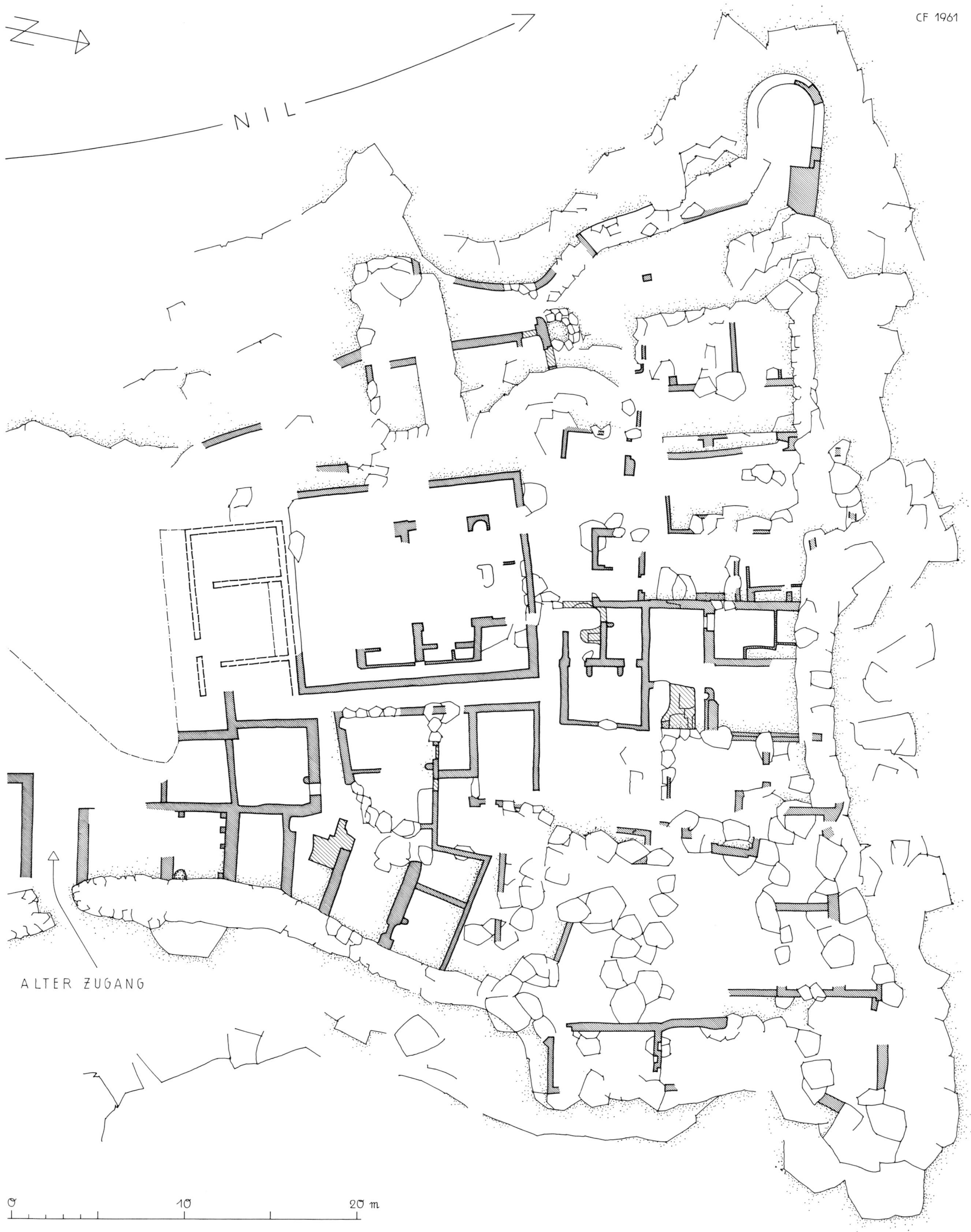

Abb. 56. Insel vor Darmus. Plan der Hausreste und der Befestigung auf der Nordhälfte der Insel. Masstab 1:250

Die sechs Gräber B 1–3 und B 6–8 unterscheiden sich von all den kleinen, von uns untersuchten Hügelgräbern durch ihre Größe und ihre Form, die die Grabräuber nicht zerstören mußten, um an den Grabinhalt zu gelangen; ausgeraubt sind sie ebenso gründlich wie alle übrigen Gräber. Der Grabhügel ist nicht nach der Beisetzung über einem aufgefüllten Felsspalt errichtet worden, sondern er ist unter Aussparung der ovalen Grabkammer in Form eines flachen Bienenkorbes über dem Felsboden aus flachen Steinen aufgeschichtet worden. Der ungefähr runde Grabhügel hat einen äußeren Durchmesser von 3,5–4,5 m, die Grabgrube darin ist bei allen Gräbern nicht groß genug, um einen ausgestreckten Leichnam aufnehmen zu können. Jeder Grabhügel ist mit einer Umfassungsmauer versehen, die jedoch nicht bei allen großen Gräbern gleich angeordnet ist.

Abb. 57. Spätrömische Kupfermünzen vom Gräberfeld E, Grab 6. Masstab 1:1

Nr. 1. Vs. CONSTANTI/NOPOLIS, behelmter Kopf mit Szepter nach links

Follis Rs. Victoria mit Szepter und Schild stehend nach links, Fuss auf Prora

Münzstätte Nikodemia? Münzzeichen (S)MNΓ? Coh. 21 Geprägt 330–335

Nr. 2 Vs. CONSTANTI/NOPOLIS, behelmter Kopf mit Szepter nach links

Follis Rs. Victoria mit Szepter und Schild stehend nach links, Fuss auf Prora

Münzstätte Rom? Münzzeichen (R)FE? Coh. 21 Geprägt 330–335

Nr. 3 Vs. CONSTANTI/NOPOLIS, behelmter Kopf mit Szepter nach links

Follis Rs. GLOR/IA EXERC/ITUS, zwei Krieger, zwischen ihnen ein Feldzeichen

Münzstätten-Zeichen nicht erkennbar. Coh. 4 Geprägt 335–340

Nr. 4 Vs. DN CONST/(ANS PF AVG), Kopf mit Diadem nach rechts

Follis Rs. VOT / XX / MVLT / XXX im Kranz

Münzzeichen nicht erkennbar. Coh. 197 Geprägt im Osten 341–346

Die sechs großen Gräber zerfallen in zwei Gruppen von je drei Gräbern. Die etwas kleineren B 1–3 auf der Südostseite des Bergkegels (Taf. 20, A) sind nahe aneinandergerückt. Bei ihnen ist die Umfassungsmauer mit dem Grabhügel zusammengewachsen (Abb. 59), ihr äußerer Durchmesser beträgt 5 m bis 5,60 m, das Mauerwerk steht bis zu 1,45 m hoch an. Sonst aber sind diese drei Gräber so weitgehend zerfallen, daß weitere Besonderheiten nicht mehr festgestellt werden konnten. Kultanlagen scheinen hier nicht vorhanden gewesen zu sein, jedenfalls sind keine Reste von solchen erhalten. Weit besser erhalten sind die größeren Gräber B 6–8 auf der Westseite des Berges. Bei diesen ist zwischen dem Grabhügel und der Umfassungsmauer ein schmaler Umgang frei, in den auf der Talseite ein breiter, auf der Bergseite ein schmaler offener Zugang führt. Allen drei Gräbern ist ein ebener Hofraum mit Einbauten, offenbar Kultanlagen, vorgelagert. Die drei Gräber unterscheiden sich nur in Einzelheiten voneinander.

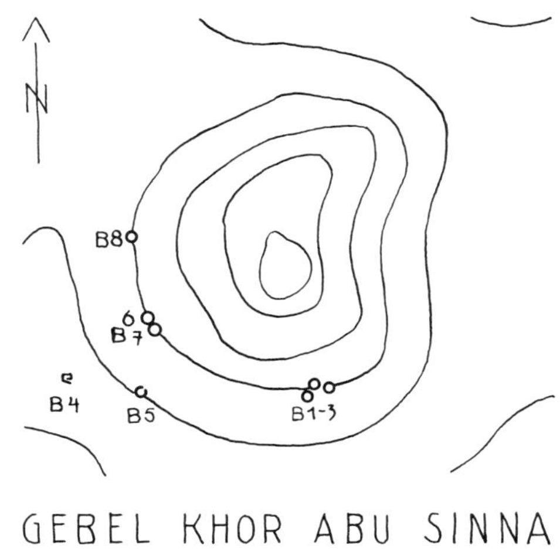

Abb. 58. Lageskizze der Gräber B 1–3 und B 6–8 sowie der Wächterhütten B 4–5 am Gebel Khor Abu Sinna

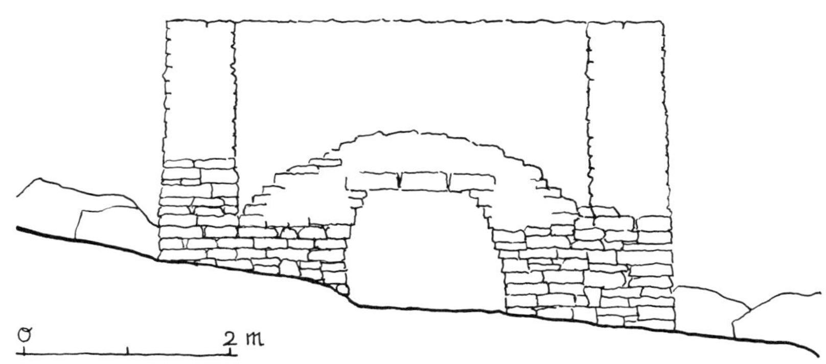

Abb. 59. Querschnitt durch Grab B 2. Masstab 1:75

Das G r a b B 7 (Abb. 60 und Taf. 21–22) ist innerhalb seiner Umfassungsmauer nicht gut erhalten. Der Grabhügel ist zu einem großen Teil abgetragen worden, anscheinend nicht durch Grabräuber, sondern durch eine vorhergehende Ausgrabung, denn das Steinmaterial ist außerhalb des Grabbezirks abgeworfen worden (Taf. 22, A links); sein äußerer Durchmesser beträgt rund 4,5 m. Die Grabkammer mißt 120 auf 130 cm und ist noch 105 cm hoch erhalten. Sie liegt in der Mitte des Hügels, doch ist an dessen Rand noch eine zweite Kammer eingebaut worden, offenbar nachträglich für eine weitere Bestattung.

Die sorgfältig aufgeschichtete Umfassungsmauer ist im Mittel 75 cm dick. Sie ist fast ganz erhalten, auf der Südostseite sogar bis zur ursprünglichen Höhe. Sie schloß oben waagerecht ab, war auf der Talseite 320 cm hoch, auf der Bergseite 87 cm. Der äußere Durchmesser beträgt 7,5 m, der Umgang zwischen Grabhügel und Umfassungsmauer ist rund 75 cm breit. Dem talseitigen Zugang ist ein 14 m tiefer Hof vorgelagert, der auf seiner Südwestseite durch merkwürdig unregelmäßige Konstruktionen begrenzt wird (Taf. 21 und 22, A), vor denen sich mehrere rechteckige Sockel befinden, alles das aus rohen Steinplatten aufgeschichtet wie das Grab selbst. Ob die

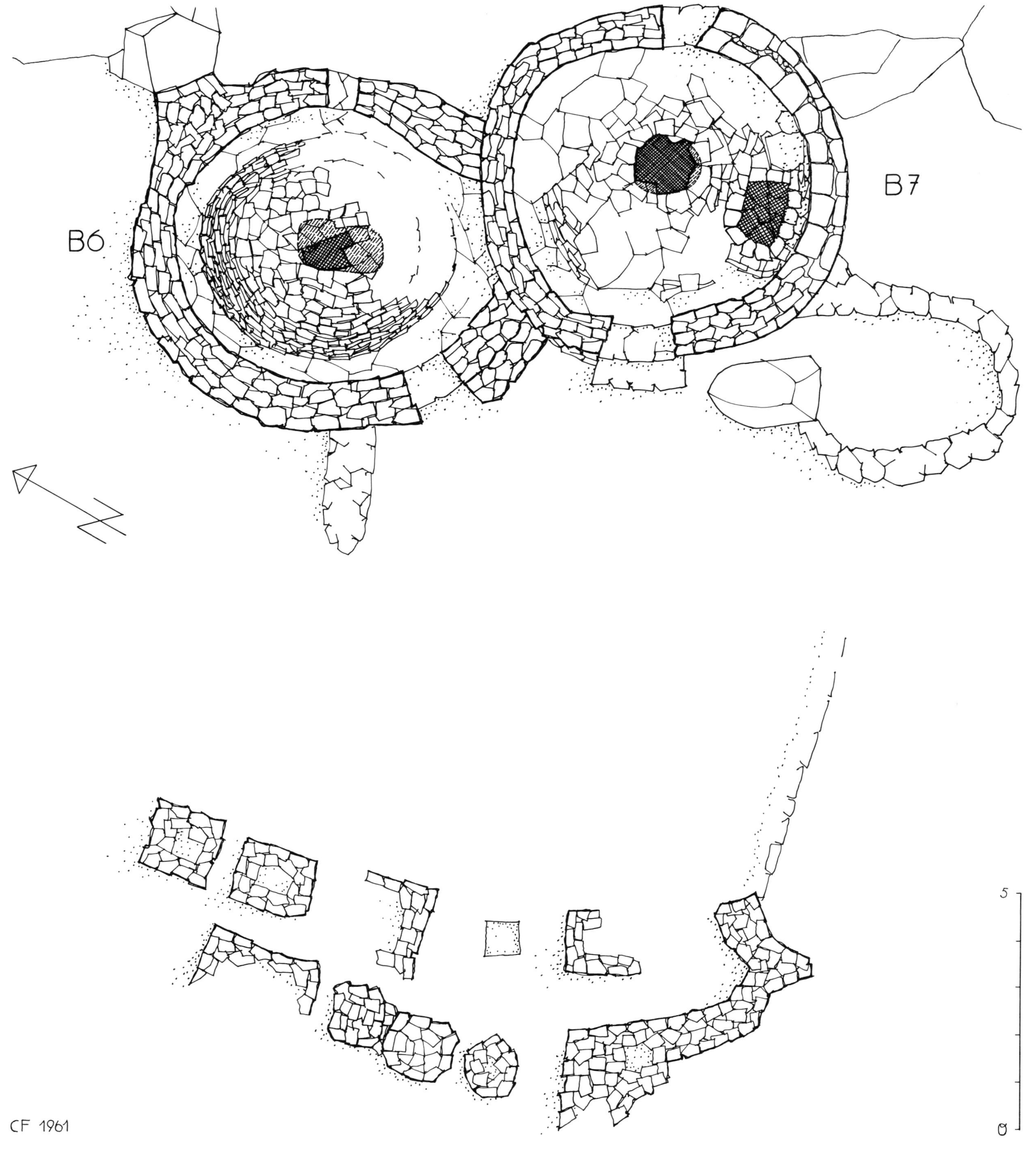

ABB. 60. PLAN DER GRÄBER B 6 UND B 7. MASSTAB 1:100

Einbauten Altäre waren, auf denen Opfergaben niedergelegt wurden, bleibt ungewiß. Doch ist das sehr wahrscheinlich, weil sonst keine Kultanlagen vorhanden sind, und die Zugänglichkeit des inneren Grabbezirks doch auf einen ständigen Totenkult schließen läßt.

Das Grab B 6 (Abb. 60 und Taf. 21, A) ist an das Grab B 7 angebaut worden, es hat die gleiche Größe wie dieses. Der Grabhügel ist fast ganz erhalten (Taf. 22, A). Die Grabkammer mißt 110 auf 160 cm und steht noch in ganzer Höhe von 150 cm, es fehlt nur die etwa 50 cm dick anzunehmende Abdeckung, die von den Grabräubern fortgenommen worden ist. Die Umfassungsmauer ist weit weniger gut geschichtet und daher auch nicht so gut erhalten wie die von B 7; rechts neben dem talseitigen Durchgang ist sie alt durch eine Verdoppelung gestützt worden, die noch schlechter aufgeschichtet worden ist als die Umfassungsmauer. Das Grab B 6 hat den Vorhof zu Grab B 7 mitbenutzt, doch scheint es, als sei dieser Vorhof zu diesem Zweck nach Norden zu erweitert worden.

Das Grab B 8 (Abb. 61 und Taf. 20, B) liegt weiter nördlich etwas höher am Berghang, es ist wenig kleiner als B 6 und B 7. Der Grabhügel ist gegen größere Felsblöcke angebaut worden, die 120 auf 140 cm große Grabkammer

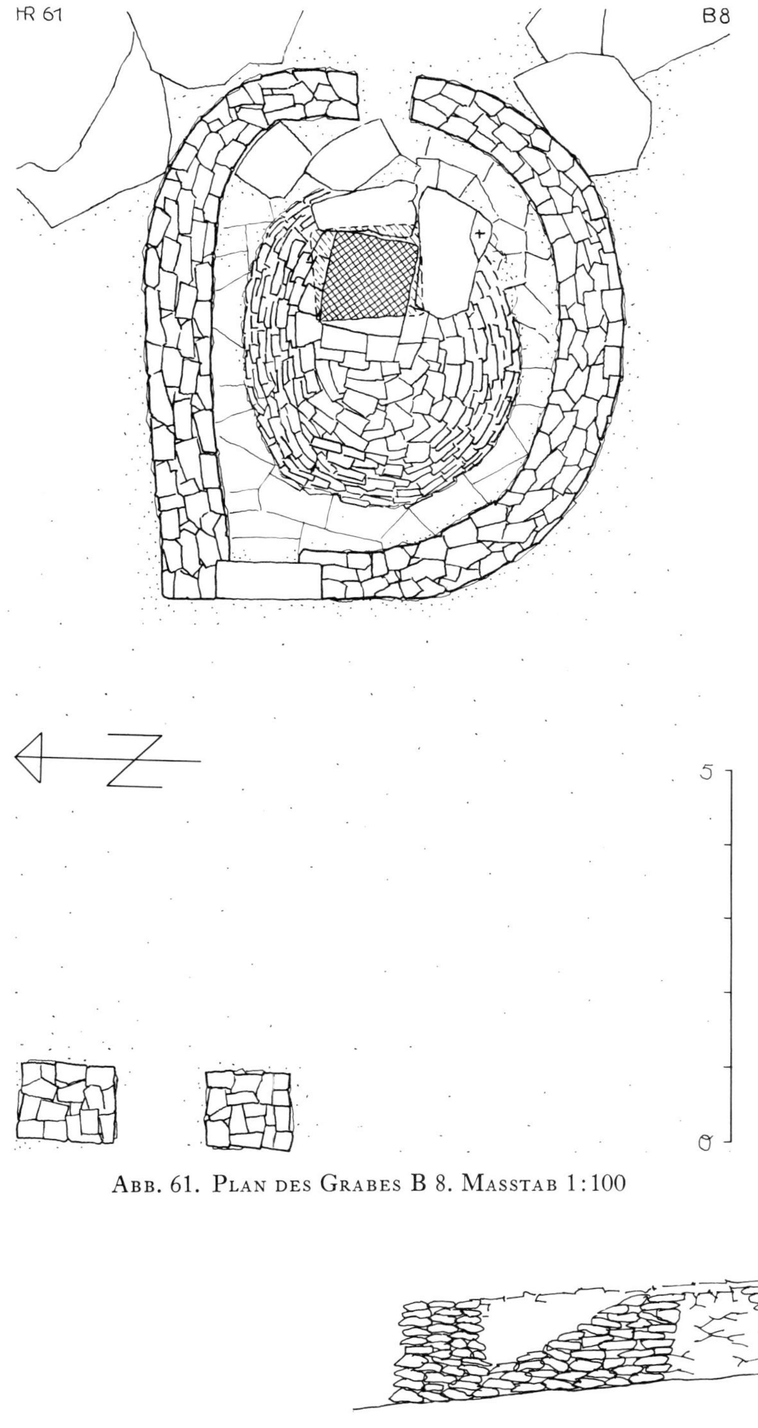

Abb. 61. Plan des Grabes B 8. Masstab 1:100

grenzt teilweise an diese Blöcke. Die Umfassungsmauer ist nicht ganz ringförmig, sondern bildet neben dem talseitigen Zugang einen Winkel. Dieser seitlich verschobene Zugang ist mit einer Steinplatte überdeckt, die freie Durchgangshöhe beträgt 190 cm. Die Umfassungsmauer steht noch 2 m hoch, an ihrer ursprünglichen Höhe scheint nur wenig zu fehlen. Obwohl die Steinplatten, aus denen sie aufgeschichtet ist, horizontal verlegt worden sind, scheint sie oben nicht waagerecht abgeschlossen zu haben

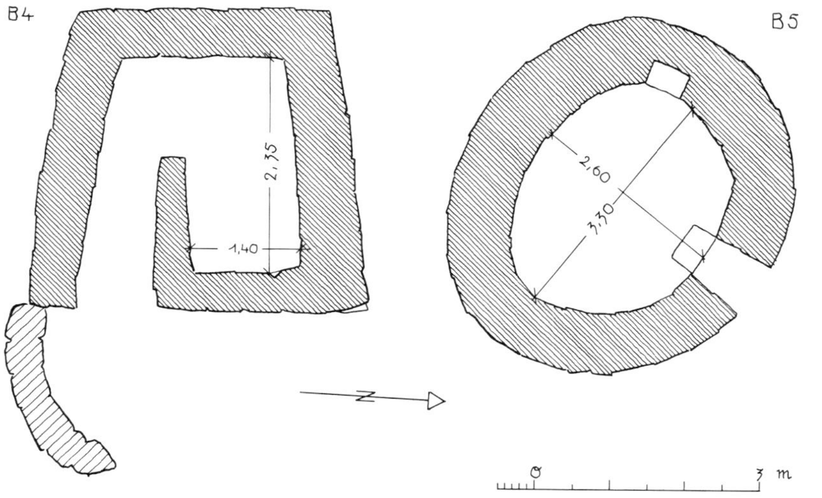

Abb. 62. Wächterhütten B 4 und B 5 auf dem Gräberfeld B. Masstab 1:100

wie bei B 7, sondern der schrägen Linie des Geländes gefolgt zu sein (Taf. 21, A linker Bildrand). Von den Kultanlagen dieses Grabes sind zwei kleine aus Steinplatten aufgeschichtete Sockel oder Altäre erhalten.

Leider sind die großen Gräber genau so gründlich ausgeraubt worden wie die von uns untersuchten kleinen Gräber B 9–14, die in weiten Abständen voneinander vereinzelt im gleichen Gebiet liegen. In keinem Grabe sind Knochenreste gefunden worden. Einzelne erhaltene Gefäße aus diesen Gräbern haben Formen der sogenannten X-Gruppe (Abb. 72), außerdem aber wurden hier bedeutsame Funde gemacht, die in Abschnitt II besonders zu behandeln sind.

Die Gräber B 1–3 und besonders B 6–8 ragen in ihrer Form und Größe soweit über alle anderen Gräber des gleichen Feldes und der anderen von uns untersuchten Gräberfelder hinaus, daß es sich nur um Fürstengräber handeln kann, wenigstens bei den Gräbern mit Kultanlagen B 6–8, während die Gräber ohne Kultanlagen B 1–3 Familienmitgliedern, etwa den Frauen der Fürsten gehört haben mögen. Und da die Gräber durch Funde in das 4.–5. Jahrhundert n. Chr. zu setzen sind, kann es sich nur um Fürsten oder Stammeshäuptlinge der Blemyes handeln, die sich hier haben beisetzen lassen, unfern von Kalabsche, das ein Hauptort dieses wilden Nomadenvolkes war.

Die großen Gräber scheinen bewacht gewesen zu sein, denn in ihrer Nähe befinden sich zwei Hütten beziehungsweise deren Reste, B 4 und B 5 (Abb. 62), die aus rohen

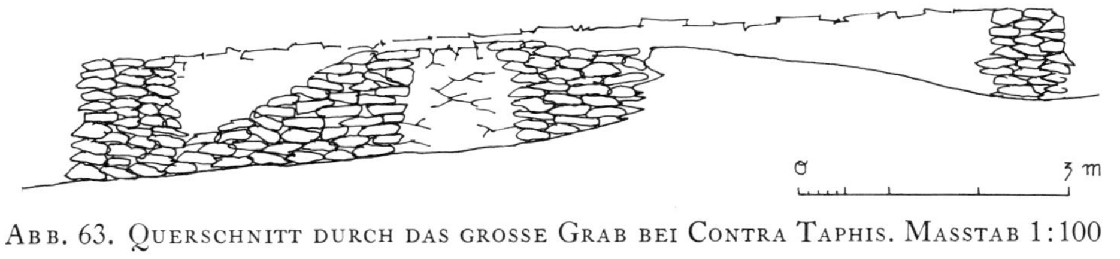

Abb. 63. Querschnitt durch das grosse Grab bei Contra Taphis. Masstab 1:100

Steinplatten genau so aufgeschichtet worden sind wie die Grabbauten. Die Hütte B 4 hat einen Grundriß, wie ihn das Schriftzeichen 𓉔 wiedergibt; an sie ist noch ein Windschirm aus losen Steinen angefügt worden (Taf. 22, B). Die Hütte B 5 hat einen ovalen Grundriß, einen vertieften Fußboden, nach dem eine Stufe hinunterführt, und eine Wandnische für das Aufstellen einer Lampe.

Auf dem Gräberfeld E nördlich vom Bab Kalabsche und südlich von Contra-Taphis liegen die Reste eines Grabes (E 5), das im Typ den großen Gräbern B 6–8 entspricht und diese in den Abmessungen noch übertrifft: der äußere Durchmesser des nicht ganz runden Grabbezirks beträgt im Mittel 10,20 m. Der flachgewölbte Grabhügel (Abb. 63) liegt nicht in der Mitte des Bezirks, er ist wegen eines herausragenden Felsblockes nach Westen zu verschoben worden. Die Grabkammer ist oval 110 × 70 cm und 105 cm hoch; sie war restlos ausgeplündert. Die 65–70 cm dicke Umfassungsmauer ist teilweise sehr zerfallen. Auf der Ostseite des Bezirks läßt sich ein etwa 1 m breiter Durchgang erkennen. Ob noch ein weiterer Durchgang vorhanden war wie in den Umfassungsmauern der Gräber B 6–8, konnte nicht festgestellt werden.

Auch das Grab E 5 muß wegen seiner Abmessungen ein Fürstengrab gewesen sein. Diese Fürstengräber der Blemyes lagen also nahe den Orten Talmis und Taphis, aus denen der König der Nobatai, Silko, die Blemyes in der Mitte des 6. Jahrhunderts vertrieben hat, wie er in seiner bekannten Inschrift im Tempel von Kalabsche berichtet hat.[101]

101. Henri Gauthier, Le Temple de Kalabchah I, Cairo 1911, p. 203–5.

II

DIE FUNDE

Aus den durch unsere Expedition ausgegrabenen Baudenkmälern und Gräbern sind nur verhältnismäßig wenige Funde zutage gekommen, weil alle untersuchten Objekte schon vor langer Zeit gründlich beraubt worden sind. Die Fundliste verzeichnet hauptsächlich Architekturteile, Opferbecken, Gefäße und Gefäßscherben, einige Münzen und schließlich Kleinstfunde wie Perlen aus verschiedenen Werkstoffen, Gewebe- und Lederreste.

Die Architekturteile, die Opferbecken und die Münzen werden in den folgenden Abschnitten nicht noch einmal beschrieben, weil das schon im ersten Teil dieses Berichtes geschehen ist. Die Architekturteile haben uns dazu gedient, die zugehörigen Gebäude zeichnerisch wiederherzustellen, was besonders für die Talkapelle bei Taifa gilt. Die Opfertafeln aus dem Bergheiligtum über dem Bab Kalabsche haben uns den ursprünglichen Zweck seines Mittelbaus erkennen lassen. Und die wenigen Münzen, die in den Ruinen auf der Insel vor Darmus und in dem Grabe E 6 auf dem Gräberfeld E nördlich vom Bab Kalabsche gefunden worden sind, ließen Schlüsse zur Datierung ihrer Fundplätze ziehen.

Wegen der weitgehenden Beraubung aller unserer Grabungsobjekte ist an keiner Stelle eine geschlossene Fundgruppe zutage gekommen. Für keines der vielen untersuchten Gräber ließ sich eine auch nur ungefähre Vorstellung davon gewinnen, was dem Toten während der Beisetzung ins Grab gelegt worden ist und in welcher Verteilung. Auf den folgenden Seiten werden deshalb die noch nicht besprochenen Funde nach Arten zusammengestellt. Es werden zunächst die Überreste von Glasgefäßen bekanntgemacht, die ausschließlich in und bei Gräbern des Friedhofs B am Gebel Khor Abu Sinna gefunden worden sind; darunter befindet sich unser bedeutendster Einzelfund, der römische Stangenbecher B 8/1. Es folgen dann die Tongefäße und endlich die wenigen Kleinstfunde.

GLASGEFÄSSE

In und bei einigen Gräbern des Gräberfeldes B am Gebel Khor Abu Sinna (Karte Abb. 51 bei B) sind Scherben von Glasgefäßen gefunden worden (Abb. 64). Durch einen fast ganz erhaltenen Stangenbecher aus dem Bezirk des Grabes B 8, der nach Form und Verzierung aus dem 4. Jahrhundert n. Chr. stammt, sind die übrigen Glasgefäße wohl ebenfalls datiert. Die Gräber, in denen diese Funde zutage gekommen sind, und damit das ganze Gräberfeld sind also in das spätere 4. Jahrhundert zu setzen. Es wird ja einige Zeit vergangen sein, ehe die Glasgefäße von ihrem Herstellungsort bis nach Unternubien geraten und hier als Beigaben in die Gräber gelegt worden sind, doch darf man sich diese Zeitspanne wegen der Zerbrechlichkeit der teilweise hauchdünnen Gefäße nicht zu groß vorstellen. Ob die Gläser auf dem Handelswege in die Gegend von Kalabsche-Talmis gekommen sind oder bei einem der häufigen Überfälle der Blemyes auf die römische Garnison in Syene erbeutet worden sind, läßt sich nicht entscheiden. Die hohe Qualität des großen Stangenbechers B 8/1 läßt eher an die zweite Möglichkeit denken.

B 11/9 Bruchstücke von einem Fläschchen aus einem der kleinen Gräber. Die hellgrüne Glasmasse ist mit winzigen Luftblasen durchsetzt, am Hals der Flasche mit Luftschlieren und groben Verunreinigungen. Der Bauch hat eine äußerst dünne Wandung, etwa $\frac{1}{4}$ mm, der aufgebeulte Boden und der Hals sind bis zu 1 mm dick. Der Halsrand ist nach innen umgelegt. Die gezeichnete Form der Flasche (Abb. 64 untere Reihe) ist nur annähernd richtig, sie kann höher gewesen sein.

B 12/3 Winzige Bruchstücke von einem Fläschchen aus farblosem Glas mit Buckeldekor, ebenfalls aus einem kleinen Grabe. Die Wandung ist hauchdünn. Die Form auch dieser Flasche (Abb. 64 mittlere Reihe) läßt sich aus den geringen Resten nicht genau bestimmen ("Traubenflasche"?).

B/k Zwei im Gelände aufgelesene Bruchstücke von einer Schale (?) mit bis zu 6 mm dicker Wandung. Von den beiden Bruch an Bruch anpassenden Stücken ist das größere klar mit leichter grüner Tönung, das kleinere weiß mit matter Außenseite. Dieser auffällige Unterschied kann nur durch äußere, für beide Stücke verschiedene Einwirkungen entstanden sein. Eingeschliffener Dekor.

B 7/16 Bruchstücke von drei verschiedenen Glasgefäßen aus dem Fürstengrabe B 7. Dem Rang des Grabinhabers entsprechend gehören die Gefäße reicheren Formen an:

B 7/16a Scherben eines kugeligen Gefäßes aus klarem Glas mit ganz leichter gelbgrüner Tönung; Wandstärke 0,8–1,2 mm. Der obere Rand ist geradegeschliffen und so dünn, daß es sich wahrscheinlich nicht um ein Trinkgefäß handelt. Der wenig eingebeulte Boden ergibt eine Standfläche von nur 3 cm Durchmesser. Die Dekoration ist eingeschabt: zwei Kreise um die Standfläche und auf der Wandung ein umlaufendes Rautenmuster aus Doppelstrichen (Abb. 64 mittlere Reihe links). Sie ist verwandt mit dem eingeschliffenen Muster auf einem Gefäß des 4. Jahrhunderts in der Ray Winfield Smith Collection.[1]

1. Thomas S. Buechner, Glass from the ancient world. The Ray Winfield Smith Collection. A special exhibition 1957, the Corning Museum of Glass, Corning, N.Y. Nr. 372 p. 183: "The cut design is known both in the Rhenish and Eastern Mediterranean areas around the 4th century A.D."

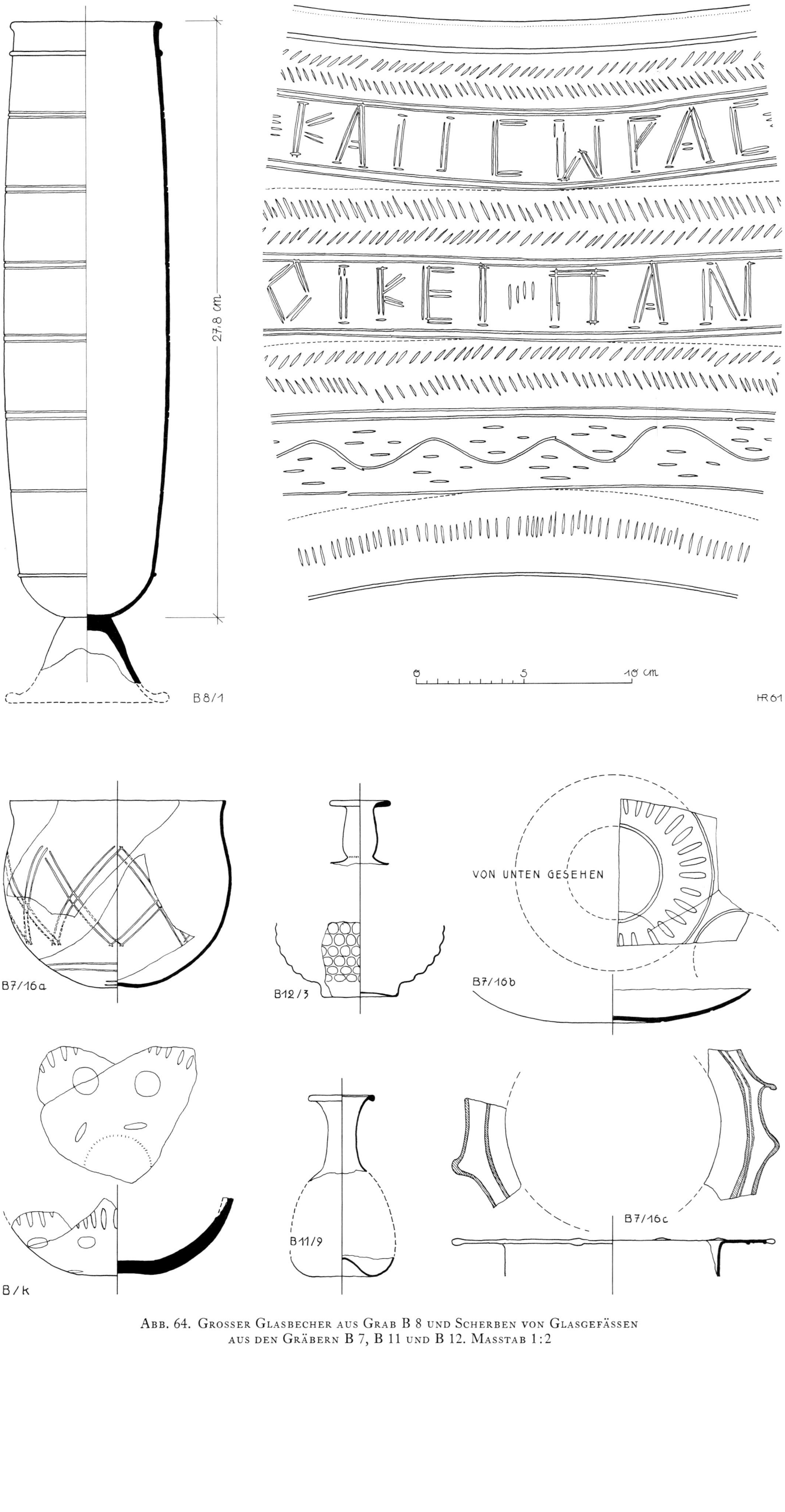

Abb. 64. Grosser Glasbecher aus Grab B 8 und Scherben von Glasgefässen aus den Gräbern B 7, B 11 und B 12. Masstab 1:2

B 7/16b Drei aneinanderpassende Scherben vom Boden einer Schale (?) aus klarem Glas; Dicke der Wandung 2 mm. Eingeschliffener Dekor. Ursprüngliche Form und Größe des Gefäßes sind nicht mehr zu ermitteln (Abb. 64 mittlere Reihe rechts).

B 7/16c Bruchstücke vom Rand eines Gefäßes; Dicke der Wandung 0,6 mm. Der festonierte Rand ist mit einem blaugrünen Faden eingefaßt, neben dem ein weiterer Faden gleicher Farbe glatt umläuft. Dieser zweite Faden ist auf dem einen Bruchstück geteilt, trotzdem gehören beide Bruchstücke zum gleichen Gefäß. Die farbigen Fäden sind von der Unterseite des Randes her eingeschmolzen worden. Die ursprüngliche Form ist nicht mehr zu ermitteln (Abb. 64 untere Reihe rechts).

B 8/1 Der bedeutendste Fund, der auf dem Gräberfeld B gemacht wurde, ist ein großes Trinkgefäß aus dem Fürstengrab B 8. Es lag bei der Auffindung nicht in der vollständig ausgeraubten Grabkammer, sondern unter einem überhängenden Felsblock, der in den Grabhügel einbezogen worden ist (Abb. 61 an der mit + bezeichneten Stelle); das Glas war in sauberen Sand gebettet. Der seltsame Fundort ist wohl als Versteck anzusehen, in dem ein Grabräuber seinen Fund verborgen hat, um ihn später ungesehen fortbringen zu können, was glücklicherweise unterblieben ist.

Das Gefäß ist fast ganz erhalten (Taf. 1, Abwicklung auf Abb. 64 oben), nur der angesetzte Fuß ist bis auf einen größeren Rest abgebrochen. Es scheint so, als sei das Glas beschädigt in das Grab gelegt worden, denn es haben sich weder in der Kammer noch im Grabbezirk weitere Reste des Fußes finden lassen. Das alabastronförmige Gefäß besteht aus klarem, farblosem Glas und ist handwerklich hervorragend ausgeführt. Es ist ohne Fuß 278 mm hoch, sein größter äußerer Durchmesser beträgt 77 mm. Die Wandung ist 1,5 mm dick, sie ist am oberen lippenförmig ausgebogenen Rand verstärkt.

Die Mantelfläche wird oben und unten durch einen aufgelegten Glasfaden begrenzt. Über dem oberen Faden liegt der für das Trinken notwendige glatte Streifen, unter dem unteren Faden der halbkugelige Boden des Gefäßes. Dazwischen ist die Fläche durch eingeschliffene waagerechte Linien—fünfmal Doppellinien, einmal eine einfache Linie—in sieben Streifen aufgeteilt, von denen der oberste Streifen der schmalste (26 mm), der unterste der breiteste (38 mm) ist, die übrigen Streifen untereinander annähernd gleich breit sind (30–34 mm).

Fünf der Streifen sind mit einfachen Strichmustern bedeckt, der zweite und vierte Streifen tragen eine griechische Inschrift, deren Buchstaben mit Doppellinien eingeschliffen worden sind. Da die Buchstaben aus geraden Linien zusammengesetzt sind, haben sie etwas entstellte Formen, was auf anderen Gläsern römischer Zeit ebenso der Fall ist. Auch die Strichmuster sind ziemlich unregelmäßig eingeschliffen worden. Der Anfang der beiden Schriftzeilen ist mit je vier kleinen eingeschliffenen Strichen bezeichnet, die Inschrift lautet: ΚΑΙΙCωΡΑC ΠΑΝΟΙΚΕΙ

Ehe auf die Bedeutung der Inschrift eingegangen wird, seien zunächst weitere Gläser gleicher oder ähnlicher Art genannt. Harden hat Trinkgefäße gleicher Form veröffentlicht,[2] es sind ein Glas der Myers Collection im Eton College, das wahrscheinlich aus Ägypten stammt,[3] eines im Manchester Museum aus Hawara[4] und eines im Museum in Tripolis aus Fezzan.[5] Dazu kommt ein Glasgefäß im Kunsthistorischen Museum in Wien aus einem römischen Urnengrabe in Berŝlin bei Rudolfswert (Krain), das Kubitschek 1903 veröffentlicht hat[6] und auch Harden und Kisa erwähnen.[7] Da es in Form und Größe—es ist ohne Fuß fast 24 cm hoch, sein größter äußerer Durchmesser beträgt 76 mm—unserem Stück am ähnlichsten ist, sei es hier wiedergegeben (Abb. 65).[8] Im oberen Streifen steht hier ebenfalls ΚΑΙΙCωΡΑC, was zweifellos auch auf dem Glas aus Fezzan gestanden hat, von dessen oberem Rand ein Bruchstück mit ΚΑ erhalten ist. Das Glas im Eton College ist in Form und Dekoration ebenfalls sehr verwandt, ist aber viel kleiner—es ist ohne Fuß 167 mm hoch—, und die Muster sind nur eingeschabt, nicht eingeschliffen. Sein Fuß ist vollständig erhalten, nach seinem Vorbild ist der Fuß unseres Glases zu ergänzen.

ABB. 65. GLASBECHER AUS EINEM RÖMISCHEN URNENGRABE IN KRAIN. 24 CM HOCH (KUNSTHISTORISCHES MUSEUM WIEN, ANTIKENSAMMLUNG. INV. XI 975)

2. D. B. Harden, The Highdown Hill glass goblet with Greek inscription, Sussex Archaeological Collections Vol. XCVII p. 3–20.

3. Harden, a. a. O. Fig. 2 and Pl. V(a) p. 10.

4. Harden, a. a. O. Pl. V(b) p. 12.

5. Harden, a. a. O. p. 12 and Fig. 4 p. 13.

6. Wilhelm Kubitschek, Ein römischer Glasbecher, Jahrbuch der k. k. Zentralkommission NF Bd. I, Sp. 183–194, Wien 1903.

7. Harden, a. a. O. p. 12 n. 5; Anton Kisa, Das Glas im Altertum Bd. III, Leipzig 1908, Abb. 242 u. S. 633, 668.

8. Mit freundl. Erlaubnis nach Aufnahme des Kunsthist. Mus. Wien.

Die Inschrift auf dem Wiener Stangenbecher hat Kubitschek unter Hinweis darauf, daß auf einem Trinkglas "Aufforderungen zum Trinken[9] und die beim Ausbringen der Gesundheit üblichen Zurufe" stehen werden, als *καὶ (ε)ὶς ὥρας* aufgefaßt und übersetzt: "Und auf Jahre hinaus, noch Jahre hindurch," also als einen elliptischen Zuruf, der etwa mit "mögest Du glücklich sein" oder ähnlich zu ergänzen ist. Erman hat dazu auf eine Tonlampe im Berliner Museum aufmerksam gemacht, auf der die gleiche Zeile steht, und hat sie als *καίεις ὥρας* gelesen und mit "Du verbrennst die Stunden" übersetzt. Er wollte das auch auf das Wiener Glas anwenden, was Kubitschek abgelehnt hat;[10] die Fortsetzung auf unserem Glase = *πανοικία* etwa "mit dem ganzen Hause" gibt Kubitschek Recht. Noll möchte die Inschrift schärfer fassen: "Durch die Zusammenstellung von ΚΑΙΙϹΩΡΑϹ und ΠΑΝΟΙΚΕΙ wird nun klar, daß es sich um komplementäre Ausdrücke handelt, wobei der erste Teil dieses Glückwunsches temporale, der zweite lokale Bedeutung hat, nämlich: "für immer" und "überall."[11] Und dabei möchte ich es belassen.

Die Datierung des Stangenbechers B 8/1 in das 4. Jahrhundert ist durch die ihm eng verwandten Gefäße gesichert.[12] Schwieriger ist die Frage nach der Herkunft zu beantworten. Das sehr ähnliche Glas im Eton College, das wohl in Ägypten hergestellt worden ist, unterscheidet sich von unserem Becher dadurch, daß seine Dekoration nur eingeschabt, nicht eingeschliffen worden ist, und daß die Glasmasse eine leichte grünliche Tönung hat. Die Gläser aus Krain und Fezzan werden wahrscheinlich aus Syrien stammen, und zu ihnen hat unser Glas die größte Verwandtschaft, besonders zum Stangenbecher aus Krain. An einen westlichen Herkunftsort wird man kaum denken dürfen.[13]

TONGEFÄSSE

von LABIB HABACHI

Die von uns ausgegrabenen und aufgelesenen Tongefäße und Tonscherben werden hier in der Reihenfolge verzeichnet, in der ihre Fundplätze im ersten Teil dieses Berichtes behandelt worden sind. Die Liste beginnt also mit der Keramik aus dem Bergheiligtum über dem Bab Kalabsche (in den Fundnummern abgekürzt BK), es folgt die aus der Talkapelle bei Taifa (T), dann die aus den Fluchtdörfern (FD 2 und DM), und schließlich die Keramik aus den Gräberfelder A bis E.

In der Liste sind keine Angaben über die Datierung der Funde gemacht worden, weil sie sehr ungenau bleiben müßten. Alle Gefäße aus den von uns untersuchten Gräbern gehören, wie wohlbekannte Typen unter ihnen ausweisen, der Zeit der X-Gruppe an, deren Abgrenzung ja vorerst noch ziemlich unscharf bleiben muß. Und an den übrigen Fundorten ist der zeitliche Zusammenhang zwischen den fast ausschließlich verworfenen Funden und den Orten nur sehr lose. Die Funde beim Bergheiligtum und bei der Talkapelle reichen zweifellos über einen gewissen Zeitraum hinweg, und obwohl auch hier bekannte Typen gefunden worden sind, die die Bauten in zeitliche Beziehungen setzen, fehlen für andere Funde die Voraussetzungen für eine genauere Datierung.

Tongefäße und Tonscherben sind in den Abbildungen 66 bis 81 im Maßstab 1:2 wiedergegeben worden, also doppelt so groß wie sonst üblich ist. Das ist notwendig, um die eingeritzten Muster auf Gefäßen einer bisher fast unbekannten Keramik genügend deutlich darstellen zu können (Abb. 73–76 und 80). Die übrigen Funde sind im gleichen Maßstab gezeichnet, um Größenvergleiche zu erleichtern.

a. Keramik aus dem Bergheiligtum über dem Bab Kalabsche

Fast alle Funde stammen aus dem Schutt, der in unbekannter Zeit aus den Gebäuden des Bergheiligtums ausgeräumt worden ist. Nur die Funde BK/32′1 bis BK/34 kommen aus den Gräbern in der südlichen Westterrasse, sind also in die christliche Zeit zu setzen.

BK/32′1 Öllampe, tellerförmig mit Henkel, fast ganz erhalten, Dm. 13 cm, H. 3 cm; roter Ton (Abb. 66 und Taf. 23).

BK/32′2 Wie BK/32′1, Rand ringsum abgebrochen.

BK/33 Bruchstück von Öllampe, Dm. 8 cm, H. 4 cm; roter Ton. Oberseite mit plastischem Dekor (Frosch?).

BK/34 Bruchstück von Öllampe, Dm. 5 cm, H. 3 cm; roter Ton. Oberseite mit plastischem Dekor (Frosch?).

BK/35 80 Gefäßscherben und halbe Gefäße, darunter die folgenden wichtigsten Stücke:

BK/35 a Bruchstück von dickwandigem Kochtopf (?), größter Dm. 30 cm; brauner Ton, Spuren von Ruß. Kleine, in Reihen angeordnete Kerben auf der Außenseite (Abb. 66 und Taf. 23).

BK/35 b Bruchstück vom Rand einer Schale, größter Dm. 30 cm; brauner Ton, Spuren von Ruß. Der obere Rand ist an der Außenkante gewellt und an der Innenseite so ausgebildet, als habe er einen Deckel aufgenommen (Abb. 66 und Taf. 23).

BK/35 c Bruchstück vom Rand einer Schale, größter Dm. 22 cm; weißgelber Ton. Im doppelten Randprofil außen eine umlaufende Reihe unregelmäßiger Kerben (Abb. 66 und Taf. 23).

BK/35 d Großes Bruchstück von Topf, größter Dm. 15 cm, H. 12,7 cm, konkave Standfläche; roter Ton. Außen schwarz aufgemalte parabolische Bänder (Abb. 66 und Taf. 23).

BK/35 e Unterer Teil eines roh gemachten Gefäßes, Dm. 7,5 cm; roter Ton (Abb. 66).

BK/35 f Bruchstück von Napf, Dm. 12 cm, H. 8,2 cm; sehr feiner weißgelber Ton. Außen horizontale Rillen und eine Reihe aus eingedrückten Beulen (Abb. 67 und Taf. 23).

9. Das Glas im Eton College trägt das Wort ΛΑΒΕ "ergreife (das Glas um zu trinken)," vielleicht als Parodie auf die sog. Siegesbecher, auf denen ΛΑΒΕ ΤΗΝ ΝΕΙΚΗΝ steht.

10. Kubitschek, a. a. O. NF Bd. I Sp. 189 u. 191, wo Zitate zur Übersetzung angegeben sind; NF Bd. II Sp. 293.

11. Brief v. 25.2.62; Harden, a. a. O. p. 12 n. 5, hat übersetzt: "and for the years," i.e. "for ever," und weist auf das Bruchstück einer Schale hin mit der Aufschrift SEMPER, a. a. O. Pl. VII(b).

12. Form und Aufteilung kommen bereits auf einer ptolm. Terrakotte vor, s. Wilhelm Weber, Die ägypt.-griech. Terrakotten Bd. II, Berlin 1914, S. 210 Nr. 358 u. Taf. 33 (Bln. 15765); Hinw. Rubensohn.

13. Im Rhein. Landesmuseum Trier ist ein ähnlich geformtes Glas mit eingeschliffener Darstellung eines Kriegers, das Fremersdorf einer Kölner Werkstatt zugeschrieben hat; s. Fremersdorf, Figürlich geschliffene Gläser, S. 10 Nr. 14 Taf. 10,2; Hinw. Klumbach.

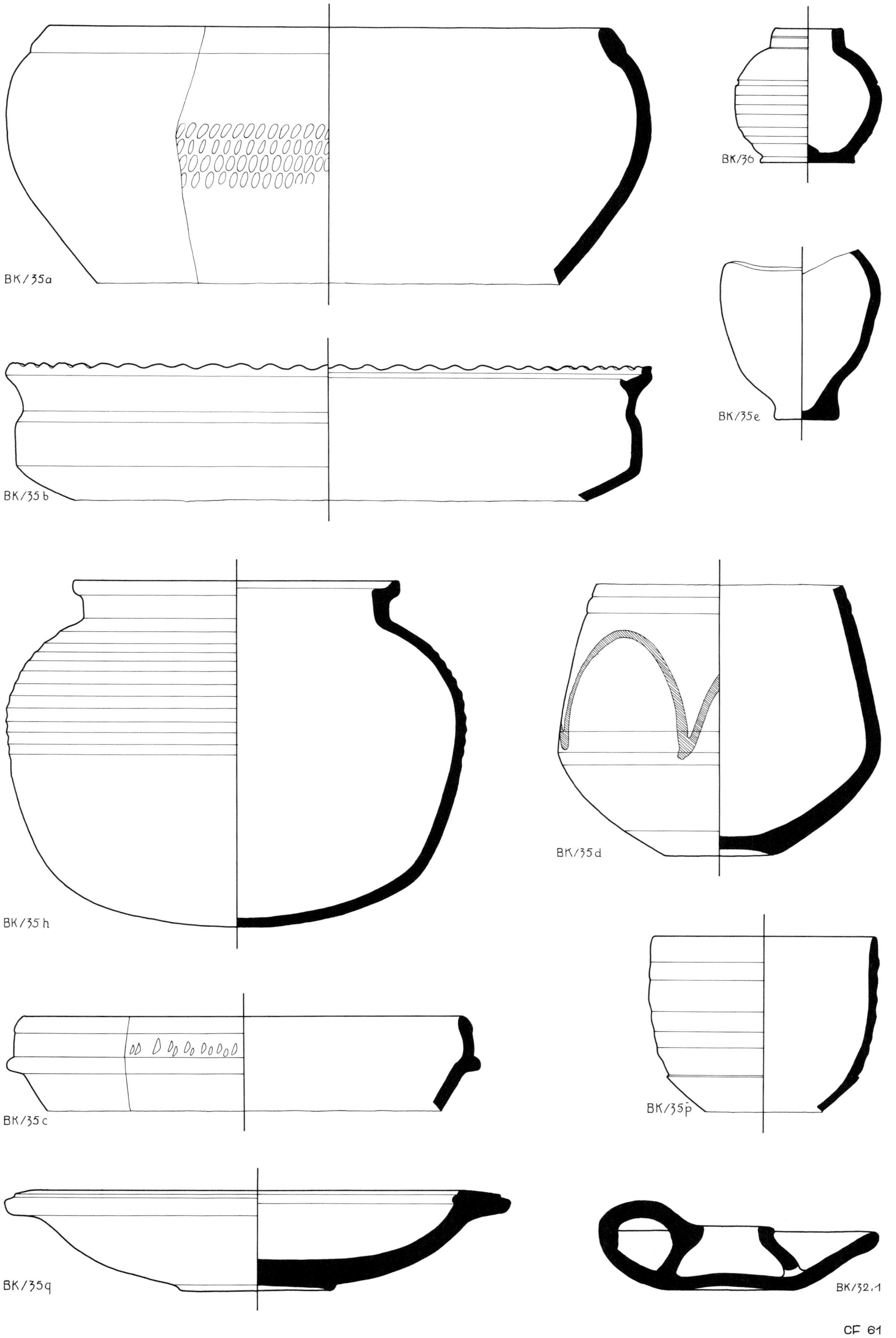

CF 61

Abb. 66. Tongefässe aus dem Bergheiligtum über dem Bab Kalabsche. Masstab 1:2

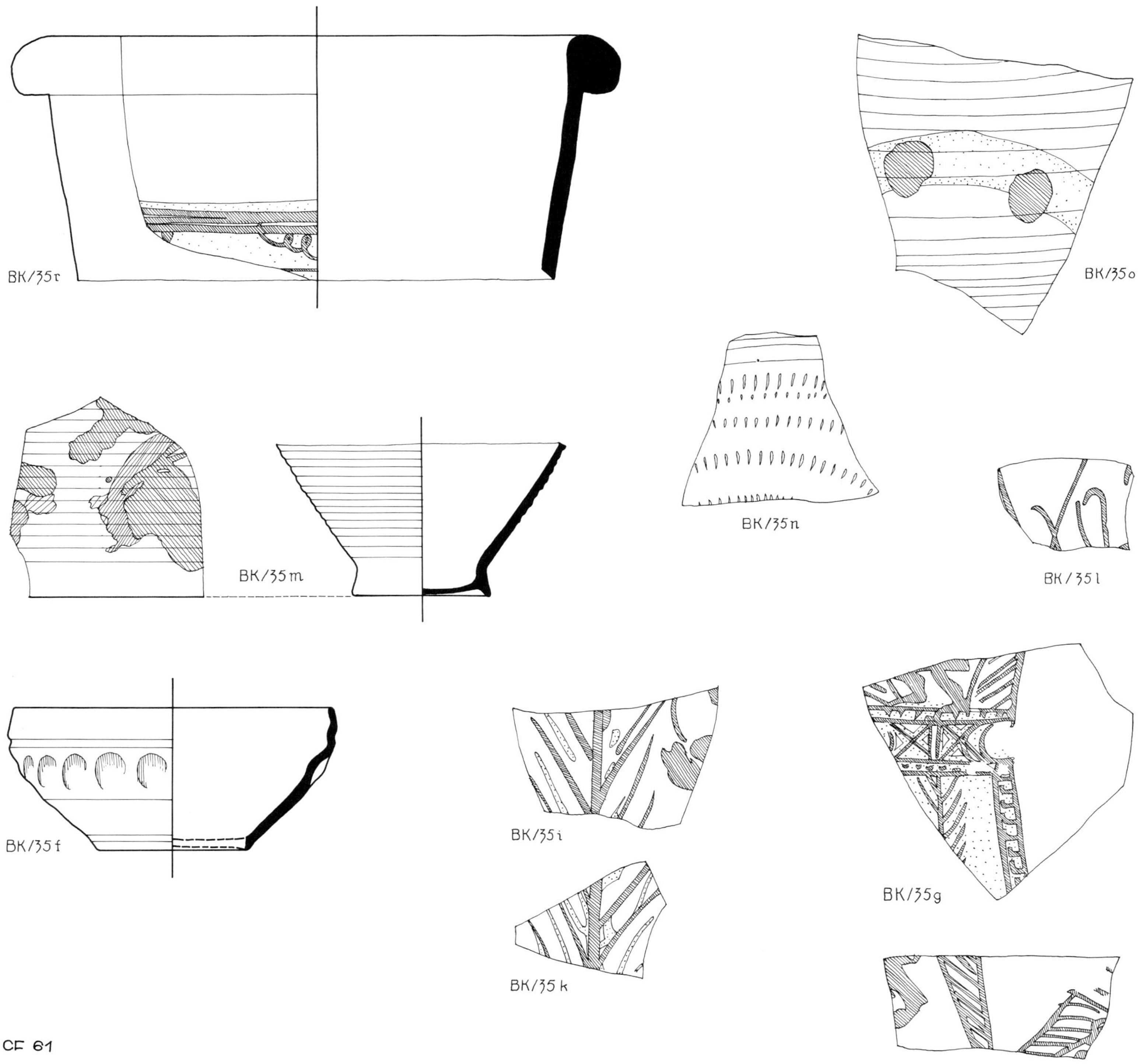

Abb. 67. Tongefässe aus dem Bergheiligtum über dem Bab Kalabsche. Masstab 1:2

BK/35 g Zwei Scherben, wahrscheinlich vom gleichen Gefäß; roter Ton. Schwarz gemalte Dekoration auf gelbem Grunde (Abb. 67).

BK/35 h Urnenförmiges Gefäß, Dm. 21,5 cm, H. 16,3 cm; roter Ton. Außen feine horizontale Rillen (Abb. 66 und Taf. 23).

BK/35 i
35 k Zwei Scherben, wahrscheinlich vom gleichen Gefäß; hellroter Ton mit roter Engobe. Außenseite mit Schilf (?) in schwarz und gelb bemalt (Abb. 67); vergl. T/25'1 (Abb. 69).

BK/35 l Kleine Gefäßscherbe; weißgelber Ton. Gemalte rote Linien, ob Schriftrest ? (Abb. 67).

BK/35 m Scherbe von konischem Gefäß mit Standring; gelblicher Ton. Außenfläche fein gerillt, darauf gemalte Farbflecke in rot und braun (Abb. 67).

BK/35 n Scherbe von einer Schale; roter Ton. Außenseite mit reihenweis angeordneten kleinen Kerben (Abb. 67 und Taf. 23).

BK/35 o Bruchstück von einer Amphora (?); roter Ton. Außenseite gerippt, darauf gemaltes weißes Band mit schwarzen Flecken (Abb. 67 und Taf. 23).

BK/35 p Bruchstück von einem Becher, Dm. 10,5 cm; roter Ton. Außenseite gerippt (Abb. 66).

BK/35 q Dickwandige Schale mit Randprofil und Standring, Dm. 23,6 cm, H. 4,7 cm; roter Ton (Abb. 66).

BK/35 r Bruchstück von einem cylindrischen Gefäß, Dm. 22 cm; roter Ton. Unter dem dicken Randwulst ein 4 cm breiter Streifen mit roter Engobe, darunter gelbe Engobe mit schwarzer Malerei (Abb. 67 und Taf. 23).

BK/36 Kleine kugelige Flasche mit kurzem Hals und gerader Standfläche, Dm. 6,9 cm, H. 6,3 cm; roter Ton. Hals und Bauch mit horizontalen Rillen (Abb. 66 und Taf. 23).

BK/a Großer Napf mit Standring, Dm. 14,6 cm, H. 8,6 cm; roter Ton. Außen gerillt, aufgemalte senkrechte Striche (Taf. 23).

BK/b Napf mit Standring, Dm. 13,2 cm, H. 6,7 cm; feiner roter Ton. Außen leicht gerillt (Taf. 23).

BK/c Napf mit Standring, Dm. ca. 11 cm, H. 9,7 cm; roter Ton. Glatter Rand mit brauner Engobe und Gruppen von je vier senkrechten Strichen. Unvollständig (Taf. 23); vergl. E/k,1 (Taf. 29).

BK/d Kleiner bauchiger Napf mit Standring, Dm. 10,5 cm, H. 7,5 cm; brauner Ton. Auf den inneren und äußeren Rand rot aufgemalt. Unvollständig (Taf. 23).

BK/e Napf mit Standring, Dm. 9,5 cm, H. 7,1 cm; brauner Ton. Außenseite unter dem Rand gerillt. Unvollständig (Taf. 23).

BK/f Napf mit Standring, Dm. ca. 9,5 cm, H. 6,3 cm; brauner Ton. Unter dem oberen Rand tief gerillt, leichter unten. Unvollständig (Taf. 23).

BK/g Zwei Bruchstücke eines dickwandigen Napfes mit Standring, Dm. 11 cm; brauner Ton. Rand weggebrochen. Außenseite gerillt (Taf. 23).

b. Keramik aus der Talkapelle bei Taifa

Am Standort der Talkapelle selbst sind nur Architekturteile gefunden worden (T/1–14). Alle Keramikreste stammen aus dem Schutt im Vorgelände, das als Vorhof zur Kapelle eingeebnet worden ist.

T/15 Napf mit überhängendem Rand und Standring, Dm. 16 cm, H. 7,7 cm; roter Ton (Abb. 68 und Taf. 24).

T/16 Großes Bruchstück von einem Napf mit überhängendem Rand und Standring, Dm. 14,6 cm, H. 6,9 cm; roter Ton. Außenseite mit feinen horizontalen Rillen (Abb. 68 und Taf. 24).

T/17 Napf mit überhängendem Rand und Standring, Dm. 12,3 cm, H. 6,3 cm; roter Ton. Rand stark bestoßen (Abb. 68 und Taf. 24).

T/18 Napf mit breitem Rand und Standring, Dm. 13,3 cm, H. 4,6 cm; roter Ton. Auf dem Rand gemalte ausgebogte schwarze Linien auf gelbem Grund (Abb. 68 und Taf. 24); vergl. E/i (Abb. 79).

T/19 Kleiner Napf mit flachem Rand, Dm. 10,2 cm, H. 4,6 cm; weißgelber Ton (Abb. 68 und Taf. 24).

T/20 a Napf, Dm. 10,1 cm, H. 7,4 cm; grober roter Ton. Außenseite unter dem glatten Rand gerillt; im Napf 6–7 Stück Holzkohle (Taf. 24).

T/20 b Napf, Dm. 10,3 cm, H. 6,7 cm; grober roter Ton. Außenseite unter dem glatten Rand gerillt (Taf. 24).

T/20 c Napf, Dm. 9,2 cm, H. 6,4 cm; grober roter Ton. Außenseite gerillt. Loch in Basis (Taf. 24).

T/20 d Napf, Dm. 9,7 cm, H. 5,6 cm; grober roter Ton. Außenseite unter dem glatten Rand leicht gerillt (Taf. 24).

T/20 e Napf mit steilem Rand, Dm. ca. 9 cm, H. 6,6 cm; roter Ton. Unvollständig (Taf. 24).

T/20'1 Becherförmiger Napf mit steilem Rand, Dm. 8,5 cm, H. 6 cm; roter Ton. Im unteren Teil der Außenseite flache Rillen; im Napf ein Stück Holzkohle (Abb. 69 und Taf. 24).

T/20'2 Napf mit überhängendem Rand und Standring, Dm. 11,8 cm, H. 4 cm; roter Ton (Abb. 68 und Taf. 24).

T/20'3 Napf mit steilem Rand, Dm. 10,2 cm, H. 6,5 cm; roter Ton. Im unteren Teil der Außenseite flache Rillen; im Napf ein Stück Holzkohle (Abb. 69); vergl. B 8/4 (Abb. 72).

T/21'1 Kleiner, sehr dickwandiger Teller, Dm. 10,3 cm, H. 4 cm; gelblicher Ton (Abb. 68 und Taf. 24).

T/21'2 Kleiner, sehr dickwandiger Teller, Dm. 8,4 cm, H. 3,6 cm; gelblicher Ton (Taf. 24).

T/22 Becherförmiger Napf mit hohem steilem Rand, Dm. 9 cm, H. 8 cm; weißgelber Ton. Unter dem hohen Randstreifen läuft außen eine flache Rille um (Abb. 69 und Taf. 24).

T/23'1 Bruchstück vom Rand eines Napfes mit steilem Rand (und Standring ?), Dm. 12,7 cm; roter Ton. Auf den Rand sind außen drei senkrechte Striche schwarz aufgemalt (Abb. 69); vergl. B 8/2 (Abb. 72).

T/23'2 Scherbe von einer Schale, Dm. 17,5 cm, H. 5,3 cm; gelblicher Ton (Abb. 68 und Taf. 24).

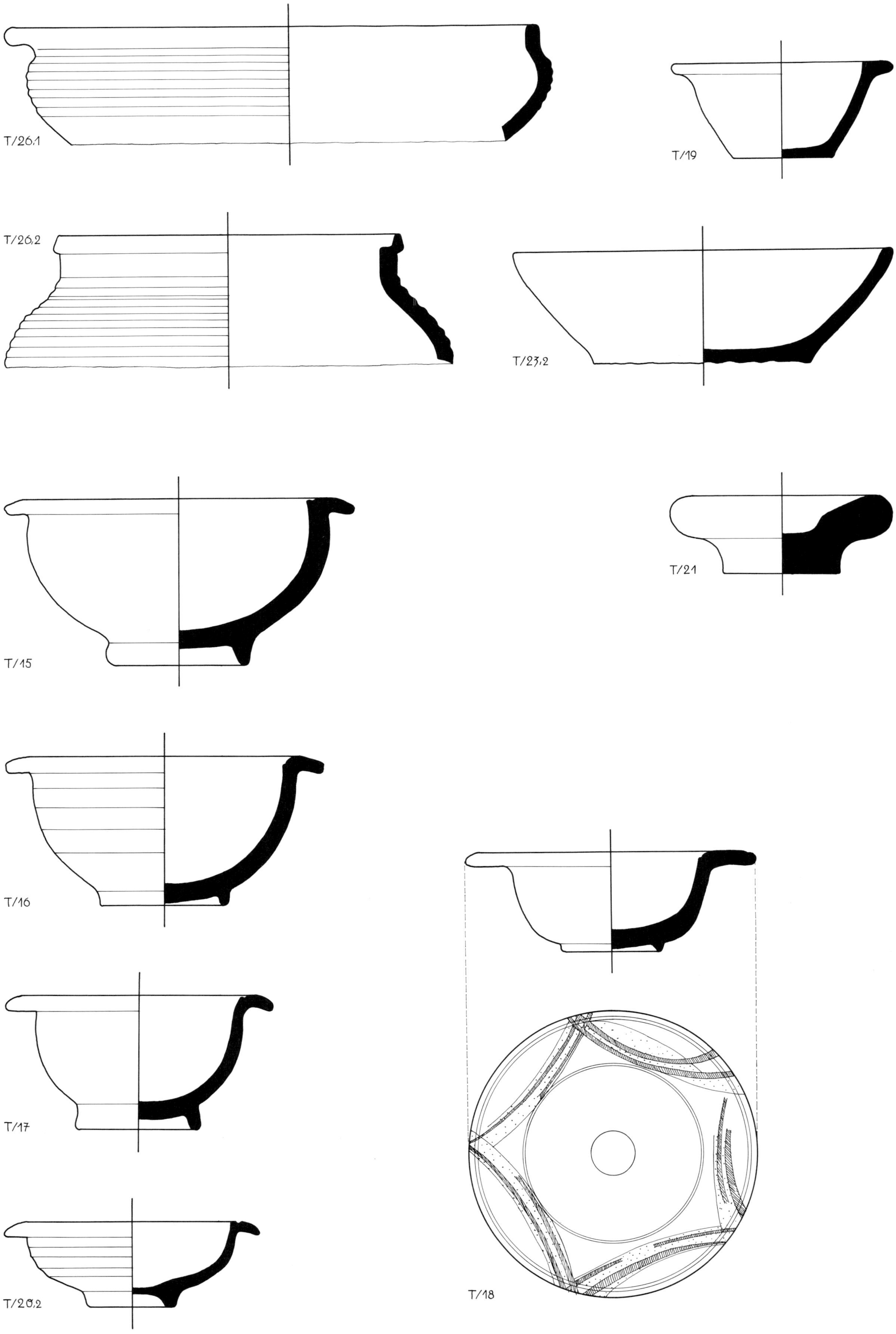

Abb. 68. Tongefässe von der Talkapelle bei Taifa. Masstab 1:2

CF 61

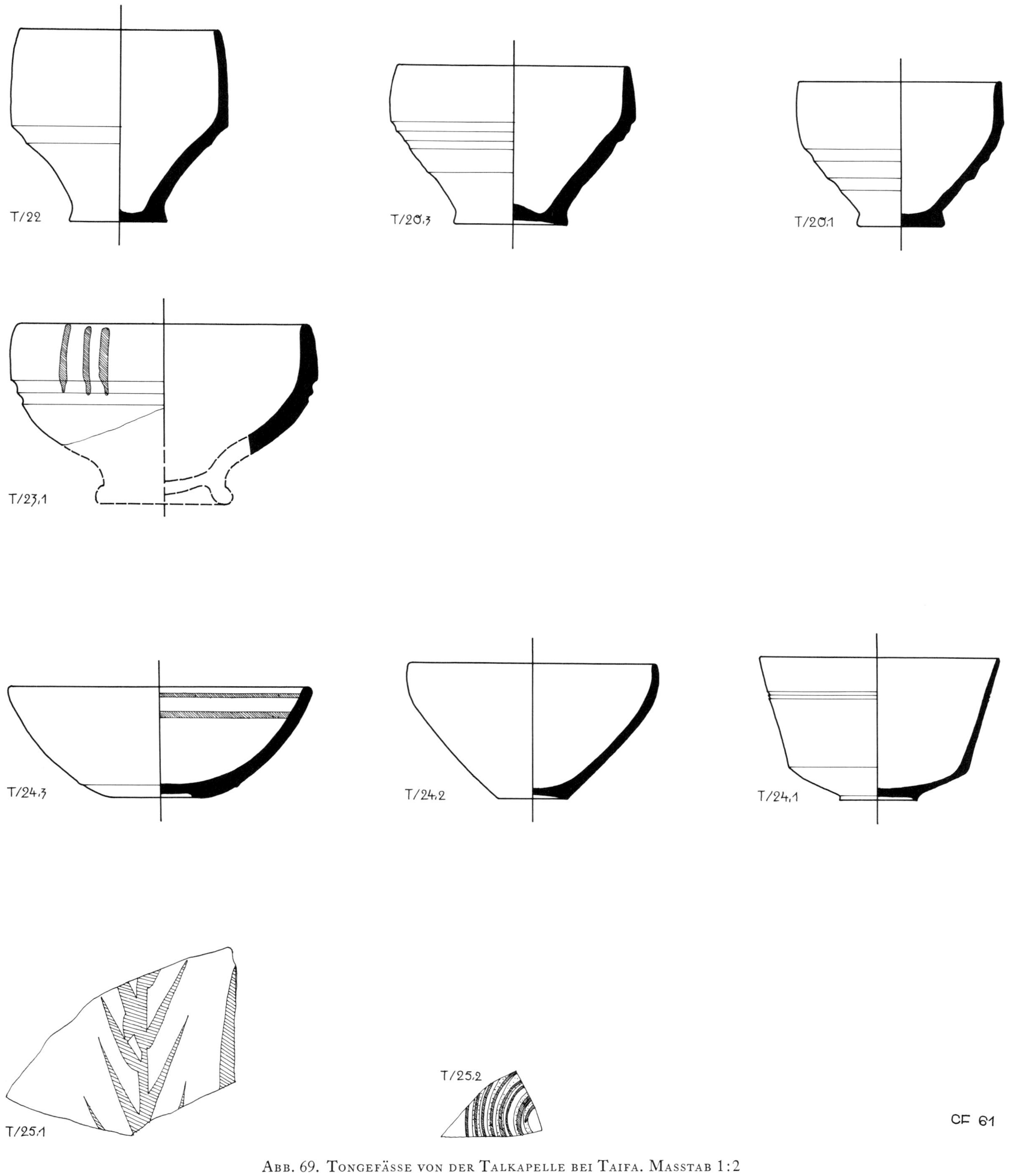

ABB. 69. TONGEFÄSSE VON DER TALKAPELLE BEI TAIFA. MASSTAB 1:2

T/24′1 Dünnwandige Schale konischer Form, Dm. 10 cm, H. 5,9 cm; kleiner Standring; sehr feiner gelbweißer Ton. Außen laufen zwei dünne Rillen um (Abb. 69 und Taf. 24).

T/24′2 Kleine Schale, Dm. 10,4 cm, H. 5,7 cm; weißgelber Ton (Abb. 69 und Taf. 24); vergl. B 7/9 (Abb. 72 und Taf. 26).

T/24′3 Kleine Schale, Dm. 12,5 cm, H. 4,6 cm; weißgelber Ton. Auf den inneren Rand aufgemalt zwei umlaufende schwarzbraune Streifen (Abb. 69 und Taf. 24); vergl. B 7/8 und 10 (Abb. 72 und Taf. 26).

T/25′1 Scherbe von einer Schale (?); weißgelber Ton. Außenseite mit schwarzer Farbe bemalt, Schilf (?) (Abb. 69); vergl. BK/35 i + k (Abb. 67).

T/25′2 Kleine Scherbe vom Boden einer Schale (?); roter Ton. Der Boden mit konzentrischen Ringen bemalt, braun auf gelbem Grund (Abb. 69).

T/26′1 Bruchstück vom Rand einer großen Schale, Dm. 26 cm; brauner Ton. Außenseite fein gerippt (Abb. 68 und Taf. 24).

T/26′2 Bruchstück vom Rand eines bauchigen Gefäßes, Dm. mind. 20,5 cm; brauner Ton. Profilierter Rand, Bauch außen fein gerippt (Abb. 68); vergl. BK/35 h (Abb. 66).

c. Keramik aus dem Fluchtdorf FD 2 im Khor Gebel Gam

Im Fluchtdorf FD 2 (Karte Abb. 51) sind zwischen den verfallenen Steinhütten einige wenige Scherben aufgelesen (S = "Siedlung").

S/1 Sehr kleine Scherbe; weißgelber Ton mit roter Engobe. Schwarze Linien und kleine Spritzer (X-Gruppe).

S/2 Scherbe wie S/1 mit schwarzen Linien (X-Gruppe).

S/3 Kleines Bruchstück vom Boden einer Schale; feiner weißgelber Ton. Boden mit Rosette schwarz bemalt (Abb. 78); vergl. Rosette auf dem Gefäßboden DM/13 n (Abb. 70).

S/4 Bruchstück vom Rand einer Schale; weißgelber Ton mit roter Engobe. Gehört zu einem Gefäß wie B 8/4 (Abb. 72).

d. Keramik aus den Ruinen auf der Insel vor Darmus

Alle Funde von der befestigten Insel vor Darmus sind aus dem Schutt aufgelesen worden, ein fester Zusammenhang zwischen ihnen und den ausgegrabenen Räumen konnte nicht festgestellt werden.

DM/5 Scherbe von einem bauchigen Topf, größter Dm. 13,5 cm; roter Ton. Außenseite mit geometrischen Mustern bemalt in gelb und schwarz (Abb. 71).

DM/6′1 Gefäßscherbe; roter Ton. Darauf Inschrift ICOXIC mit schwarzer Farbe geschrieben (Abb. 70).

DM/6′2 Gefäßscherbe wie DM/6′1 mit Rest der gleichen Inschrift.

DM/12 Öllampe, tellerförmig mit Henkel, Dm. 11,5 cm, H. 3,5 cm; grober roter Ton (Abb. 71); vergl. BK/32′1 (Abb. 66).

DM/13 a Gefäßscherbe; grober roter Ton. Außen unter dem Rand umlaufendes geometrisches Muster eingeschnitten (Abb. 70).

DM/13 b Scherbe von einem bauchigen Topf, größter Dm. 25 cm; roter Ton. Außen aufgemalt eine Raute, darinnen eingeprägt ein Kreuz (Abb. 70).

DM/13 c Bruchstück vom Boden einer Schale; weißgelber Ton. Innenseite mit Rosette aus roten Linien bemalt (Abb. 71).

DM/13 d Bruchstück von einem massiven konischen Gegenstand, wohl Gefäßdeckel; ungebrannter Ton, Dm. 9 cm. Auf der Oberseite und um den Rand kleine ovale Kerben und eingeschnittene Linien (Abb. 70).

DM/13 e Scherbe vom Rand einer Schale; emailliertes Glas (?). Grundfarbe innen und außen schwarz, Zeichnung in grün und schwarz (Abb. 70).

DM/13 f Scherbe von einem Topf, größter Dm. 19,5 cm; roter Ton, innen und außen geglättet. Außen im oberen Teil mit geometrischem Muster schwarz bemalt (Abb. 71).

DM/13 g Scherbe vom Rand eines großen Topfes, Dm. 28 cm; roter Ton. Rest einer eingeprägten Dekoration (Abb. 70).

DM/13 h Kleine dünne Gefäßscherbe; roter Ton, geglättet. Oberfläche mit Flechtmuster aus erhabenen Strichen bedeckt (Abb. 70).

DM/13 i Bruchstück von einem großen dickwandigen Topf, Dm. 27 cm; dunkelbrauner Ton, poliert. Außen auf dem Rand läuft ein eingeschnittenes geometrisches Muster um, verwandt mit dem Muster auf DM/13 a (Abb. 70).

DM/13 k Bruchstück eines dickwandigen cylindrischen Gefäßes, Dm. 17,7 cm; brauner Ton, poliert. Auf der Außenseite eingeschnittene geometrische Muster (Abb. 71).

DM/13 l Zwei Scherben von einem Becher (?); roter Ton. Außen mit geometrischem Muster in schwarz bemalt (Abb. 70).

DM/13 m Bruchstück vom Rand einer Schale; glasierter Ton. Aufgemaltes Muster hellblau und dunkelblau (Abb. 70).

DM/13 n Boden einer Schale; emaillierter Ton. Außenseite gelb, Rosette innen in gelb und blau (Abb. 70).

DM/13 o Bruchstück vom Rand einer Schale, Dm. 20,7 cm; weißgelber Ton. Außen unter dem Schalenrand eine Reihe von kleinen senkrechten Kerben (Abb. 71).

DM/13 p Scherbe vom Rand eines Gefäßes; roter Ton. Rest einer eingeprägten Verzierung mit kleinen erhabenen Buckeln (Abb. 70).

DM/13 q Bruchstück vom Rand einer Schale, Dm. 25 cm; brauner Ton. Der Rand des Gefäßes ist gewellt (Abb. 71).

DM/14 Kleiner Napf, Dm. 7,5 cm, H. 3,5 cm; roter Ton, geglättet. Auf der Innenseite Brandspuren. Der Ton ist stark gesintert, der Napf könnte zum Schmelzen von Metall gedient haben (Abb. 71).

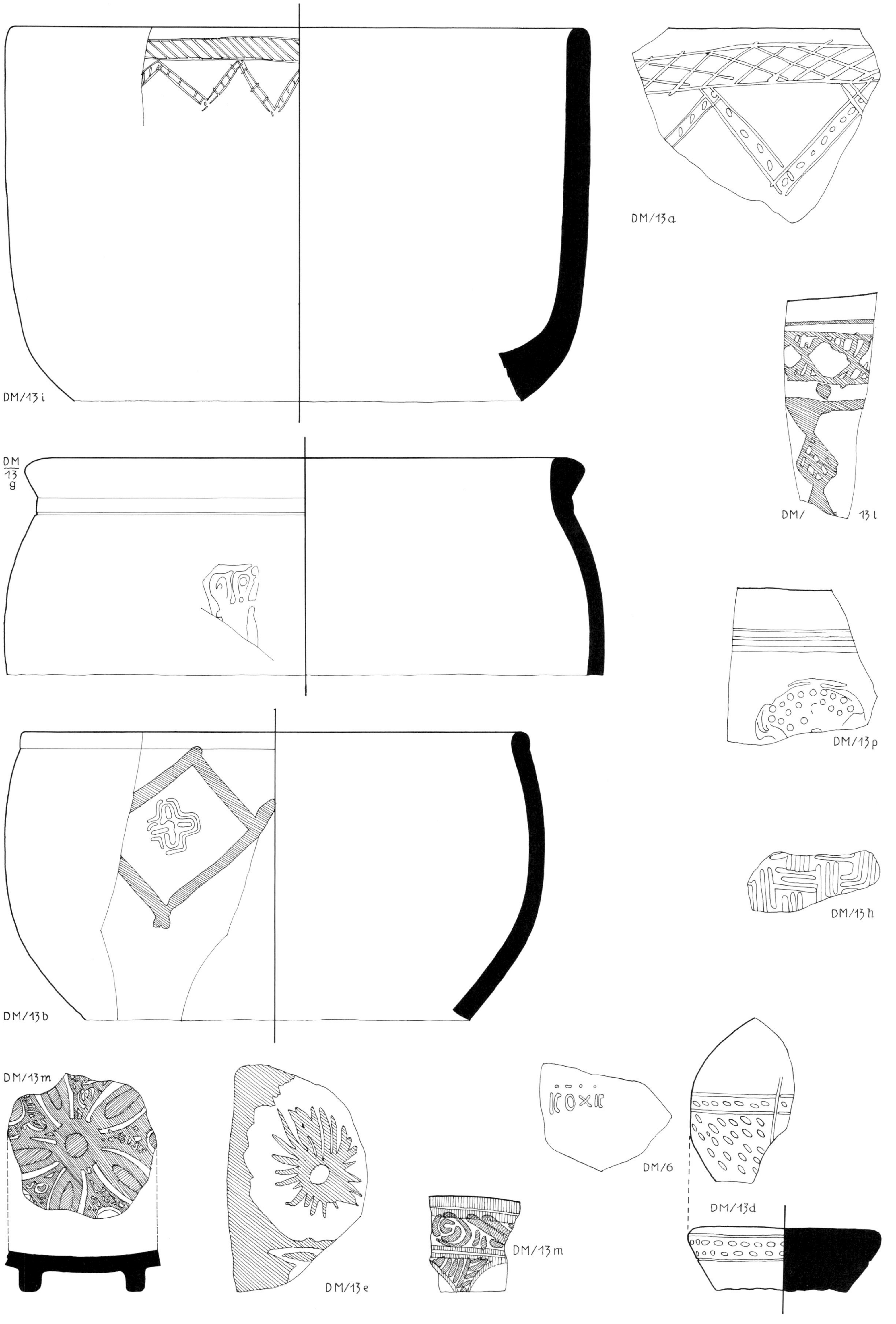

CF 61

Abb. 70. Tongefässe von der Insel vor Darmus. Masstab 1:2

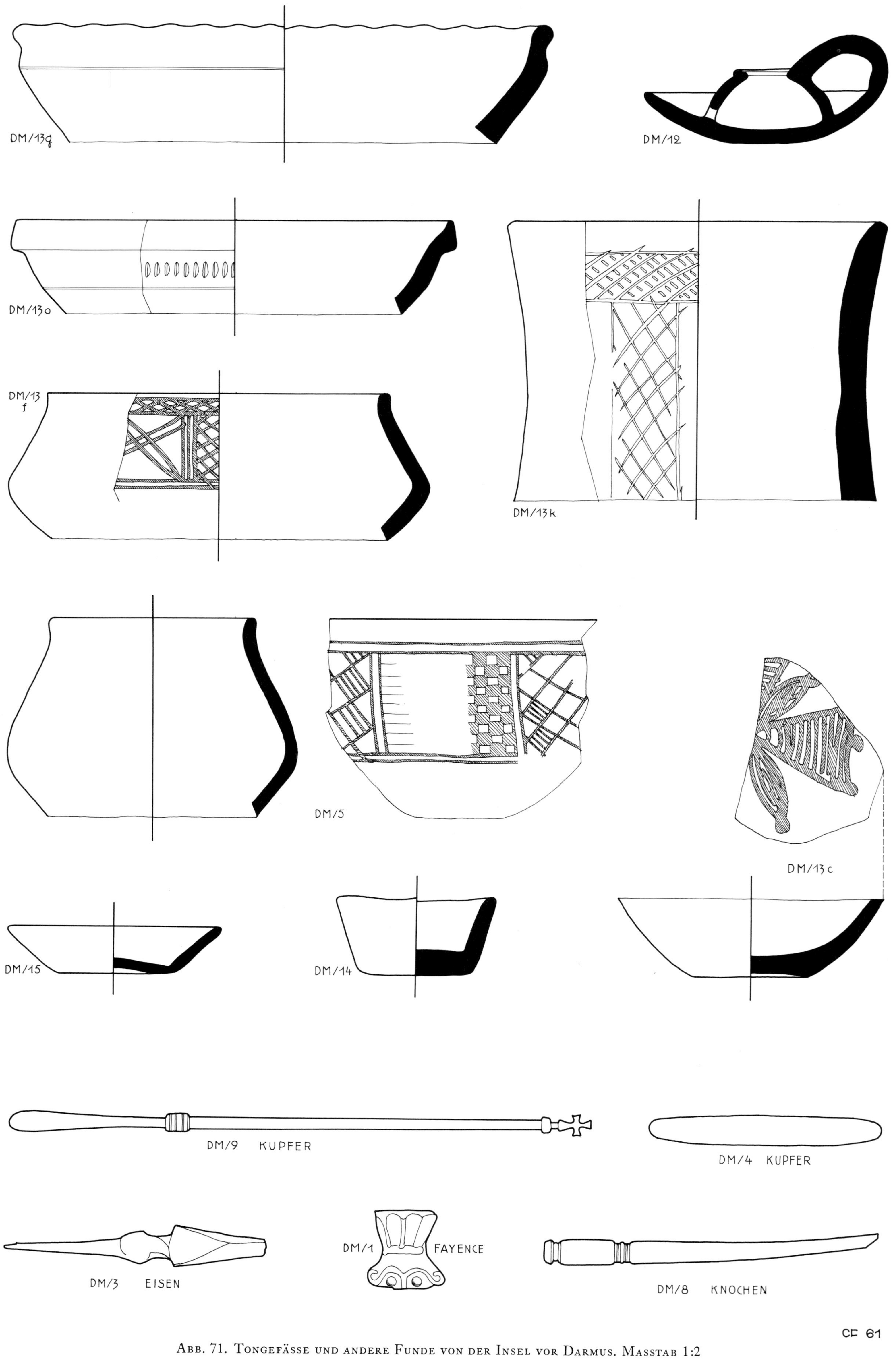

CF 61

Abb. 71. Tongefässe und andere Funde von der Insel vor Darmus. Masstab 1:2

DM/15 Kleine Schale, Dm. 10 cm, H. 2,3 cm; brauner Ton. Das Gefäß ist durch Feuer geschwärzt, sein Verwendungszweck wohl wie bei DM/14 (Abb. 71).

e. Keramik vom Gräberfeld A

Das Gräberfeld A liegt auf dem Nordabhang des Khor Kalabsche, unmittelbar westlich von Nag^c el Khor (Karte Abb. 51). Es wurden 34 weit verstreute Gräber aufgefunden und untersucht. Das Gräberfeld (Taf. 19) zog sich ursprünglich wohl noch weiter den Abhang hinunter, doch ist dieser sehr durchwühlt, weil hier die Steine zum Bau des neuen Nag^c el Khor weggeholt worden sind; dadurch sind alle Spuren verwischt. Alle Gräber sind ausgeplündert, nur vereinzelte Scherben sind zurückgeblieben.

A 5 Oberbau zerstört, in der Felsspalte darunter Reste von zwei Skeletten. Der eine Tote lag auf dem Rücken, neben ihm das Gefäß A 5/1, der andere zusammengekauert auf der Seite, neben sich die Scherben A 5/2–4.

A 5/1 Becherförmiger Napf, Dm. 10 cm, H. 7 cm; hellroter Ton (Taf. 24). Die Form ist der von T/22 sehr nahe verwandt (Abb. 69 und Taf. 24).

A 5/2 Becher, aus vielen Scherben zusammengesetzt, Dm. 8,8 cm; roter Ton mit schwarzem Rand, poliert (Abb. 78 und Taf. 24).

A 5/3 + 4 Zwei Scherben von einem A 5/2 gleichenden Gefäß.

f. Keramik vom Gräberfeld B

Das Gräberfeld B liegt etwa 400 m westlich vom Gräberfeld A um den Gebel Khor Abu Sinna (Karte Abb. 51). Lage, Form und Bedeutung der Gräber wurden bereits erörtert (s. S. 37 ff.). Alle Gräber sind sehr gründlich beraubt worden, die Funde sind mit wenigen Ausnahmen aus dem Schutt herausgeholt worden, den die Grabräuber um die Gräber verstreut haben.

Unter der hier gefundenen Keramik wurden neben bekannten Typen der X-Gruppe (Abb. 72 und 77) Gefäße und Scherben mit eingeritzten geometrischen Mustern in großer Vielfalt aufgelesen (Abb. 73–76), die in unserer Konzession auf das Gräberfeld B beschränkt sind, abgesehen von wenigen Scherben vom Gräberfeld E aus der gleichen Zeit (Abb. 80).

B 1/1 Gefäßscherbe; dunkelbrauner Ton, poliert. Darauf Rautenmuster in 4 mm dickem Relief (Abb. 77 und Taf. 28).

B 2/1 a Scherben von einem Napf, Dm. 17 cm, H. 9,7 cm; roter Ton, poliert. Zwei Wellenlinien um den Rand, reiches eingeritztes Muster über die ganze Höhe der Mantelfläche (Abb. 74 und Taf. 25).

B 2/1 b Zwei Scherben von einem Becher, Dm. 7,8 cm; roter Ton, poliert. Außenfläche mit eingeritzten Mustern bedeckt (Abb. 73 und Taf. 25).

B 2/1 c Drei Scherben von einem gebauchten Topf, größter Dm. 14,5 cm; brauner Ton, poliert. Außen um den Hals eingeritzte Wellenlinien, auf dem unteren Teil des Gefäßes Dreiecksmuster (Abb. 76 und Taf. 25).

B 2/1 d Scherbe vom Rand eines Bechers, Dm. 12 cm; roter Ton, poliert. Eingeritzte Randverzierung mit "laufendem Hund" (Abb. 74 und Taf. 25).

B 2/1 e Scherbe von kleiner Schale, Dm. 11,7 cm, H. 5 cm; roter Ton, poliert. Außen um den Rand drei eingeritzte Wellenlinien (Abb. 74 und Taf. 25).

B 2/1 f Scherbe vom Rand eines Napfes, Dm. 16 cm; roter Ton, poliert. Eingeritztes Muster aus Wellenlinien und Dreiecken (Abb. 74 und Taf. 25).

B 2/1 h Kleine Scherbe von einem Becher (?); brauner Ton, poliert. Eingeritztes Muster aus Dreiecken.

B 2/1 i Drei Scherben von einer großen Schale, Dm. 21,7 cm, H. 9,8 cm; brauner Ton, poliert. Eingeritztes Muster aus Strichen und Kreisen, letztere mit roter Engobe ausgefüllt (Abb. 75 und Taf. 25).

B 2/1 k Scherbe von Napf mit Tülle, letztere weggebrochen, Dm. 15 cm, Form wohl wie B 8/6 (Abb. 76); hellroter Ton, poliert. Eingeritztes Linienmuster (Abb. 76 und Taf. 25).

B 2/1 l Scherben von einer großen Schale, Dm. 24 cm, H. 12,5 cm. Eingeritztes Muster aus Linien und mit vertieften Punkten ausgefüllten Flächen, letztere mit brauner Engobe überzogen (Abb. 75 und Taf. 25).

B 2/1 m Scherbe vom Rand eines Napfes, Dm. 15,4 cm; brauner Ton, poliert. Eingeritztes Rautenmuster (Abb. 74 und Taf. 25).

B 2/2 Großer Teil eines Bechers, Dm. 11 cm, H. 10 cm; roter Ton. Unter dem Rand außen umlaufender flacher Wulst (Abb. 76 und Taf. 25).

B 2/3 17 Scherben von Schalen, Bechern und Näpfen mit eingeritzten Mustern, doch so klein, daß die ursprünglichen Gefäßformen nicht erschlossen werden können.

B 2/4 Scherben von einer Schale, größtes Stück 10 × 10 cm; gelbweißer Ton.

B 2/5 Zwei Scherben von dünnwandiger Schale, Dm. 11 cm; feiner hellgelber Ton. Außenseite mit plastischen Dekor (Abb. 72 und Taf. 25); vergl. BK/35 f (Abb. 67), E 5/c und E/r (Abb. 80).

B 2/6 Bruchstück vom Rand einer Schale; roter Ton. Schwarz aufgemaltes Festonmuster.

B 2/7 Hals einer Flasche; roter Ton.

B 6/1 Napf, Dm. 12 cm, H. 8 cm; grober hellgelber Ton (Abb. 72 und Taf. 25).

B 6/2 Scherbe von Becher, Dm. 8,5 cm, H. 6 cm; roter Ton, poliert. Eingeritzte Linien parallel zum Rand und eingeritztes Muster (Abb. 73 und Taf. 25).

B 6/4 Scherbe von Schale; roter Ton, poliert. Eingeritztes Muster (Taf. 25).

B 7/1+2 Zwei Scherben von einem Becher, Dm. 8 cm, H. 8,2 cm; roter Ton, poliert, aber wenig gebrannt. Eingeritztes Muster mit Rosetten (Abb. 73 und Taf. 26).

B 7/3 a Scherbe von einem Becher, Dm. 9 cm, H. 6,5 cm; harter roter Ton, poliert. Eingeritztes Streifenmuster mit "laufendem Hund" (Abb. 74 und Taf. 26).

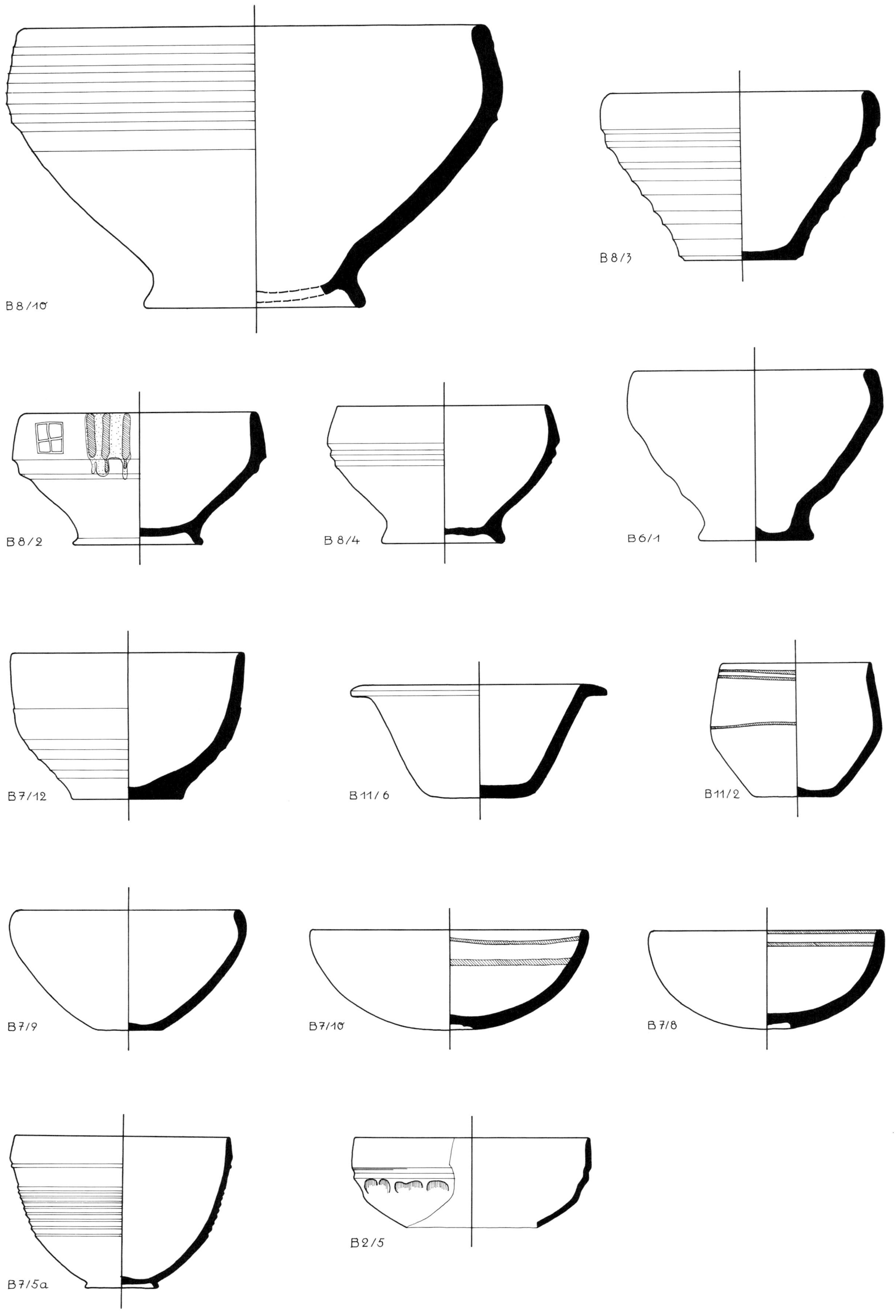

CF 61

ABB. 72. TONGEFÄSSE VOM GRÄBERFELD B. MASSTAB 1:2

CF 61

ABB. 73. TONGEFÄSSE VOM GRÄBERFELD B. MASSTAB 1:2

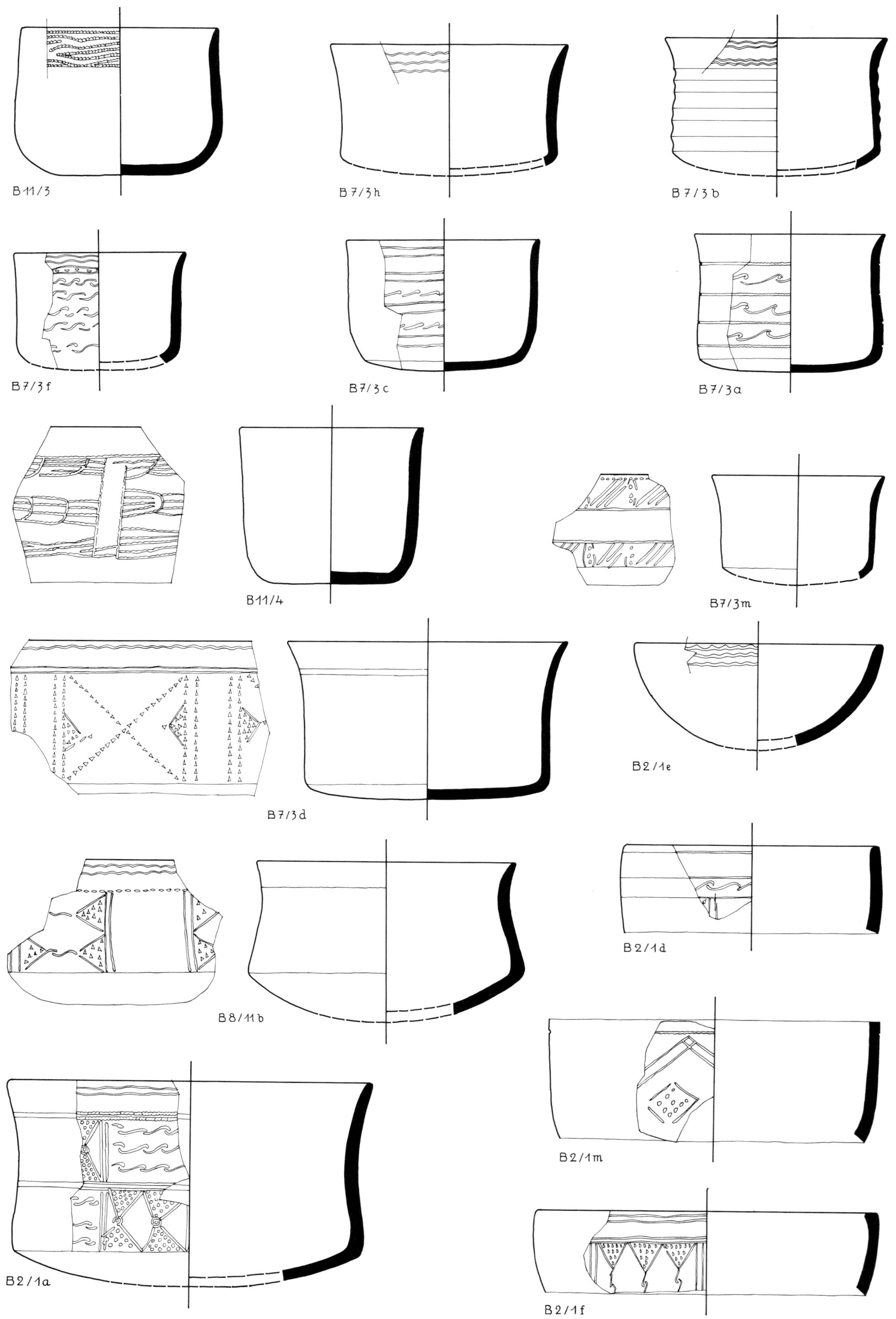

Abb. 74. Tongefässe vom Gräberfeld B. Masstab 1:2

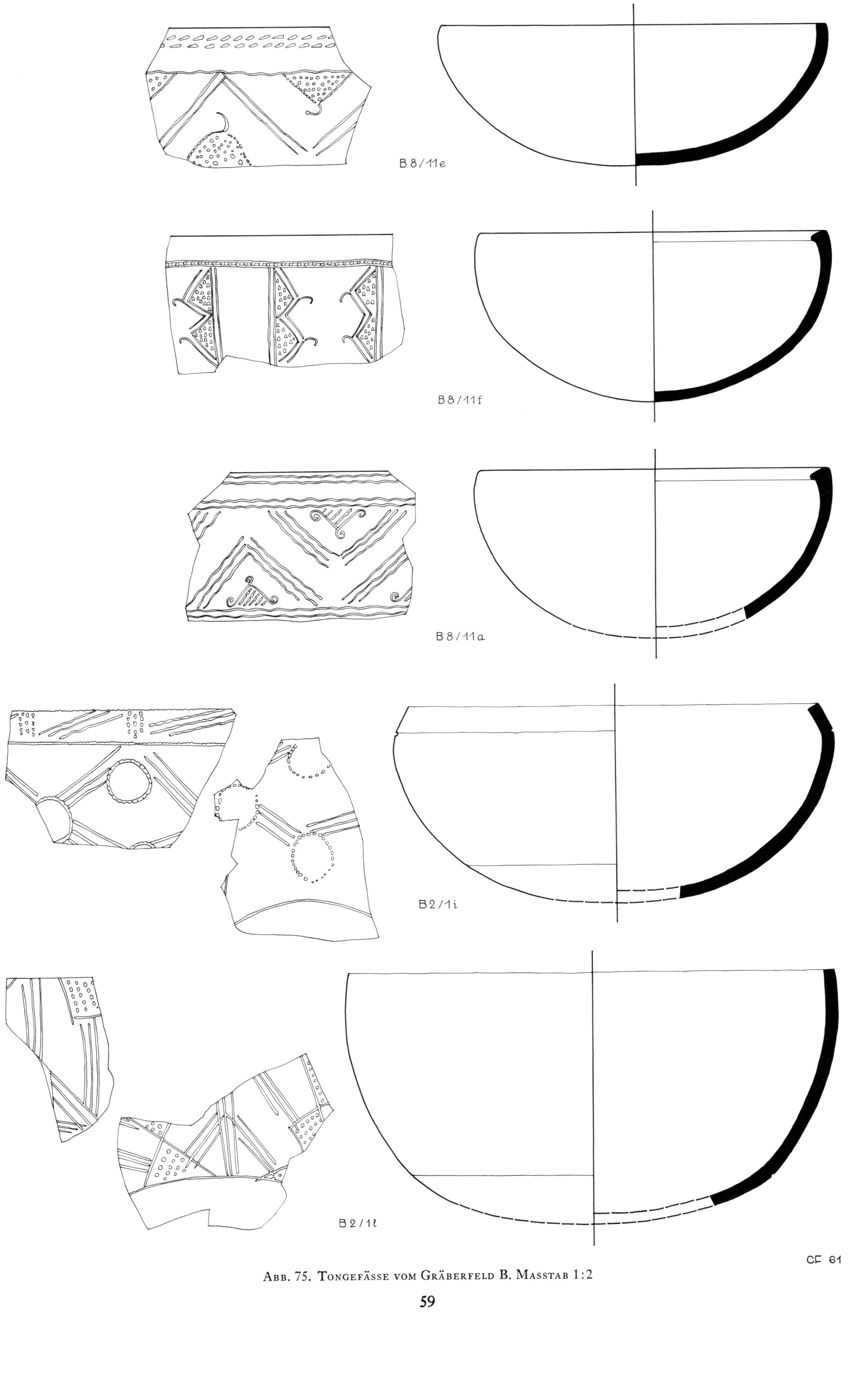

Abb. 75. Tongefässe vom Gräberfeld B. Masstab 1:2

Abb. 76. Tongefässe vom Gräberfeld B. Masstab 1:2

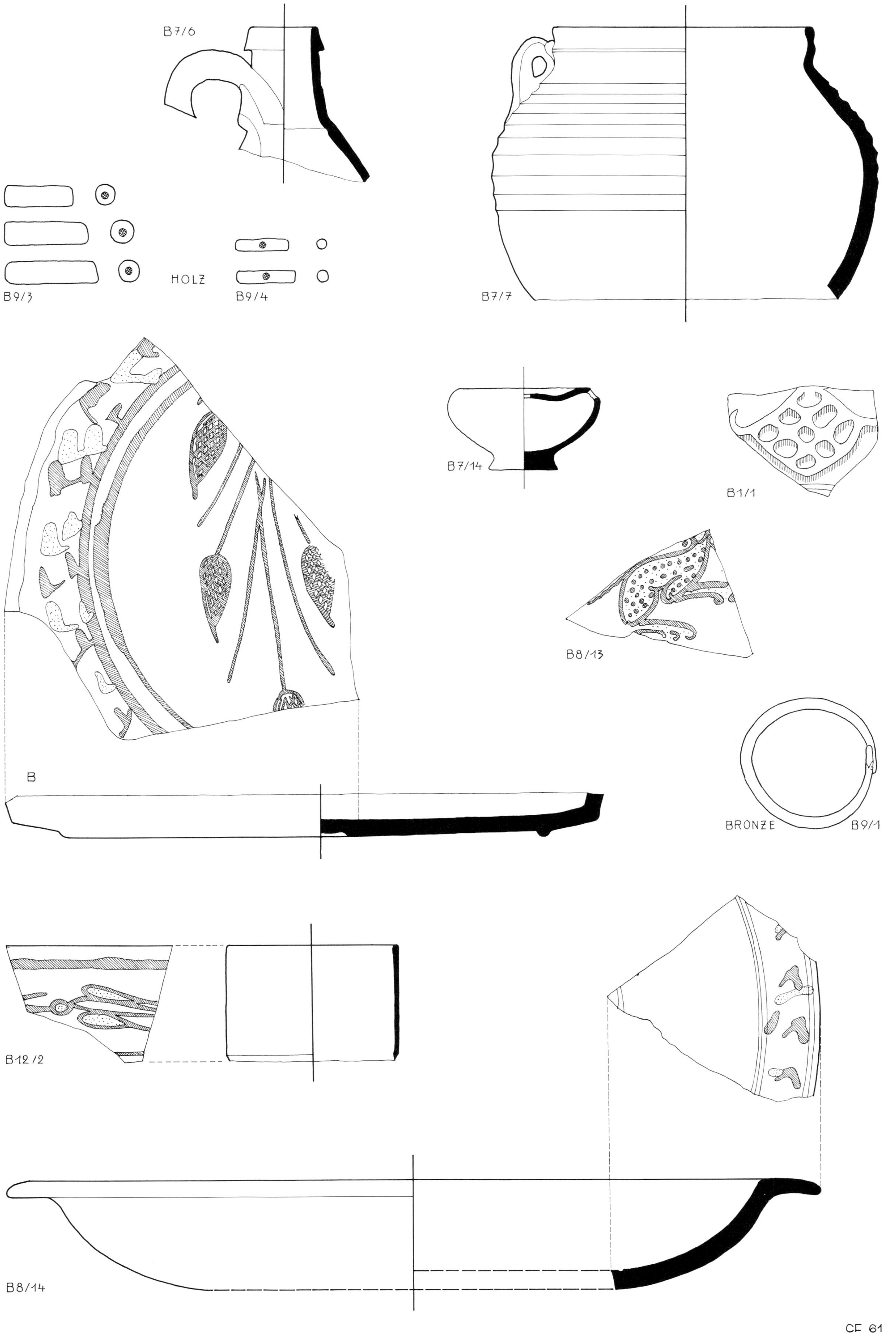

Abb. 77. Tongefässe und andere Funde vom Gräberfeld B. Masstab 1:2

B 7/3 b Scherbe von Becher, Dm. 10,5 cm, H. 6,5 cm; dunkelbrauner Ton, poliert. Um den Rand eingeritzte Wellenlinien, Außenseite sonst gerillt (Abb. 74 und Taf. 26).

B 7/3 c Scherben von einem Becher, Dm. 9 cm, H. 6 cm; roter Ton, poliert. Eingeritztes Streifenmuster, dazwischen "laufender Hund" (Abb. 74 und Taf. 26).

B 7/3 d Scherben von Napf, Dm. 13 cm, H. 7,5 cm; roter Ton, poliert. Unter dem Rand eingeritzte Wellenlinie, übriges Muster aus vertieften Punkten (Abb. 74 und Taf. 26).

B 7/3 e Bruchstück von einem Becher, Dm. 8,5 cm, H. 6,3 cm; brauner Ton, poliert. Um den Rand eingeritzte Wellenlinie, darunter breiter Streifen mit geometrisierten Vögeln (Abb. 73 und Taf. 26).

B 7/3 f Zwei Scherben von Becher, Dm. 8 cm, H. 5,5 cm; dunkelbrauner Ton. Um den Rand Wellenlinien, darunter nach unten zu degenerierender "laufender Hund" (Abb. 74 und Taf. 26).

B 7/3 g Fast ganz erhaltener Becher, Dm. 7,5 cm, H. 6 cm; roter Ton, poliert. Rautenmuster mit Ranken aus eingetieften Punkten (Abb. 73 und Taf. 26).

B 7/3 h Scherbe von einem Becher oder Napf, Dm. 11,2 cm, H. 6,2 cm; roter Ton, poliert. Unter dem Rand drei umlaufende Wellenlinien eingeritzt (Abb. 74).

B 7/3 i Fast ganz erhaltener Becher, Dm. 9,7 cm, H. 7 cm; gelblicher Ton, poliert. Eingeritzte Wellenlinie am Rand, im geometrischen Muster darunter sind die Kreise mit brauner Engobe ausgefüllt (Abb. 73 und Taf. 26).

B 7/3 k Zwei Scherben von einem Becher, Dm. 8 cm, H. 5,7 cm; dunkelroter Ton, poliert. Um den Rand Wellenlinien, das eingeritzte Muster darunter dem von B 7/1 b eng verwandt (Abb. 73 und Taf. 26).

B 7/3 l Scherben von einem Becher, Dm. 10,4 cm, H. 9 cm; roter Ton, poliert. Eingeritztes Muster aus doppelten Wellenlinien und "laufendem Hund" (Abb. 73 und Taf. 26).

B 7/3 m Zwei Scherben von kleinem Becher, Dm. 8 cm, H. 5 cm; dunkelroter Ton, poliert. Eingeritztes Streifenmuster (Abb. 74 und Taf. 26).

B 7/3 n Scherbe von einem Becher, Dm. 7,5 cm, H. 7,5 cm; roter Ton, poliert. Eingeritzte Wellenlinie am Rand, Linienmuster darunter aus Punkten zusammengesetzt (Abb. 73 und Taf. 26).

B/A–E, G–H Gefäßscherben, in der Umgebung der Gräber B 7 und B 6 aufgelesen; brauner Ton, poliert. Eingeritzte Muster (Taf. 25 und 28).

B 7/4 13 Scherben von mindestens 6 Gefäßen; roter oder brauner Ton, poliert. Keine Dekoration.

B 7/5 10 kleine Scherben von mindestens 4 Gefäßen; feiner gelbweißer Ton. Plastischer Dekor aus Rillen und Beulen; einzige erkennbare Form:

B 7/5 a Scherben von einem Napf, Dm. 10,4 cm, H. 7,1 cm; feiner gelbweißer Ton. Außenseite mit dünnen Rillen verziert (Abb. 72).

B 7/6 Hals von einem Krug mit einem Henkel; hellroter Ton, innen schwarzer Überzug (Abb. 77).

B 7/7 Große Scherbe von einem bauchigen Topf, größter Dm. 18 cm; hellroter Ton. Außen im oberen Teil gerillt, angesetzter kleiner Henkel (Abb. 77).

B 7/8 Kleine Schale, Dm. 11 cm, H. 4,7 cm; hellgelber Ton. Um den Rand auf der Innenseite zwei schwarzbraun aufgemalte Linien (Abb. 72 und Taf. 26); vergl. T/24'3 (Abb. 69).

B 7/9 Kleine Schale mit eingezogenem Rand, Dm. 11 cm, H. 5,7 cm; feiner gelblicher Ton (Abb. 72 und Taf. 26); Form wie T/24'2 (Abb. 69).

B 7/10 Kleine Schale, Dm. 13 cm, H. 4,8 cm; sehr feiner gelblicher Ton. Um den Rand auf der Innenseite zwei schwarzbraun aufgemalte Linien (Abb. 72 und Taf. 26); vergl. B 7/8.

B 7/11 Kleine Schale, überhängender Rand ausgebrochen, Dm. 15 cm, H. 4,5 cm; hellroter Ton (Taf. 26).

B 7/12 Unvollständiger Napf, Dm. 11 cm, H. 6,9 cm; gelblicher Ton. Außen im unteren Teil gerillt (Abb. 72 und Taf. 26).

B 7/13 +14 Zwei einfache runde Öllampen ohne Henkel, Dm. 7,1 cm, H. 3,8 cm; roter Ton (Abb. 77 und Taf. 26).

B 7/15 Öllampe ohne Henkel, L. 11,2 cm, B. 9 cm, H. 3,5 cm; roter Ton. Plastischer Dekor auf der Oberseite, den Froschlampen verwandt (Abb. 76 und Taf. 25).

B 8 Scherben von einem großen bauchigen Topf, größter Dm. 26 cm; roter Ton, poliert. Eingeritztes Muster auf dem oberen Teil der Außenfläche (Abb. 76 und Taf. 27).

B 8/2 Napf mit Standring, Dm. 12 cm, H. 6,2 cm; hellroter Ton, außen unter dem 2,2 cm breiten Rand hellgelb geschlemmt. Außen auf dem roten Rand an drei Stellen drei senkrechte aufgemalte schwarze Striche auf gelbem Grund (Abb. 72); vergl. T/23'1 (Abb. 69).

B 8/3 Napf, Dm. 13 cm, H. 7,8 cm; grober roter Ton. Außenseite unter dem glatten Rand gerillt (Abb. 72 und Taf. 27).

B 8/4 Großes Bruchstück von einem Napf mit Standring, Dm. 10,8 cm, H. 6,4 cm; roter Ton. Unter dem glatten Rand eingekerbte Rillen (Abb. 72 und Taf. 27); vergl. T/20'3 (Abb. 69).

B 8/5 Kleine Schale mit Rand, Dm. 13 cm, H. 4 cm; roter Ton. Auf dem waagerechten Rand gelb aufgemalte Festons (Taf. 27); vergl. T/18 (Abb. 68).

B 8/6 Scherben von einem Topf mit Ausguß-Tülle, Dm. 12 cm, H. 9,3 cm; dunkelbrauner Ton, poliert. Um den Rand eingeritzte Linien, die Außenseite ganz mit einem eingeritzten Rautenmuster bedeckt (Abb. 76 und Taf. 27).

B 8/7 Scherben von einem flaschenartigen Gefäß, Dm. 9 cm, H. 9,7 cm; brauner Ton, poliert (Abb. 76).

B 8/10 Scherbe von einem großen Napf, Dm. 23,1 cm, H. 13,2 cm mit Standring; gelblicher Ton. Oberer Teil der Außenseite gerillt (Abb. 72 und Taf. 27).

B 8/11 a Scherbe von einer Schale, Dm. 17,5 cm, H. 8,5 cm; brauner Ton, poliert. Die Außenseite ganz mit einem eingeritzten Muster aus Wellenlinien bedeckt (Abb. 75 und Taf. 27).

B 8/11 b Bruchstück eines bauchigen Napfes, größter Dm. 12,9 cm, H. 7,6 cm; roter Ton, poliert. Eingeritzte Wellenlinien um den Rand, Dreiecksmuster auf der Mantelfläche (Abb. 74 und Taf. 27).

B 8/11 c Scherbe von einem Napf, Dm. 9,5 cm, H. 6,9 cm; roter Ton, poliert. Um den Rand Wellenlinien, darunter ein Muster aus Blättern (?), die mit brauner Engobe ausgefüllt sind (Abb. 73 und Taf. 27).

B 8/11 d Scherbe von einer bauchigen Schale, Dm. 22,2 cm; hellbrauner Ton, wenig geglättet. Um den Rand Wellenlinien und gerade Linien, darunter eingeritztes Muster aus Blättern und Blüten (?) (Abb. 76 und Taf. 27).

B 8/11 e Schale, Dm. 19,1 cm, H. 6,9 cm; roter Ton, poliert. Um den Rand zwei Reihen aus kleinen Kerben, darunter eingeritztes Muster aus Doppellinien und Dreiecken (Abb. 75 und Taf. 27).

B 8/11 f Scherben von einer Schale, Dm. 17,5 cm, H. 6,4 cm; roter Ton, poliert. Die mit Punkten ausgefüllten Dreiecke des eingeritzten Musters sind dunkler rot (Abb. 75 und Taf. 27).

B 8/12 a, b Zwei Bruchstücke von einem großen Teller mit Standring; gelblicher Ton, rote Engobe. Aufgemalte Dekoration in schwarz und weiss (Abb. 77 und Taf. 26).

B 8/13 Scherbe von einem Teller (?); weißgelber Ton mit roter Engobe. Bemalt mit Tier (Hase ?); schwarze Umrisse, gelber Körper mit schwarzen Punkten (Abb. 77 und Taf. 26).

B 8/14 Bruchstück vom Rand einer flachen Schale, Dm. 38 cm, H. 5 cm; weißgelber Ton mit roter Engobe. Auf dem Rand aufgemalte gelbe und schwarze Flecke (Abb. 77).

B 11/2 Kleiner ausgebauchter Napf, Dm. 8 cm, H. 6,3 cm; feiner weißgelber Ton. Auf der Außenseite drei schwarz aufgemalte Linien (Abb. 72 und Taf. 28).

B 11/3 Becher, Dm. 9,7 cm, H. 6,9 cm; roter Ton, poliert, stellenweise geschwärzt. Außen um den Rand ein 1,6 cm breiter Streifen aus wellenförmig eingetieften Punktlinien (Abb. 74 und Taf. 28).

B 11/4 Becher, Dm. 8,6 cm, H. 7,3 cm; dunkelroter Ton, poliert. Außen drei umlaufende Bänder aus eingetieften Punktlinien (Abb. 74 und Taf. 28).

B 11/5 Becher, Dm. 8,3 cm, H. 7 cm; roter Ton, poliert. Außen versetzt eingedrückte Beulen, dazwischen eingeritzte Dreiecksmuster (Abb. 73 und Taf. 28).

B 11/6 Napf mit überstehendem Rand, Dm. 12 cm, H. 5,3 cm; feiner hellgelber Ton (Abb. 72 und Taf. 28).

B 11/7 Napf mit Standring, Dm. 11,5 cm, H. 7 cm; roter Ton. Die Form (Taf. 28) gleicht der von B 8/4 (Abb. 72).

B 11/8 Gefäßscherbe; roter Ton, poliert. Außen auf dem Rand drei eingeritzte Zickzack-Linien (Taf. 28).

B 12/1 Scherbe von einem Becher, Dm. 9 cm, H. 8 cm; roter Ton, poliert. Außen um den Rand eingeritzte Wellenlinien, darunter Muster aus Rauten und "laufendem Hund" (Abb. 73 und Taf. 28).

B 12/2 Scherbe von zylindrischem Gefäß, Dm. 8 cm; feiner gelbweißer Ton, rote Engobe. Außen Bemalung in schwarz, dunkelrot und gelb (Abb. 77 und Taf. 26).

g. Keramik vom Gräberfeld C

Das Gräberfeld C liegt südlich vom Khor Kalabsche und westlich von Nag^{c} el Birbe und dem Kalabsche-Tempel (Karte Abb. 51). Es umfaßt etwa 500 weit über Hügel und Täler verstreute Gräber, von denen wir in unserer Konzession rund 190 Gräber fast ergebnislos untersucht haben. Alle Gräber sind gründlich ausgeraubt, ihre Oberbauten dabei zerstört worden. Nur in wenigen Gräbern fanden sich Knochenreste, einige andere enthielten Kleinstfunde (s. S. 70), die von den Grabräubern zufällig übersehen worden sind. Die wenigen Keramikreste sind ausnahmslos aus dem Schutt um die Gräber aufgelesen worden.

C/2–5 Vier kleine Gefäße mit schnabelförmigem Ausguß, Dm. 6,5–8 cm, H. 4,5–5 cm; roter Ton, geglättet (Abb. 78 und Taf. 24).[14]

C/6 Kleine Scherben von Becher, Dm. 9,4 cm, H. 6,3 cm, mit Standring; roter Ton. In die Außenseite sind mit einer handförmigen Punze Vertiefungen in senkrechten Reihen eingedrückt (Abb. 78).

C/7 Tassenförmiges Gefäß, Dm. 11 cm, H. 6,5 cm; roter Ton. Aufgemalter Dekor.

C/8 Scherben von einem Becher, Dm. 9,5 cm, H. 7 cm; dunkelroter Ton, poliert. Außen um den Rand eingeritzte Wellenlinien, darunter Muster aus Rechtecken und Dreiecken (Taf. 24).

h. Keramik von der Gräbergruppe D

Die Gräbergruppe D liegt an einer kleinen Bucht unmittelbar nördlich von Nag^{c} Taifa gharb (Karte Abb. 1). Die Gruppe besteht aus 10 Gräbern, die in eine weiche Schicht unter anstehendem Sandstein eingeschnitten sind. Alle Gräber sind beraubt. In einigen fanden sich Knochenreste, die Toten lagen anscheinend auf dem Rücken, Kopf nach Süden. In einem einzigen Grab wurden 2 Kleinstfunde (s. S. 68) und ein Tongefäß gefunden.

D 1/a Großer tiefer Napf mit Standring, Dm. 18,2 cm, H. 13 cm; gelblicher Ton mit roter Engobe. Außenseite in ganzer Höhe mit steiler Zickzack-Linie dunkelrot bemalt (Abb. 78 und Taf. 24).

14. Der Verwendungszweck der Gefäße dieser Form ist nicht sicher zu erkennen. Wahrscheinlich handelt es sich um "Schnabeltassen" für die Fütterung von Kleinkindern, zumal ein sehr ähnliches Gefäß (der C-Gruppe ?) bei Anibe als Beigabe neben einer Kinderleiche gefunden worden ist: Steindorff, Aniba II 197 u. Taf. 92, 14. Ein unseren Gefäßen genau gleiches Exemplar s. Garstang, Meroe Pl. XLII, 6; im Text nicht erwähnt.

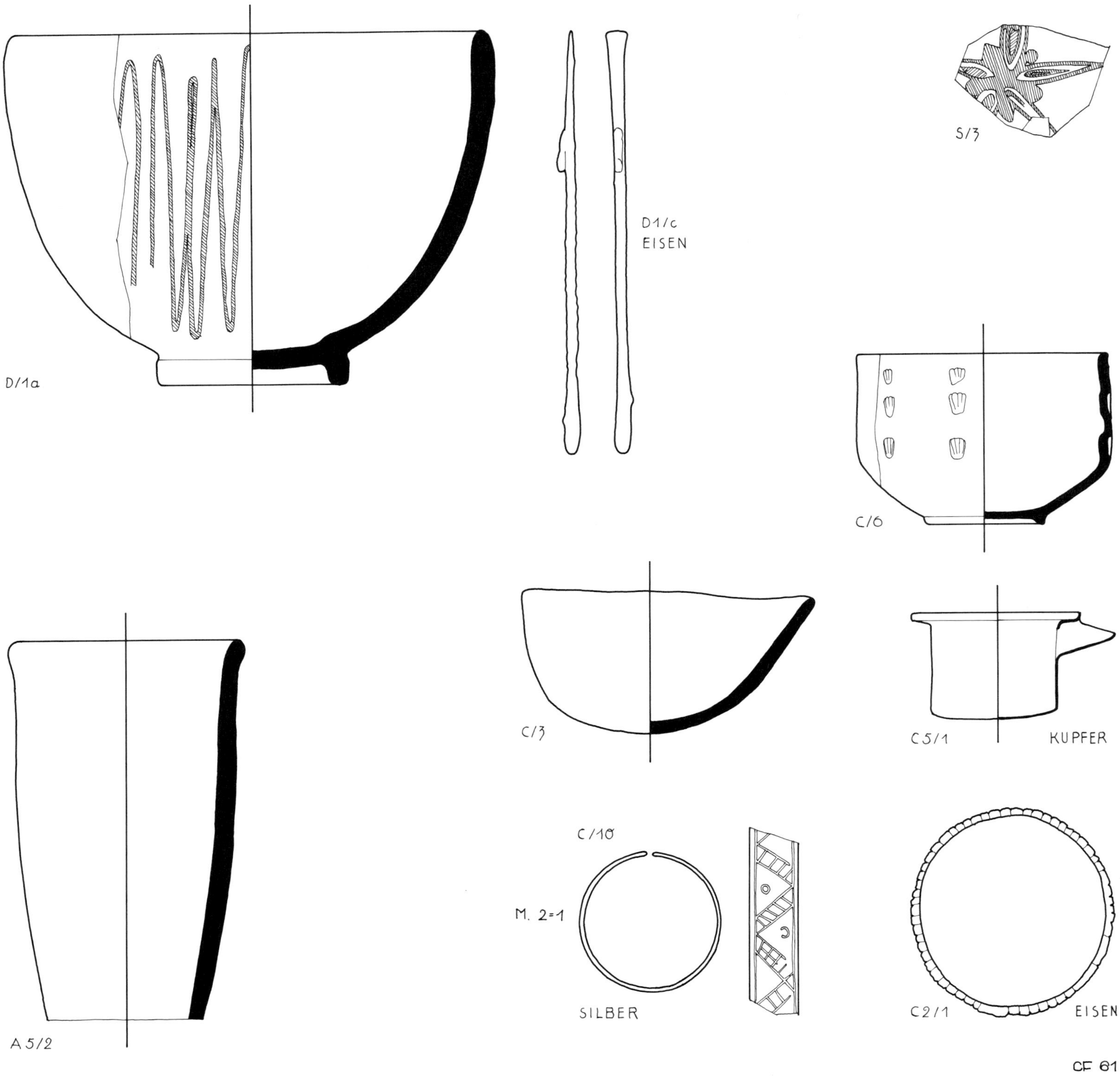

Abb. 78. Funde von den Gräberfeldern A, C und D. Masstab 1:2

i. Keramik vom Gräberfeld E

Das Gräberfeld E, das dem Gräberfeld C gleicht, liegt auf dem Ostufer des Stausees, unmittelbar nördlich vom Bab Kalabsche und südlich von Nag[c] Sargi (Karte Abb. 1). Hier liegen etwa 400 Gräber über Hügel und Senken verstreut, von denen 176 von uns untersucht worden sind. Alle Gräber sind gründlich beraubt worden, dabei sind alle Oberbauten zerstört. In 10 Gräbern wurden Zufallsfunde gemacht, alles übrige ist aus dem Schutt aufgelesen worden.

E 3/a Winziger Napf mit zwei massiven Henkeln, Dm. 3,3 cm, H. 1,7 cm; gelblicher Ton (Abb. 80).

E 3/b Winziger Napf, Dm. 4,3 cm, H. 2,5 cm; roter Ton (Abb. 80).

E 3/c Oberkörper einer roh gemachten Frauenfigur, Puppe; brauner Ton.

E 3/d Kleine Öllampe (?) mit Griff, L. 5 cm, Dm. 3,5 cm, H. 3 cm; roter Ton (Abb. 80).

E 3/e Henkel eines Gefäßes (?), 5 × 2,3 cm; roter Ton.

F 5 Dieses große Grab wurde Seite 42 (mit Abb. 63) bereits erwähnt im Anschluß an die Beschreibung der Fürstengräber B 6–8. Nur wenige Objekte wurden im Grabbezirk aufgelesen:

E 5/a Zwei Scherben von größerem Topf, Dm. 17 cm; roter Ton, poliert. Auf der Außenseite Dekoration aus Linien, die aus eingetieften Punkten zusammengesetzt sind (Abb. 80 und Taf. 28).

E 5/b Scherbe von Napf, Dm. 12,4 cm, H. 7,2 cm; brauner Ton, poliert. Auf der Außenseite Zickzack-Linien, die aus eingetieften Punkten zusammengesetzt sind (Abb. 80 und Taf. 28).

E 5/c Scherbe von einem Napf mit erweitertem Rand und Standring, Dm. 8 cm, H. 5,9 cm; feiner weißgelber Ton. Außen under dem Rand eine Reihe eingedrückter Beulen, darunter Rillen (Abb. 80 und Taf. 28); vergl. B 2/5 und BK/35 f (Abb. 72 und 67).

E 9/a Zwei große Scherben von einem Napf, Dm. 10 cm, H. 5,6 cm; brauner Ton, poliert. Außen unter dem Rand eingeritztes Bandmuster, nahe dem Boden eine Wellenlinie (Abb. 80 und Taf. 28).

E 9/b Scherben von einem Napf, Dm. 9,7 cm, H. 8,3 cm; hellbrauner Ton, poliert. Außen unter dem Rand eingeritzt ein "laufender Hund," darunter Rechteckmuster aus Punktlinien mit stilisierten Weintrauben (Abb. 80 und Taf. 28).

E 9/c Scherben von einem Napf (?); roter Ton. Außen unter dem Rand ein Bandmuster aus eingeritzten Linien und Wellenlinien (Taf. 28).

E 9/d Größere Anzahl Scherben von dünnwandigen Gefäßen, darunter von einem Napf, Dm. 9,8 cm, H. 4,8 cm, außen mit Rillendekor (Abb. 80).

E 10/a Kleine groteske Sitzfigur einer Frau, Sockel 4 × 4 cm, H. 15,5 cm.

Aus dem Schutt um die Gräber des Gräberfeldes E wurde folgende Keramik aufgelesen:

E/a Großer Topf mit Randprofil und Standring, Dm. 26,6 cm, H. 18,7 cm; gelblicher Ton (Abb. 79 und Taf. 29).

E/b 1 Gefäß mit schnabelförmigem Ausguß, Dm. 8 cm, H. 5,5 cm; brauner Ton (Abb. 81 und Taf. 28).

E/b 2 Bruchstück eines kleinen Gefäßes mit Ausguß-Tülle, Dm. 5,8 cm, H. 3,4 cm; brauner Ton (Abb. 81).

E/d Scherben von einem Napf, Dm. 8,5 cm, H. 5,7 cm; roter Ton (Taf. 29).

E/f 1 Napf mit steilem Rand und Standring, Dm. 13,5 cm, H. 8,8 cm; roter Ton. Außenseite gerillt (Abb. 79 und Taf. 29).

E/f 2 Schalenförmiger Napf, Dm. 11,7 cm, H. 7,3 cm; feiner gelblicher Ton. Außenseite gerillt (Abb. 80 und Taf. 29).

E/f 3 Napf mit steilem Rand, Dm. 9,5 cm, H. 7,5 cm; gelblicher Ton (Taf. 28). Gleicht in der Form T/22 (Abb. 69 und Taf. 24).

E/f 4 Scherbe von einem Napf mit steilem Rand, Dm. ca. 9,5 cm; roter Ton (Taf. 29).

E/f 5 Kleiner Napf, Dm. 10,1 cm, H. 9,6 cm; roter Ton. Außen unter dem schmalen Rand unregelmäßig gerillt (Taf. 29).

E/g Kleines Gefäß mit schnabelförmigem Ausguß, Dm. 6,3 cm, H. 3,3 cm; roter Ton (Taf. 28).[14]

E/h 1 Scherben von großem Gefäß; roter Ton, poliert. Unter dem Rand außen "laufender Hund" eingeritzt, darunter Dreiecke um Rauten (Taf. 28).

E/h 2 Scherbe von einem Napf; brauner Ton, poliert. Außen um den Rand zwei eingeritzte Wellenlinien (Taf. 28).

E/h 3 Scherbe von einem Gefäß; roter Ton, poliert. Außen um den Rand drei eingeritzte Wellenlinien (Taf. 28).

E/i Schale mit breitem ausladendem Rand und Standring, Dm. 25,3 cm, H. 5,7 cm; roter Ton. Auf den Rand sind Festons in schwarz und gelb aufgemalt (Abb. 79).

E/j Scherben einer Schale mit Standring, Dm. 22,3 cm, H. 9 cm; brauner Ton. Außen im oberen Teil gerillt (Abb. 79 und Taf. 29).

E/k 1 Napf mit Standring, Dm. 14,7 cm, H. 8,5 cm; roter Ton mit brauner Engobe auf dem Rand. Außen unter dem Rand gerippt, aufgemalte senkrechte Striche (Abb. 80 und Taf. 29).

E/k 2 Napf mit Standring, Dm. 12 cm, H. 6,5 cm; roter Ton. Außen unterm Rand gerillt (Taf. 29).

E/k 3 Napf mit Standring, Dm. 11 cm, H. 6,5 cm; roter Ton (Taf. 29).

E/l Kleines Gefäß mit schnabelförmigem Ausguß, Dm. 7 cm, H. 4,6 cm; roter Ton (Abb. 81 und Taf. 28).[14]

E/m Kleiner Teller mit Fuß oder Gefäßdeckel, Dm. 7 cm, H. 2,3 cm; roter Ton (Abb. 80).

E/n Scherben eines Napfes, Dm. 11 cm, H. 7,2 cm; hellbrauner Ton. Außen um den Rand "lau-

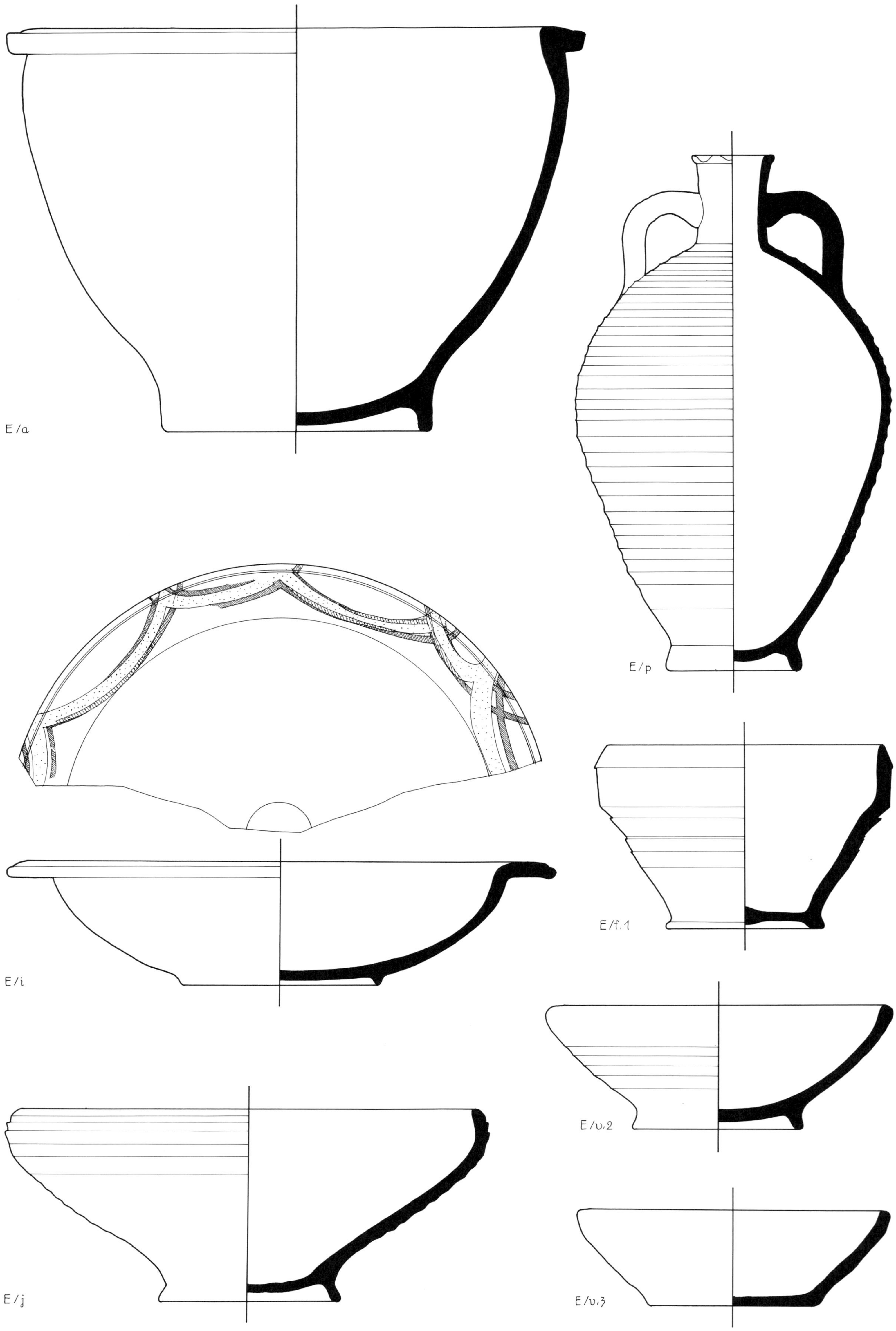

CF 61

Abb. 79. Tongefässe vom Gräberfeld E. Massstab 1:2

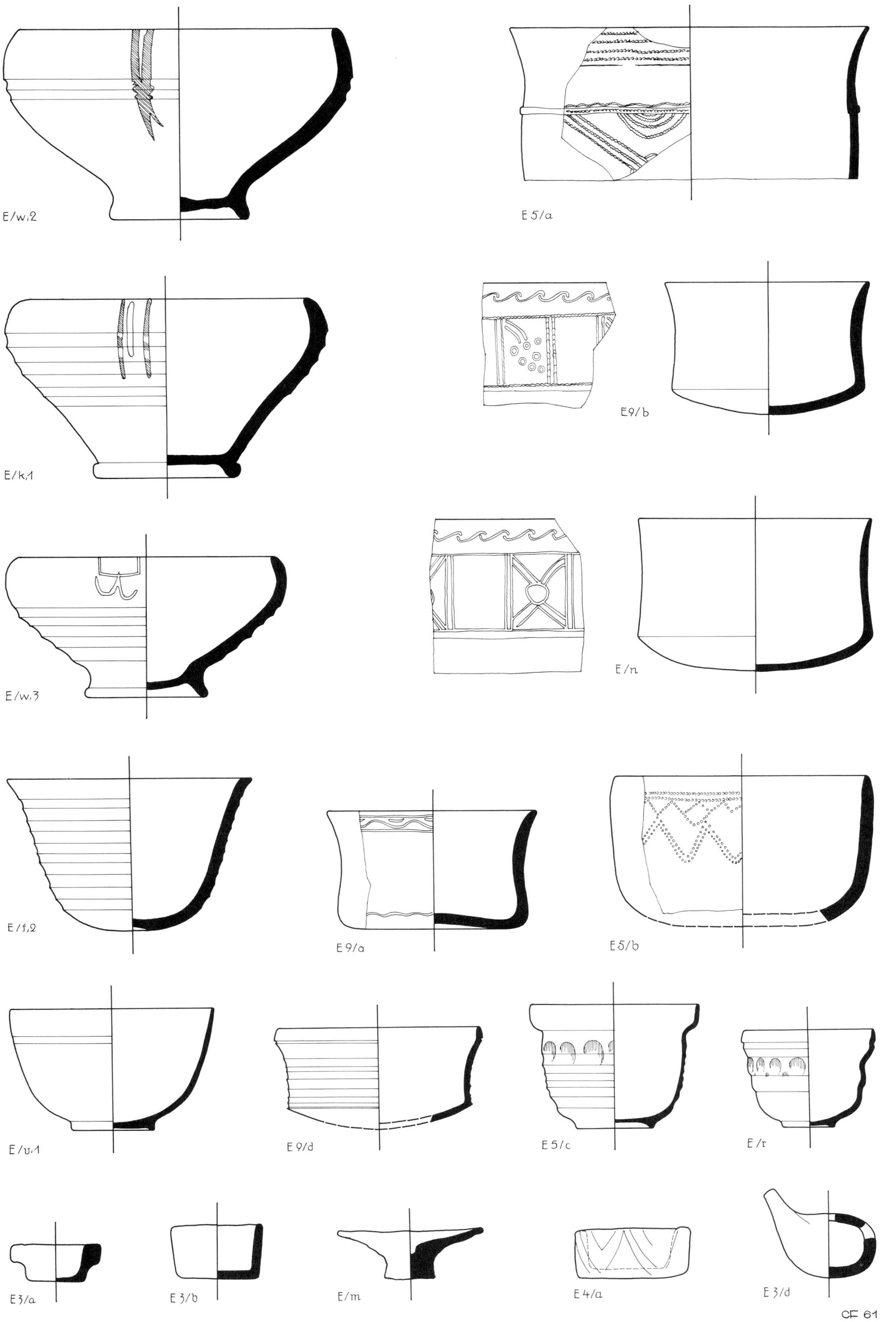

Abb. 80. Tongefässe vom Gräberfeld E. Masstab 1:2

fender Hund" eingeritzt, darunter die Mantelfläche in Rechtecke aufgeteilt: die glatten Recktecke mit brauner Engobe überzogen, ebenso die Kreisflächen in den gemusterten Rechtecken (Abb. 80 und Taf. 28).

E/o Kleines Gefäß mit schnabelförmigem Ausguß, Dm. 6 cm, H. 3,5 cm; brauner Ton (Abb. 81 und Taf. 28).[14]

E/p Krug mit zwei Henkeln und Standring, Dm. 14,5 cm, H. 23,8 cm; gelblicher Ton. Außenfläche gerippt (Abb. 79).

E/r Kleiner Napf mit Standring, Dm. 6,3 cm, H. 4,6 cm; feiner weißgelber Ton. Außen unter dem Randprofil eine Reihe kleiner eingedrückter Beulen (Abb. 80 und Taf. 28).

E/v 1 Napf mit Standring, Dm. 9,6 cm, H. 5,8 cm; feiner weißgelber Ton. Außen zwei eingeschnittene dünne Linien (Abb. 80 und Taf. 28).

E/v 2 Kleine Schale mit Standring, Dm. 16 cm, H. 5,8 cm; roter Ton. Außen im unteren Teil gerillt (Abb. 79 und Taf. 29).

E/v 3 Kleine Schale, Dm. 14,5 cm, H. 4,4 cm; roter Ton (Abb. 79 und Taf. 29).

E/w 1 Großer Napf mit Standring, Dm. 16,5 cm, H. 9 cm; roter Ton. Außen leicht gerillt, aufgemalte senkrechte Striche (Taf. 29).

E/w 2 Napf mit Standring, Dm. 16,5 cm, H. 9,4 cm; roter Ton (Abb. 80 und Taf. 29).

E/w 3 Napf mit Standring, Dm. 13,3 cm, H. 6,6 cm; roter Ton. Außen auf dem Rand eingeritzte Marke (Abb. 80 und Taf. 29).

E/w 4 Napf mit steilem Rand und Standring, Dm. 11,5 cm, H. 7 cm; roter Ton mit brauner Engobe auf dem Rand. Der Rand aufgemalt mit drei Gruppen von je drei unregelmäßigen senkrechten Strichen. Außen unter dem Rand stark gerillt (Taf. 29).

E/w 5 Napf, Dm. 9,5 cm, H. 6,5 cm; feiner weißgelber Ton. Außen unter dem glatten Randprofil ein Streifen aus feinen Rillen, darauf eine Reihe eingedrückter Beulen. Unvollständig (Taf. 28).

KLEINFUNDE

von LABIB HABACHI

Insel vor Darmus:

DM/1 15 Fayence-Perlen und der obere Teil eines Amuletts, Bês darstellend (Abb. 71, M. 1:1).

DM/3 Pfeilspitze, L. 6,1 cm; Eisen (Abb. 71, M. 1:1).

DM/4 Dünner lanzettförmiger Blechstreifen, L. 5,4 cm, B. 7 mm; Kupfer (Abb. 71, M. 1:1).

DM/7 Perlen aus Fayence und Glas, ein Anhänger in Opakglas, kleine Muscheln und ein Zahn vom Schwein (?).

DM/8 Runder Haarpfeil (?) mit profiliertem Kopf, Spitze weggebrochen, L. noch 7,7 cm (Abb. 71, M. 1:1).

DM/9 Kleines stabförmiges Kultgerät (?), L. 13,5 cm; Kupfer. Oben darauf ein kleines Kreuz, unten ein abgerundeter Griff (Abb. 71, M. 1:1).

DM/10 Kleiner Rest eines arabischen Manuskripts, 22,8 × 6,5 cm; Pergament (Taf. 30, D).

DM/11 Reste von Geflecht, 15 × 6 cm; Leder.

Gräberfeld A:

A 9/1 Ohrring, Dm. 2 cm; Kupfer. Auf den Draht aufgezogen 4 Glasperlen, davon eine vergoldet, zwei opak und eine blau und weiß.

A 21/1 17 verschieden große Perlen, Glas in verschiedenen Farben: grün, blau mit weißem Strich, vergoldet.

A 23/1 72 Perlen verschiedener Größe, Glas verschiedener Farbe: grün, blau und vergoldet. Dabei zwei Muscheln.

Gräberfeld B:

B 1/2 Gelber Geweberest, Wolle, und Geweberest, feines Leinen. Stammen von der Bekleidung des Toten.

B 2/8 Bruchstück von einem Knopf, 7 × 6 cm; Holz. Mag von einem Bettgestell stammen.

B 8/8 Reste von feinem Gewebe, Leinen. Von der Bekleidung des Toten.

B 9/1 Armband aus dickem rundem Draht, Dm. 6 cm, Draht-Dm. 5 mm; Bronze. Die Enden sind abgeflacht und mit einer eingravierten Linie verziert (Abb. 77).

B9/2 Perle, Dm. 1 cm; Karneol.

B 9/3 24 längsdurchbohrte zylindrische Perlen, Dm. 1 cm, L. 3–3,5 cm; Holz (Abb. 77 und Taf. 27).

B 9/4 Zwei querdurchbohrte zylindrische Perlen, Dm. 5 mm, L. 2,5 cm; Holz (Abb. 77 und Taf. 27). Diese beiden Holzperlen sind wahrscheinlich die Endstücke der Kette aus B 9/3.

B 9/5 Kleine Gewebereste, Leinen; von der Bekleidung des Toten.

B 11/1 Reste von Bindungen, Leder.

Gräberfeld C:

C 2/1 +2 Zwei Armringe aus Draht, Dm. 7,5 cm; Eisen, stark verrostet (Abb. 78).

C 3/1 14 kleine blaue Perlen, Fayence.

C 4/1 Verschieden große Perlen, grüne Fayence und Glas, davon einige schwarz mit weißem Band, andere vergoldet.

C 5/1 Kleines zylindrisches Gefäß mit flachem Rand und Ausguß, Dm. 6,2 cm, H. 4 cm; Kupfer (Abb. 78 und Taf. 24).[15]

C 6/1 7 große Perlen, Glas, eine Perle davon blau, die übrigen schwarz mit weißem Band.

C/1 33 sehr kleine zylindrische Perlen, Bein.

C/9 Stoffreste mit erhabenem eingewebten Muster, 11 × 20 cm; Wolle. Weitere Stoffreste, Leinen.

C/10 Flacher Fingering für Kind, Dm. 12 mm, B. 4,5 mm; Silber. Eingraviertes Strichmuster (Abb. 78, M. 2:1).

C/11 Bruchstück von Armreifen (?), L. 5 cm; Bein.

Gräbergruppe D:

D 1/b Große Perle, Dm. 12 mm; schwarzes Glas mit weißen Ringen.

15. Ein in der Form gleiches, jedoch viel größeres Gefäß, Dm. 10 cm, H. 8 cm, s. Emery, The royal tombs of Ballana and Qustul I Fig. 100 Nr. 21, II Pl. 74, B. 4–22.

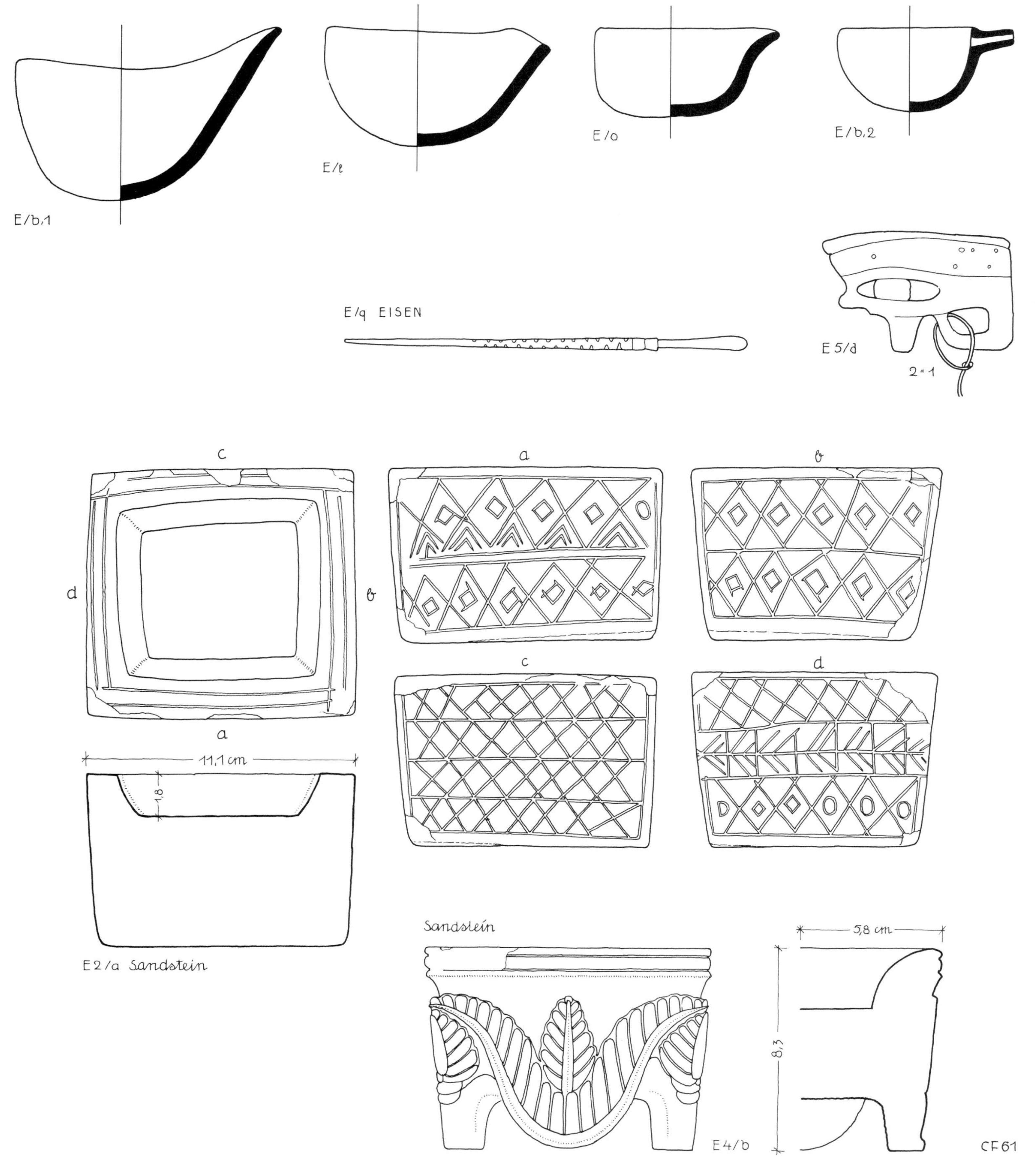

Abb. 81. Verschiedene Funde vom Gräberfeld E. Masstab 1:2

D 1/c Kleiner Meißel, L. 15,5 cm; Eisen, stark verrostet (Abb. 78).

Gräberfeld E:

E 1/a 106 Perlen, Fayence, Glas und Stein; 1 Anhänger, blaues Glas; 1 Ohrring, Eisen (?).

E 2/a Kleines rechteckiges Becken, 11,1 × 10,2 × 7 cm; Sandstein. Alle Seiten mit eingeritzten Rautenmustern versehen, auf Seite d die "Isisblume" (Abb. 81 und Taf. 29).

E 4/a Kleine Steinwanne, 5,4 × 3,7 × 2,4 cm; Sandstein. Außen auf allen Seiten eingeritztes Muster (Abb. 80).

E 4/b Kleines quadratisches Becken, 11,6 × 11,6 × 8,3 cm; Sandstein. Profilierter Rand, auf allen Seiten ein reliefiertes Palmettenmuster (Abb. 81 und Taf. 29).

E 5/d Ein Amulett in Form eines Götterauges, 19 × 12 mm; blaue Fayence. Eingeschlungen ein Stück Draht (Abb. 81, M. 2:1).

E 6/b 49 Perlen verschiedener Form, einige aus Glas, die anderen aus blauer Fayence, 1 Perle aus roter Fayence, 1 aus Bein.

E 7/a Reste von einem Paar Sandalen, Leder. Die eine Sandale ist fast vollständig, 15 × 11 cm, von der anderen ist nur ein Stück erhalten, 10 × 11 cm.

E 8/a Ein paar Ohrringe aus winzigen Perlen, blaue Fayence.

E 8/b 5 große Perlen, Glas.

E/c 86 kleinste scheibenförmige Perlen, Dm. 2,5 mm; Bein.

E/e Kleine Gewebereste, Wolle, gelb, rot und blau.

E/q Vierkantiges Instrument (Ahle ?); Eisen, L. 16,3 cm. Der Griff ist abgerundet, der mittlere Teil mit kleinen Kerben versehen (Abb. 81).

E/u Kleines quadratisches Becken, 11,5 × 11,5 × 8,5 cm; Sandstein.

NACHTRAG

Das Manuskript zum vorliegenden Bande wurde im Sommer 1962 abgeschlossen. Inzwischen sind Berichte des Österreichischen Nationalkomitees der Unesco-Aktion für die Rettung der nubischen Altertümer erschienen, unter ihnen: Karl Kromer, Römische Weinstuben in Sayala (Unternubien); Österreichische Akademie der Wissenschaften, Philosophisch-Historische Klasse, Denkschriften 95. Band, Wien 1967, worin die Keramik aus Sayala veröffentlicht worden ist. Sie stimmt mit der von uns auf den Gräberfeldern B, C und E gefundenen Keramik so genau überein, daß hier darauf hingewiesen werden muß. In Sayala sind viele ohne Töpferscheibe hergestellte Gefäße mit eingeritzten Mustern gefunden worden, die denen gleichen, die in den Abbildungen 73–76 und auf den Tafeln 24–28 wiedergegeben sind. Daneben sind wie auch bei uns auf der Töpferscheibe gemachte Becher aus sehr feinem hellem Ton gefunden worden. Selbst ein so ungewöhnlich verziertes Gefäß wie unser C/6 (Abb. 78) ist in Sayala einmal vorhanden.

Das Problem, das diese weitgehende Übereinstimmung der Keramik an zwei weit voneinander liegenden Plätzen aufwirft, kann noch nicht diskutiert werden, damit ist zu warten, bis auch die Ergebnisse der übrigen Nubien-Expeditionen veröffentlicht sein werden. Erst wenn alles gefundene Material vorliegt, wird man Überlegungen darüber anstellen können, wo diese höchst besondere Keramik hergestellt worden ist und von wem. Kromer hat sie ans Ende des 3. Jahrhunderts n. Chr. datiert, was möglicherweise noch modifiziert werden muß.

H. R.

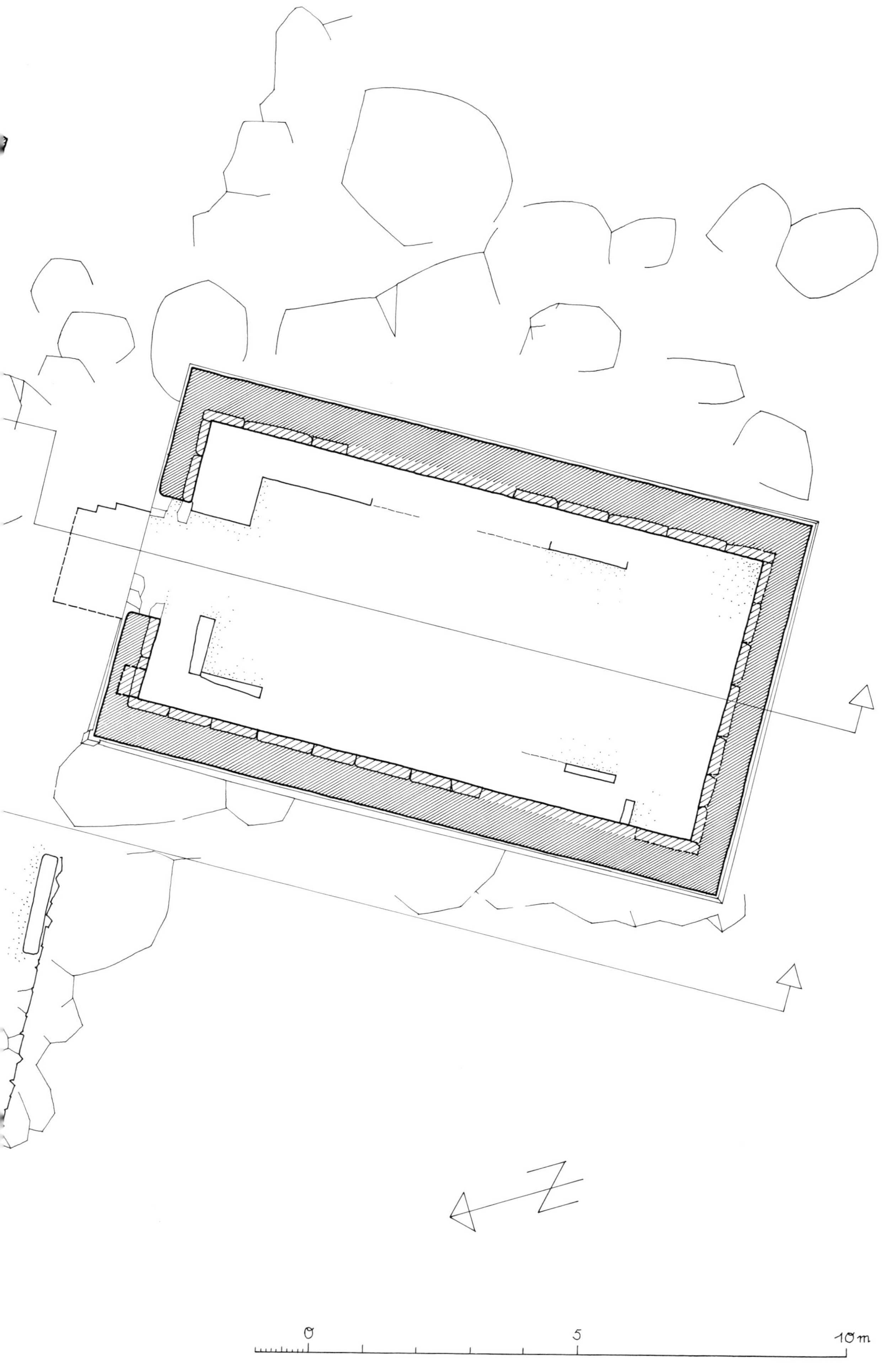
0
5
10 m

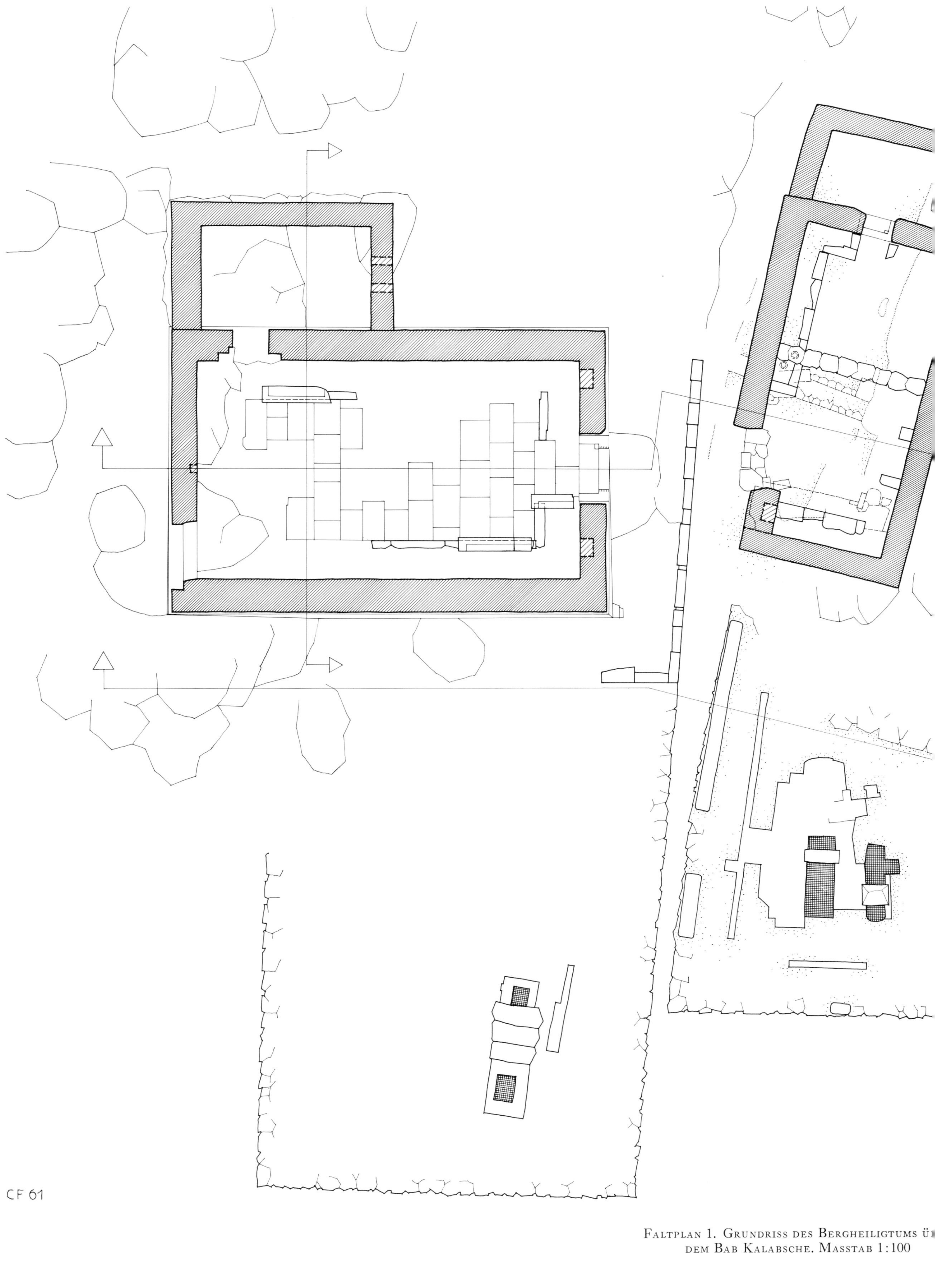

Faltplan 1. Grundriss des Bergheiligtums ü[illegible]
dem Bab Kalabsche. Masstab 1:100

e. A. Ansicht von
gsschnitt,
Taifa. C.

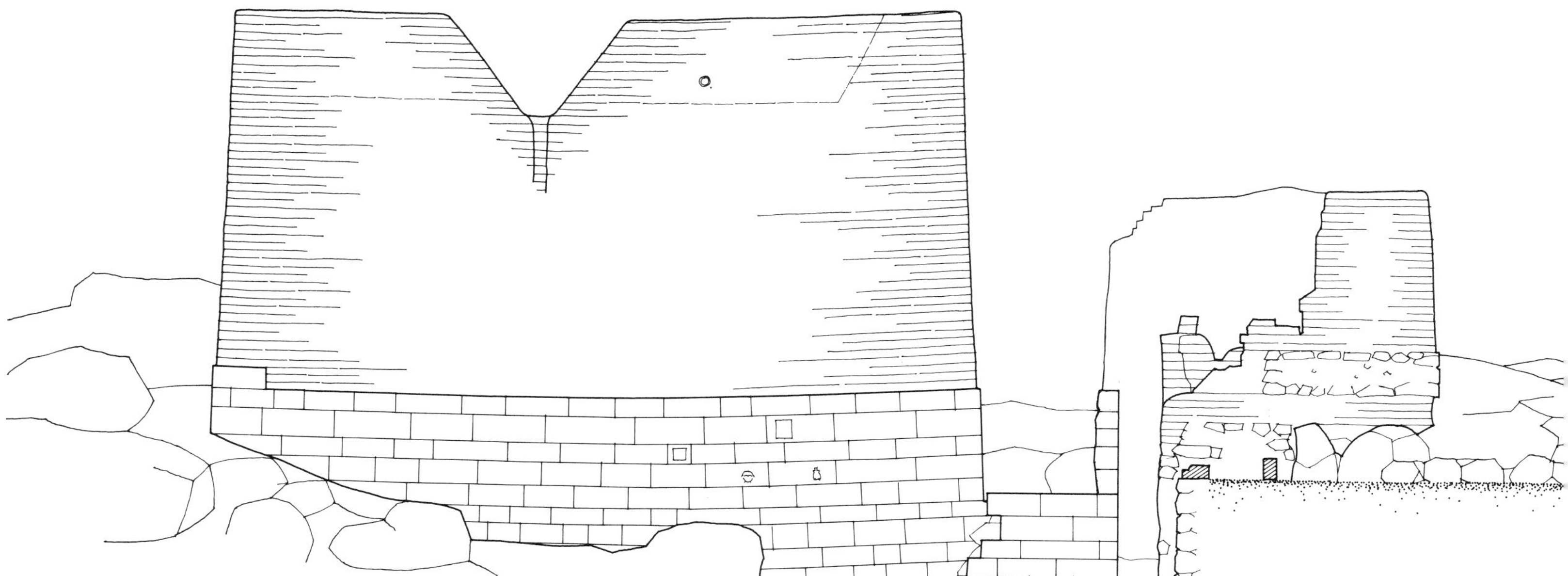

A

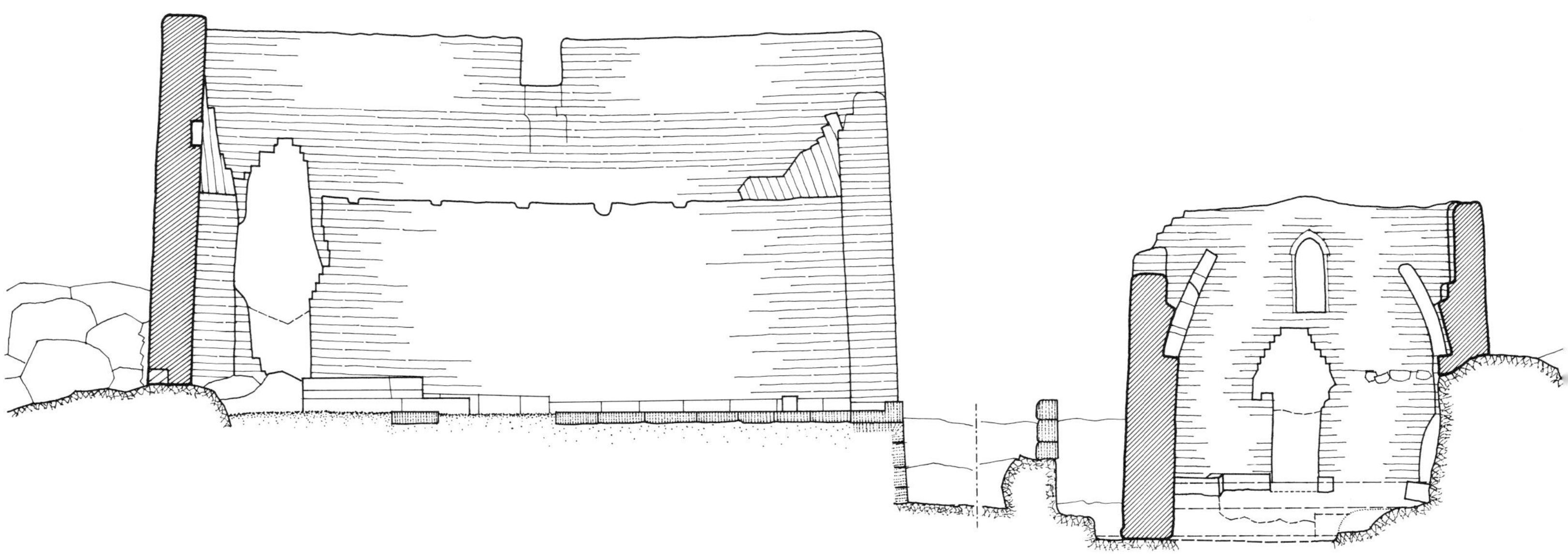

B

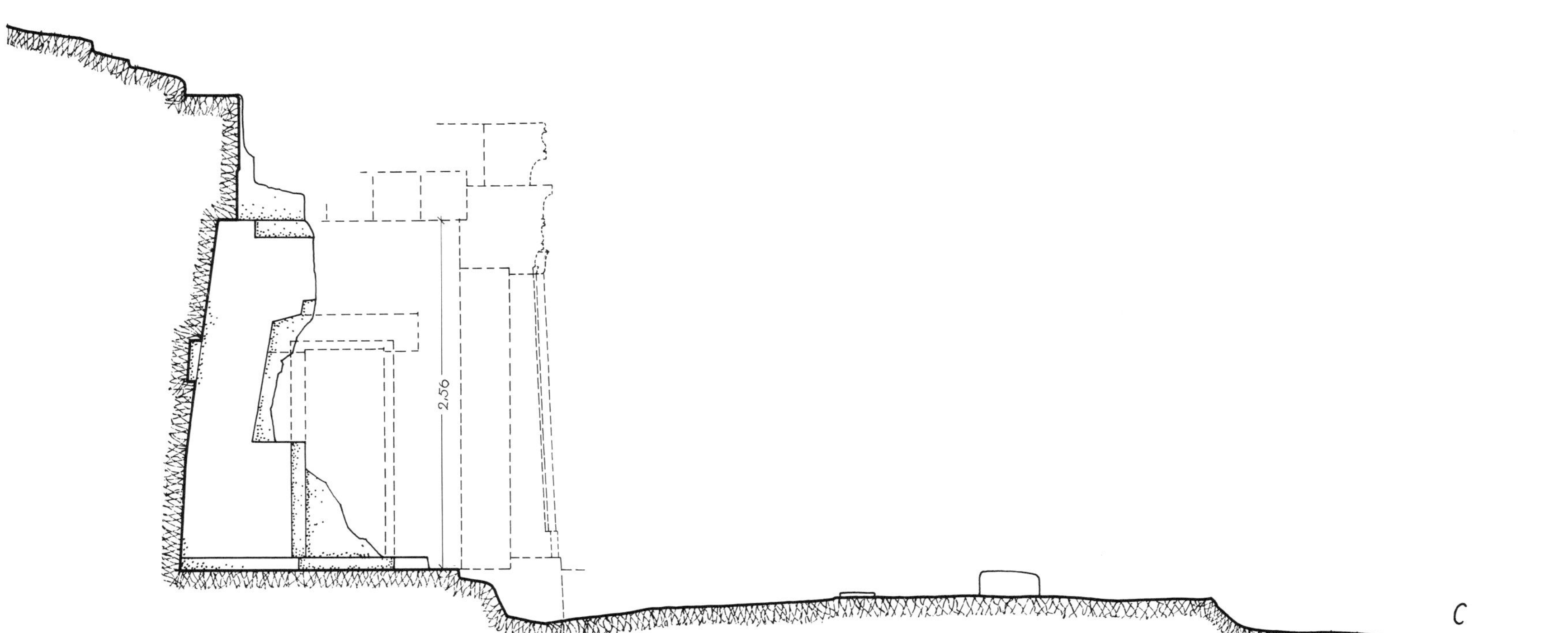

C

CF 1961

Faltplan 2. Bergheiligtum über dem Ba[illegible]
Westen, abgewickelt. Masstab 1:[illegible]
abgewickelt. Masstab 1:100. Tal[illegible]
Längsschnitt durch Kapelle und [illegible]
abgewickelt. Masstab 1:50

5
10m

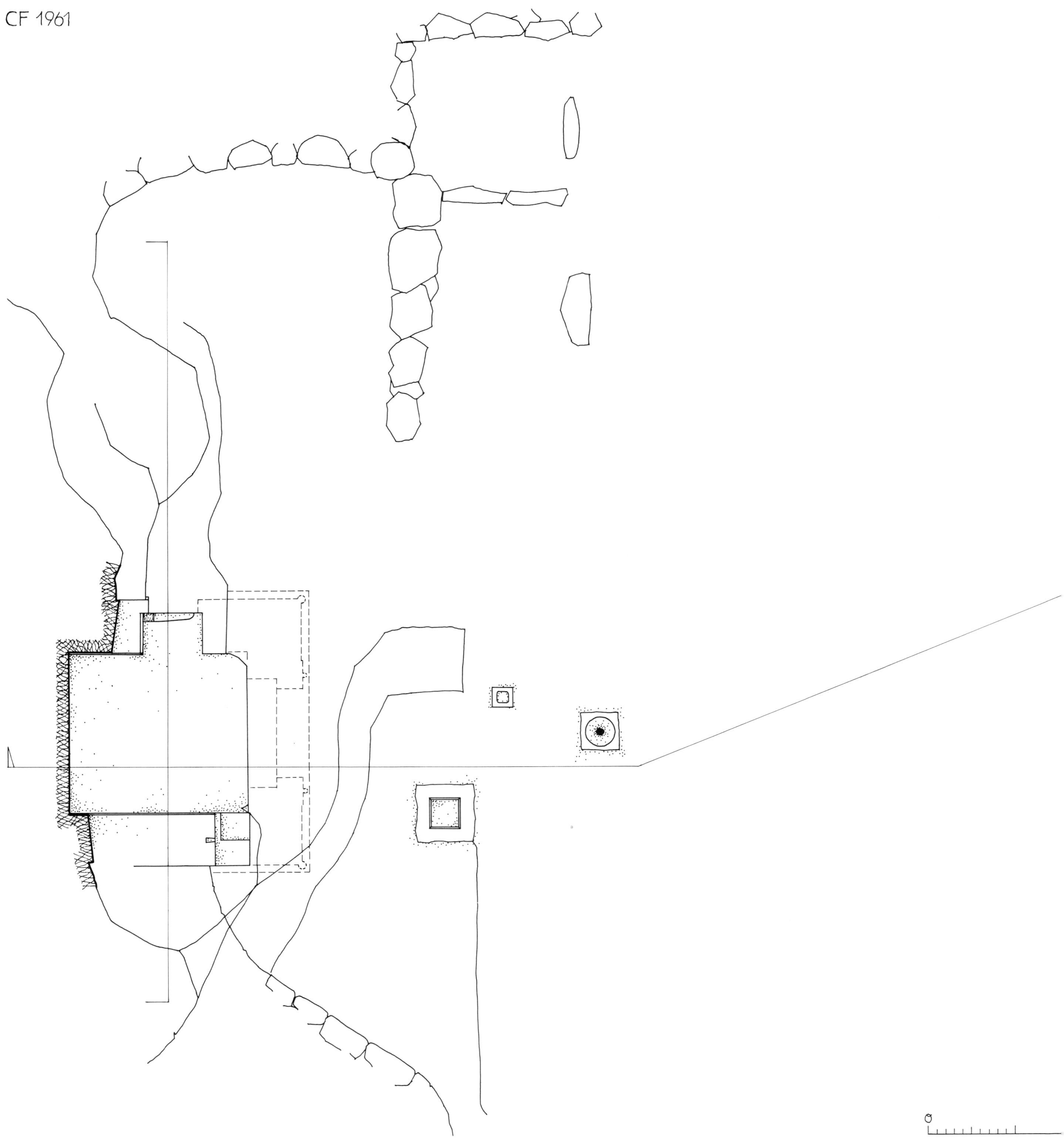

Faltplan 3. Grundriss der Talkapelle und Terrasse b
Taifa. Masstab 1:50

DAS BERGHEILIGTUM ÜBER DEM BAB KALABSCHE. *A* ZEICHNUNG VON ROBERT HAY, VON SÜDWESTEN GESEHEN (NACH HAY MS BRIT. MUS. ADD. 29836,50). *B* VON NORDWESTEN GESEHEN

DAS BERGHEILIGTUM ÜBER DEM BAB KALABSCHE VON SÜDEN GESEHEN (*A*) UND VON NORDOSTEN GESEHEN (*B*)

DAS BERGHEILIGTUM. *A* UNTERBAU DES NORDBAUS, WERKSTEIN- UND ZIEGELMAUERWERK. *B* SÜDWEST-ECKE VOM UNTERBAU DES NORDBAUS MIT STÜTZMAUER DER ÄLTEREN TERRASSE

DAS BERGHEILIGTUM. INNENRAUM DES NORDBAUS, SÜDSEITE (*A*) UND SÜDWEST-ECKE (*B*)

A

C

B

D

DAS BERGHEILIGTUM. *A* BLÖCKE VON DER ÄLTEREN TERRASSE. *B* OBELISKENFÖRMIGE STELE. *C* BRUCHSTÜCKE VOM GEWÄNDE DER TÜR DES SÜDBAUS. *D* BRUCHSTÜCKE VON OPFERTAFEL AUS DEM MITTELBAU

DAS BERGHEILIGTUM, INNENRAUM DES NORDBAUS. *A* BLÖCKE VOM BANKETT DER WESTSEITE *IN SITU*.
B BLOCK VOM BANKETT, MIT ANGEÄNDERTEM PROFIL (FALSCH AUFGESETZT)

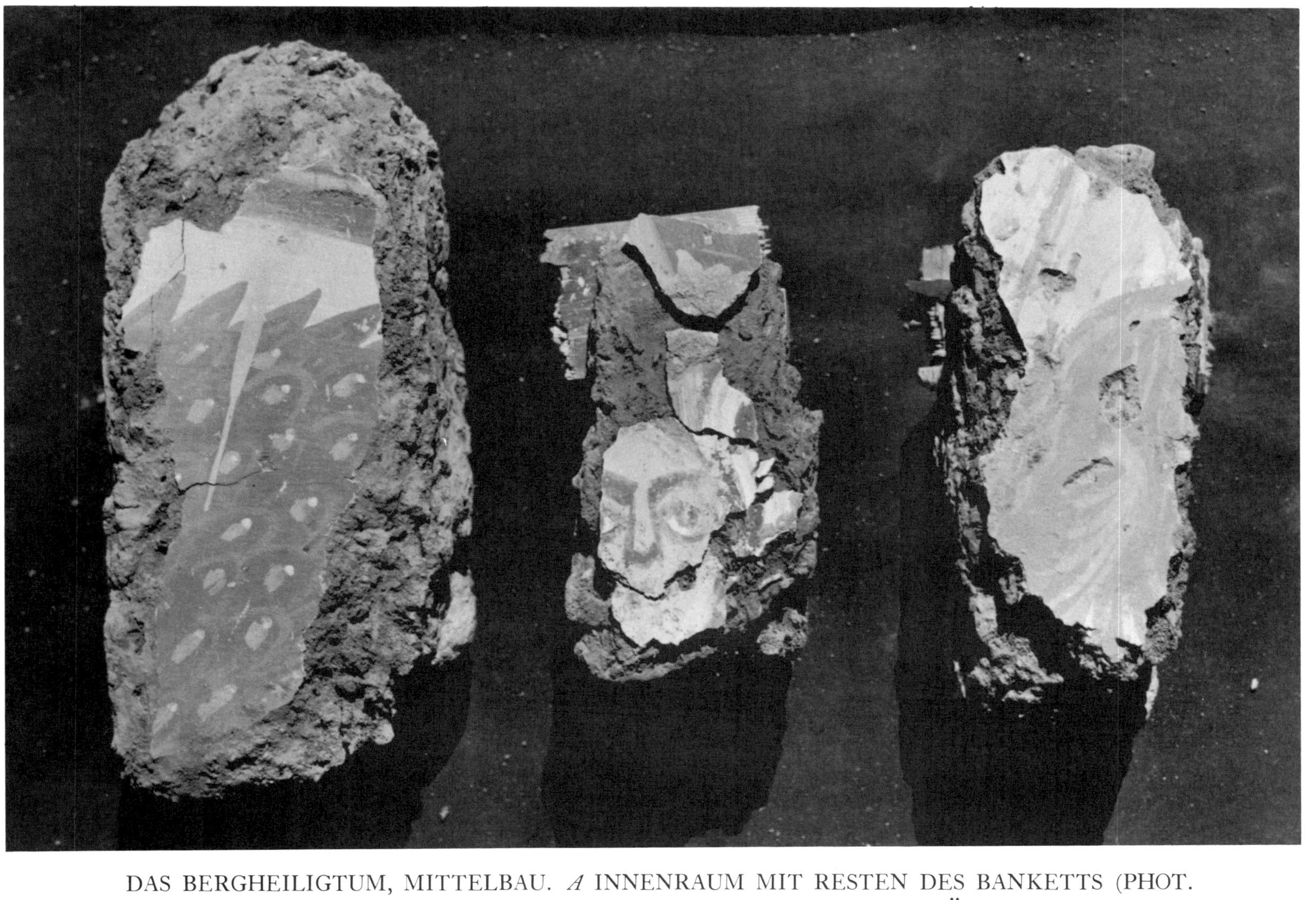

DAS BERGHEILIGTUM, MITTELBAU. *A* INNENRAUM MIT RESTEN DES BANKETTS (PHOT. GERSTER 971/9). *B* MALEREI VOM KOPTISCHEN GEWÖLBE

DAS BERGHEILIGTUM, MITTELBAU. *A* BLOCK VON DER OBEREN SCHICHT DES BANKETTS.
B BRUCHSTÜCKE VON OPFERTAFELN, AUS DEM SCHUTT

DAS BERGHEILIGTUM, JÜNGERE TERRASSEN. *A* CHRISTLICHES GRAB IN DER NORDTERRASSE.
B CHRISTLICHE GRÄBER IN DER SÜDTERRASSE

DIE TALKAPELLE BEI TAIFA. *A* TALKESSEL MIT DEN FELSTEILEN DER KAPELLE, NACH SÜDEN GESEHEN (PHOT. GERSTER 960/7). *B* TALKESSEL MIT TREPPE UND TERRASSE, NACH NORDOSTEN GESEHEN

DIE TALKAPELLE BEI TAIFA. DIE AUS DEM FELS AUSGEARBEITETEN TEILE, VON NORDEN GESEHEN (*A*, PHOT. GERSTER 783/29) UND VON OSTEN GESEHEN (*B*)

DIE TALKAPELLE BEI TAIFA. *A* DIE TERRASSE VON SÜDEN GESEHEN.
B AUFSICHT AUF DIE TERRASSE

FELSZEICHNUNGEN NAHE DER TALKAPELLE BEI TAIFA. *A* GRUNDRISS EINES TEMPELS. *B* OPFERTAFEL (?) IN FORM EINES LABYRINTHS. *C* SPIELFELDER (?). *D* ISISBLUMEN

FLUCHTDORF NORDWESTLICH VON KALABSCHE (GER BELAT). GESAMTANSICHTEN
(PHOT. GERSTER 969/28 UND 33)

FLUCHTDORF FD 1 (GER BELAT). *A* RUNDHÜTTEN AN EINER GELÄNDESTUFE. *B* RUNDHÜTTEN UND RECHTECKHÄUSER (PHOT. GERSTER 969/26 UND 29)

BEFESTIGTES DORF AUF DER INSEL VOR DARMUS. *A* HAUSRESTE. *B* TEILE DER BEFESTIGUNG

GRÄBERFELD A AM KHOR KALABSCHE. *A* GESAMTANSICHT.
B ÜBERRESTE VOM OBERBAU DES GRABES A 4

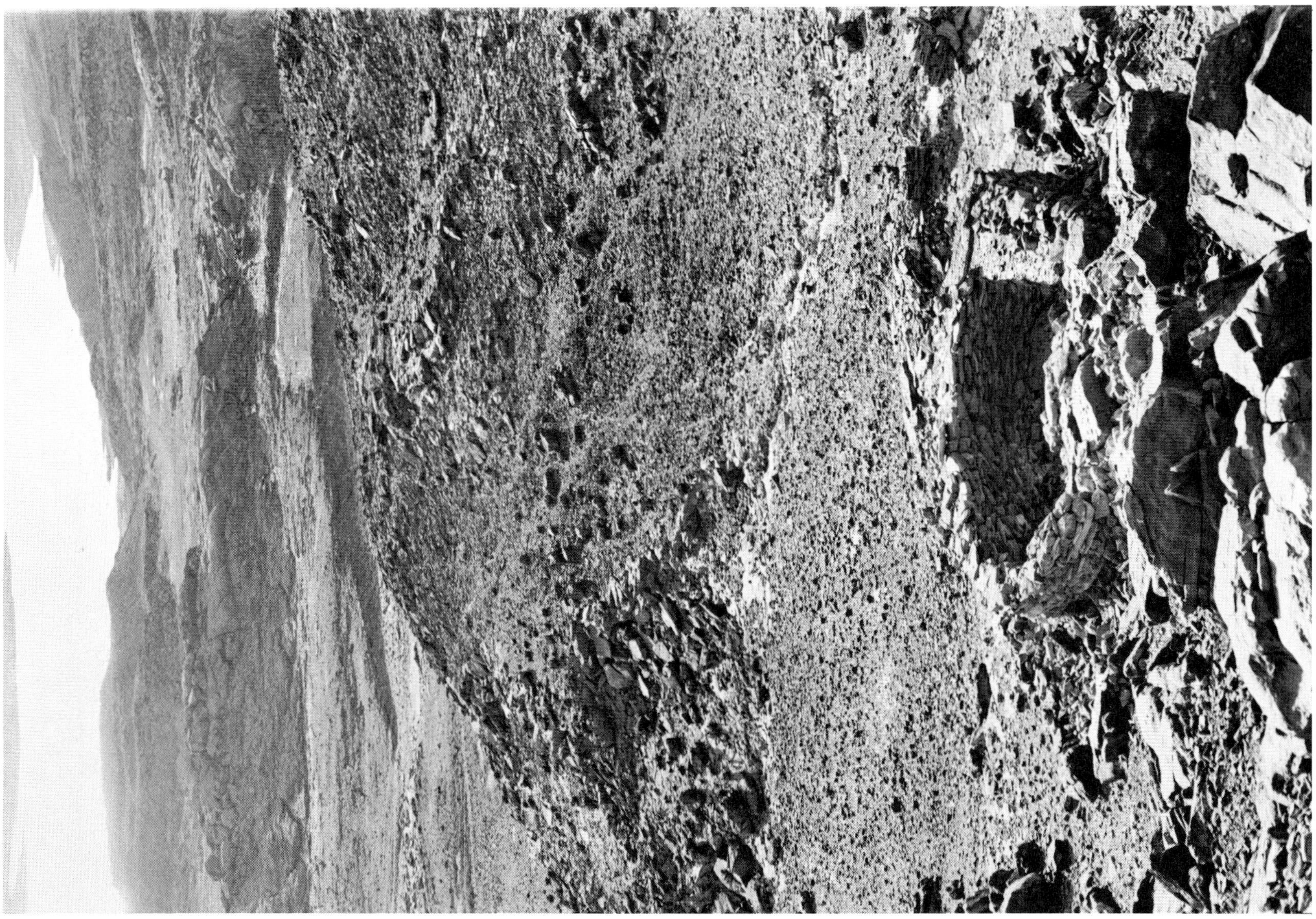

GRÄBERFELD B AM GEBEL KHOR ABU SINNA. *A* GRÄBER B 1–3.
B FÜRSTENGRAB B 8 (PHOT. GERSTER 969/10 UND 11)

GRÄBERFELD B AM GEBEL KHOR ABU SINNA. FÜRSTENGRÄBER B 6 (MITTEN), B 7 (RECHTS) UND B 8 (LINKS AM ABHANG), VON SÜDWESTEN (*A*) UND VON OSTEN (*B*)

GRÄBERFELD B AM GEBEL KHOR ABU SINNA. *A* FÜRSTENGRÄBER B 6 UND B 7 VON NORDOSTEN GESEHEN (PHOT. GERSTER 969/7). *B* WÄCHTERHÜTTE B 4

TONGEFÄSSE UND TONSCHERBEN AUS DEM BERGHEILIGTUM ÜBER DEM BAB KALABSCHE

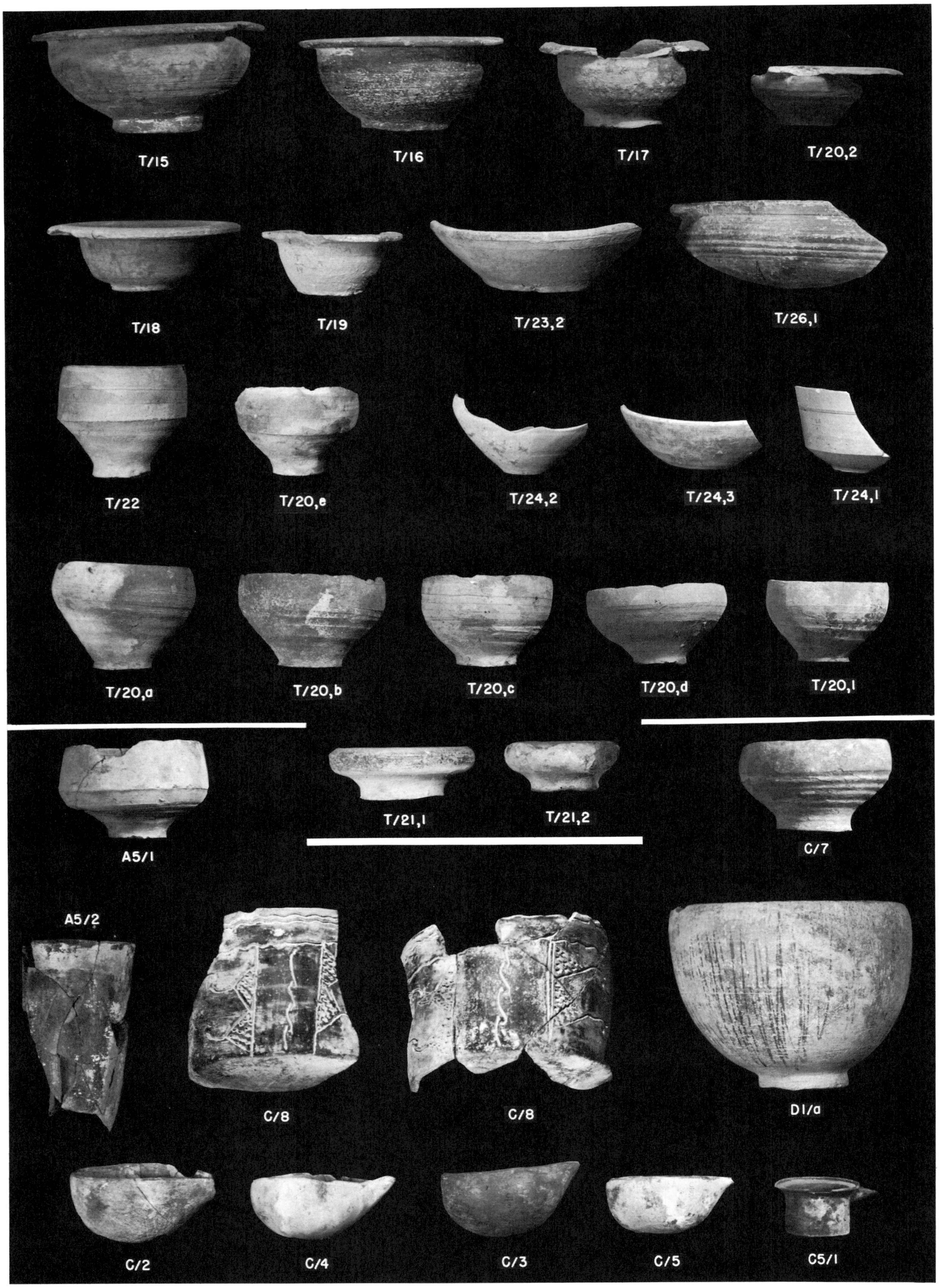

TONGEFÄSSE AUS DEM VORHOF DER TALKAPELLE BEI TAIFA. TONGEFÄSSE UND TONSCHERBEN VON DEN GRÄBERFELDERN A UND C AM KHOR KALABSCHE

TONSCHERBEN AUS GRÄBERN DES GRÄBERFELDES B AM GEBEL KHOR ABU SINNA

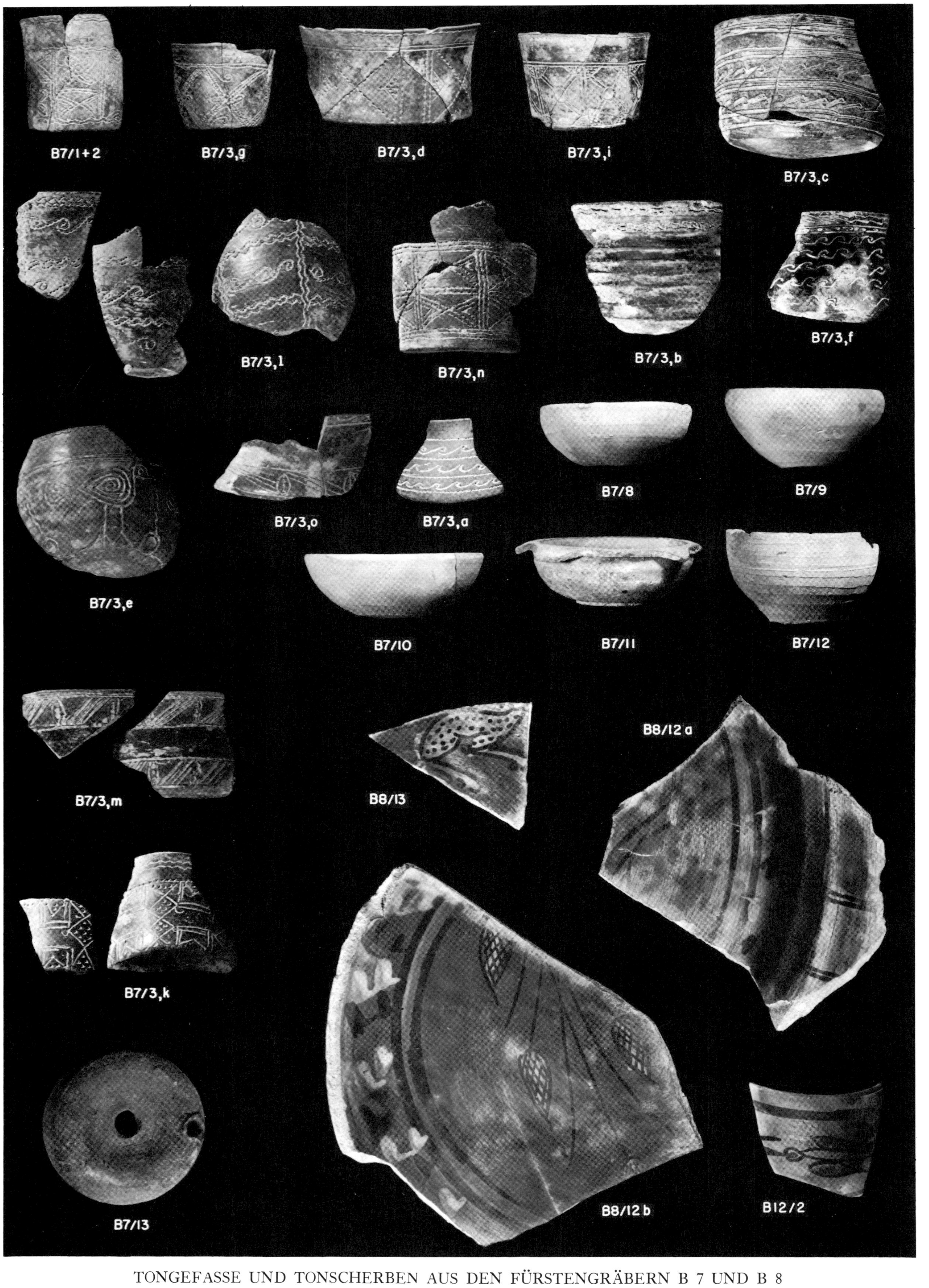

TONGEFÄSSE UND TONSCHERBEN AUS DEN FÜRSTENGRÄBERN B 7 UND B 8
DES GRÄBERFELDES B AM GEBEL KHOR ABU SINNA

TONGEFÄSSE UND TONSCHERBEN AUS DEM FÜRSTENGRAB B 8 DES GRÄBERFELDES B AM GEBEL KHOR ABU SINNA

TONGEFÄSSE UND TONSCHERBEN AUS GRÄBERN DES GRÄBERFELDES B AM GEBEL KHOR ABU SINNA UND VOM GRÄBERFELD E BEI CONTRA-TAPHIS

TONGEFÄSSE UND SANDSTEINBECKEN VOM GRÄBERFELD E BEI CONTRA-TAPHIS

A–C BRUCHSTÜCKE CHRISTLICHER GRABSTELEN AUS DEN TERRASSEN DES BERGHEILIGTUMS. *D* TEIL EINES PERGAMENTS MIT ARABISCHER GRUNDSTÜCKSURKUNDE DATIERT A.H. 666/A.D. 1267–1268 AUS DARMUS. *E* SANDSTEINMENSCHENKOPF AUS DEM SCHUTT DES BERGHEILIGTUMS. *F* SANDSTEINLÖWENKOPF AUS DEM NORDBAU DES BERGHEILIGTUMS